MARAT GABIDULLIN

WAGNER – PUTINS GEHEIME ARMEE

MARAT GABIDULLIN

WAGNER
PUTINS
GEHEIME
ARMEE

EIN INSIDERBERICHT

Übersetzung aus dem Französischen von
Christiane Koschinski und Jörg Lukas
(Bartsch Pacheco Translations)

ECON

Die französische Übersetzung, die Basis dieses Werkes ist,
erschien 2022 unter dem Titel
Moi, Marat, ex-commandant de l'armée Wagner
bei Éditions Michel Lafon, Neuilly-sur-Seine Cedex

3. Auflage 2022

Econ ist ein Verlag
der Ullstein Buchverlage GmbH

ISBN: 978-3-430-21085-0

Redaktion: Jan W. Haas
Alle Rechte vorbehalten

Gesetzt aus der Sentinel Book
Satz: Red Cape Production
Druck und Bindearbeiten: CPI books GmbH, Leck

**Den Naiven gewidmet,
die Sinn suchen, wo keiner ist.**

INHALT

VORWORT

des französischen Herausgebers

Die Idee, das Buch von Marat Gabidullin zu veröffentlichen, entstand im Frühjahr 2021. Die Russlandexpertin der Tageszeitung *Libération*, Veronika Dorman, hatte uns darauf aufmerksam gemacht, dass die Journalistinnen und Regisseurinnen Ksenia Bolschakova und Alexandra Jousset einen Dokumentarfilm über die Gruppe Wagner gedreht hatten: *Wagner, Putins Schattenarmee* wurde am 22. Februar 2022 ausgestrahlt. Es war den beiden gelungen, ein Interview mit einem früheren Kommandanten der Söldnerarmee zu führen, der bereit war, an die Öffentlichkeit zu gehen. Sein Buch erschien wenig später trotz der damit verbundenen Risiken bei dem unabhängigen russischen Verlag Gonzo. Der Name Wagner war seinerzeit in aller Munde. In Mali war eine Militärjunta an die Macht gekommen, und es gelang den Söldnern bald, die französischen Truppen zu ersetzen, die dort im Rahmen der Operation Barkhane gegen die Dschihadisten vorgingen. Berichte über Kriegsverbrechen in Syrien, in der Zentralafrikanischen Republik und in Libyen machten die Runde. Dass die Russen zunehmend in Gebiete vordrangen, die traditionell unter französischem Einfluss standen, war faszinierend, verwirrend und beunruhigend zugleich. Umgehend fanden Gespräche mit dem russischen Verlag Gonzo statt und später auch mit Marat Gabidullin. Allen war bewusst, welche Tragweite dieser Insiderbericht hatte. Deshalb gab es zunächst den Vorschlag, das Buch unter dem geheimnisvollen Titel *Deux fois dans la même rivière* (Zweimal im selben Fluss) zu veröffentlichen. In Frankreich lautet der finale Titel jetzt *Moi, Marat Ex-Commandante de l'armée Wagner.* Diese deutsche Ausgabe basiert auf der französischen Übersetzung.

Damals wusste niemand, dass die Spannungen zwischen Russland und der Ukraine schließlich in einen Krieg münden würden, der die besondere Aktualität des Texts begründet.

Der Bericht von Marat Gabidullin ist ein einzigartiges Zeugnis, das hochaktuelle Informationen über die Streitkräfte seines Landes enthält. Er lüftet den Nebel, der die russischen Truppen umgibt, und beschreibt ihre Struktur und ihre Vorgehensweise. Natürlich ist die Gruppe Wagner nicht Teil der russischen Armee. Es handelt sich um eine *Private Military Company* (PMC), in der es keine militärischen Ränge gibt. Die Existenz der »Kompanie« wird von der russischen Staatsmacht stets geleugnet. Offiziell gibt es sie nicht, weil Söldnertruppen in Russland verboten sind. Marat beschreibt seine Mitstreiter und sich selbst als »Glücksritter«. Egal, ob im Donbass, auf der Krim, in der Zentralafrikanischen Republik, in Mali oder natürlich in Syrien, überall war Wagner exklusiv im Dienst des Kreml aktiv. Es ist bekannt, dass Wagner auch aktuell in der Ukraine operiert.

Zudem besteht Wagner überwiegend aus hochrangigen Offizieren, die früher den offiziellen Streitkräften angehörten und ihre Kontakte auch weiterhin pflegen. Obwohl er und seine Waffenbrüder in den rauen syrischen Bergen oft unter miserablen Bedingungen kämpfen mussten, wurden ihnen keinerlei Vergünstigungen zuteil. Marat Gabidullin geht hart mit den russischen Truppen und den Wüstenfalken im Dienst von Baschar al-Assad ins Gericht. Er klagt Korruption, die Jagd nach militärischen Auszeichnungen und sinnentleerte Zeremonien an, ebenso wie das stete Bemühen, sich die Hände nach Möglichkeit nicht schmutzig zu machen.

Zweifellos haben Unzufriedenheit und eine gewisse Verbitterung Marat Gabidullin dazu veranlasst, zur Feder zu greifen, obwohl er seine eigene Sicherheit aufs Spiel setzt, wenn er Moskaus Vorgehen öffentlich infrage stellt. Er enthüllt schonungslos die Verquickung politischer, ökonomischer und militärischer Interessen und spricht offen über den Groll, den er empfindet, weil der russische Staat seinen unsichtbaren Soldaten keinerlei Wertschätzung entgegenbringt. In manchmal drastischen Worten beschreibt er, wie die Männer von Wagner mit veraltetem und defektem Material gegen Daesch in die Schlacht geworfen wurden. Er berichtet von Waffenlieferungen, die nie eintrafen, und wie stattdessen die Kalaschnikows der Toten zum Einsatz kamen. Er erzählt von Kanonenfutter, das gegen einen Feind zu Felde ziehen musste, der die ganze Welt bedroht. Er erinnert an die Toten, an die Verkrüppelten und an Niederlagen, aber auch an die Siege, die Russland für sich beansprucht, ohne dass der Kreml je seine Anerkennung der Söldner zum Ausdruck gebracht hätte.

In einer Zeit, in der Russland in einen schmutzigen Krieg gegen die Ukraine verwickelt ist, führt einem der Bericht eines »Glücksritters« vor Augen, dass Schlachten trotz aller moderner Technologie immer noch Mann gegen Mann ausgefochten werden und dass dabei eine Barbarei zutage tritt, die man längst überwunden glaubte.

EINLEITUNG

Marat Gabidullin ist kein Mann, der seine Taten bereut. Er ist kein Whistleblower, der sich gegen die Organisation wendet, der er selbst einmal angehört hat, weil ihn das schlechte Gewissen dazu drängen würde. Nein, denn Marat ist Soldat, er gehört zum Fußvolk, das den Mächtigen als Kriegsfutter dient. Ein Homo Sovieticus, der in seiner DNA die ganze Schizophrenie mit sich herumträgt, die die Menschen des heutigen Russlands prägt. So ist er stolz darauf, Teil der Luftstreitkräfte der offiziellen Armee seines Landes gewesen zu sein. Stolz darauf, als Söldner der Wagner-Gruppe gegen die Terrororganisation Daesch in Syrien gekämpft zu haben. Marat erzählt begeistert von seiner Teilnahme an dem Militäreinsatz, bei dem Palmyra von den Islamisten zurückerobert wurde. Palmyra, die antike Oasenstadt, von deren ferner, tausendjähriger Zivilisation viele träumen. Und dennoch verspürt Marat ein gewisses Unbehagen, wenn er zugibt, einer illegalen Schattenarmee gedient zu haben, die derzeit im Rampenlicht steht. Der Wagner-Gruppe werden in ihren Einsatzländern schlimmste Übergriffe gegen die Zivilbevölkerung vorgeworfen, darunter Vergewaltigung, Folter und Mord. Von der Ukraine bis Syrien. Von Libyen bis zur Zentralafrikanischen Republik. Und nun auch in Mali.

Wer dieses Buch aufschlägt, sollte keine Schuldbekenntnisse erwarten. Diese Erzählung wird von den Widersprüchen getragen, die ihren Autor plagen. Es geht um eine für Russland sehr typische Geschichte, die von Bruch und Erlösung handelt. Es ist das Abenteuer eines Söldners im Dienst einer Armee, die offiziell gar nicht existiert.

Um seinem Leben ein Gesicht zu geben, beschloss Marat, zu schreiben. Um die Tatsachen festzuhalten. Um seine Geschichte und die seiner Waffenbrüder in Stein zu meißeln. Eine Geschichte, die bislang von den Behörden seines Landes totgeschwiegen wurde. Denn laut Kreml gibt es die Wagner-Gruppe überhaupt nicht. Diese bewaffnete Truppe, die in der ganzen Welt eingesetzt wird und nur die Interessen des russischen Regimes verfolgt, ist laut offizieller Version eine Fantasie der Regimekritiker – allen voran des Westens. Wladimir Putin, der mehrfach zu diesem Thema befragt wurde, hat sich stets geweigert, den Einsatz von Söldnern in Konfliktgebieten anzuerkennen. Er hat systematisch jegliche Verbindung zwischen dem Kreml und der privaten Armee bestritten.

Erstens, weil das Söldnerwesen in Russland eine offiziell illegale Tätigkeit ist, die nach Artikel 348 des Strafgesetzbuchs mit Haftstrafen von bis zu acht Jahren geahndet wird. Zweitens, weil der russische Präsident von diesem geradezu mafiösen Schweigen profitiert. Durch die Entsendung von Söldnern spart der Staat bei den Rentenansprüchen und Gehältern, die er den Soldaten der regulären Armee zahlen muss. Und es ermöglicht auch, Tote verschwinden zu lassen. Dazu Marat: »Unsere Generäle begannen, sich über mögliche Verluste Sorgen zu machen. Unsere Landsleute wollten ihrerseits den Krieg nicht als todbringendes Phänomen begreifen. Es musste also eine Kompromisslösung gefunden werden. Einer dieser Kompromisse bestand darin, eine Parallelstruktur zu erschaffen, deren Teilnahme am Kampfgeschehen bei

Bedarf geleugnet werden konnte. Währenddessen bekamen die Bürger unseres Landes zur Beruhigung schöne Bilder zu sehen, damit sie weiterhin voller Nationalstolz den Militärparaden auf dem Roten Platz zujubelten, überzeugt von der erstaunlichen Schlagkraft unserer Armee.« Und drittens, weil Wagner Wladimir Putin einen »Joker« bietet. Nämlich die Macht, jede Verantwortung für Übergriffe von Söldnern oder für Operationen, die vor Ort schiefgehen, mit plausibel klingenden Argumenten zurückzuweisen: Wir haben nichts damit zu tun, und wenn Sie Probleme mit Wagner haben, wenden Sie sich an die Verantwortlichen von Wagner! Und darin liegt die ganze Raffinesse. Die Wagner-Gruppe besitzt keine rechtliche Existenz. Es handelt sich um eine Schattenarmee, für die niemand öffentlich die Verantwortung übernimmt, weder für die Leitung noch für die Handlungen.

An der Spitze dieser Organisation stehen jedoch zwei Männer. Der erste ist ihr Gründer. Derjenige, der der Organisation diesen ungewöhnlichen Namen gegeben hat: Oberstleutnant Dimitri Utkin, Kampfname »Wagner«. Als ehemaliges Mitglied der GRU, des russischen Militärgeheimdiensts, verließ er 2013 die Armee. Ab 2014 versammelte er andere Veteranen von Spezialeinheiten um sich und gründete eine schnelle Eingreiftruppe, um gezielte Operationen in der Separatistenregion Donbass in der Ukraine durchzuführen, die sich im Krieg gegen die proeuropäische Regierung in Kiew befand. Diese Söldnertruppe nahm daraufhin den Namen ihres Anführers an. Er wählte den Namen Wagner als Hommage an den deutschen Komponisten und wegen des damit verbundenen Symbolcharakters. Denn Dimitri Utkin ist ein großer Bewunderer des Dritten Reichs und Adolf Hitlers.

Als Europäer fragt man sich natürlich, wie Angehörige eines Volks, dessen Vorväter die Nazis im Zweiten Weltkrieg besiegten, einem Wagner-Kult anhängen können. Die Tatsache, dass russische Offiziere Nazis bewundern, mag paradox erscheinen. Die Antwort liegt zum Teil in der zunehmenden Bedeutung eines panslawischen Neopaganismus in Russland. In Wagners Reihen sind laut Marat 30 bis 40 Prozent der Mitglieder Anhänger des Rodismus (»der ursprüngliche Glaube«), einer Bewegung slawischer Neuheiden, die in den Achtzigerjahren entstand und die in ethnischen Fragen stark vom rechtsextremen Rassendiskurs in Deutschland inspiriert ist. Die Rodisten, wie sie auch genannt werden, wünschen sich eine Rückkehr zum alten vorchristlichen Glauben und zur Anbetung der Naturkräfte. Mit ihrer Bindung an ihren Mutterboden, ihre russische Erde, zeigen sie eine nationalistische Tendenz: Denn nur hier vermag das russische Volk angeblich seine wahren Werte wiederzufinden. Sie sind antisemitisch, fremdenfeindlich und auf ethnische Reinheit und Rassentrennung fixiert. Dennoch treten sie nicht missionarisch auf. Marat berichtet: »Die anderen, Christen, Muslime oder solche wie mich, die an nichts Bestimmtes glauben, wurden einfach in Ruhe gelassen. Niemand hat dir etwas aufgezwungen, niemand hat dich gezwungen, diese Weltanschauung anzunehmen.« Einige Rodisten, wie zum Beispiel Dimitri Utkin, vertreten jedoch offen rechtsextreme Ansichten eines Neonazis. Als Marat unter ihm diente, bemerkte er, dass dieser das slawische Hakenkreuz »Kolovrat« und slawische Runen auf seinem Körper tätowiert hat. Auf einem neueren Foto zeigt Wagners Kommandeur weitere Tätowierungen, darunter eine »Siegrune«, das SS-Emblem der Nazis, prominent auf seinem Hals platziert. In den

Reihen der Söldner wird diese Ideologie weitgehend geteilt. Auf dem iPad eines toten Söldners, das in Libyen gefunden wurde, befand sich in der virtuellen Bibliothek eine Ausgabe von *Mein Kampf*. Ebenfalls in Libyen wurden in den Ruinen der von Wagners Männern besetzten Häuser islamfeindliche Graffiti gefunden. Der Aliasname »Wagner« von Dimitri Utkin hat für einen ganz besonderen Sprachgebrauch gesorgt. Die Söldner nennen sich untereinander »die Musiker«. In den sozialen Netzwerken behaupten sie, Teil eines »Orchesters« zu sein, das von einem »Komponisten« geleitet werde und »Konzerte« auf der ganzen Welt gebe. Auf diese Weise machen sie deutlich, dass sie an Kämpfen teilnehmen. Auf ihren Propagandavideos wird in der oberen rechten Ecke ein Porträt des deutschen Komponisten gezeigt.

Auch Marat Gabidullin verwendet in seinem Bericht eine musikalische Metapher. Er verwandelt Utkin in »Beethoven« – ein Deckname, der den Leser kaum im Unklaren darüber lässt, um wen es sich hier handelt. Der Autor beschreibt einen von seinen »Legionären« gefürchteten Kommandeur, der abwechselnd visionär und »Furcht einflößend« auftritt. Insgesamt sollen seit 2014 10.000 Kämpfer, darunter Marat, unter seinem Befehl gedient haben. Heute sind schätzungsweise 5000 Söldner für Wagner aktiv, die bereitstehen, um jederzeit auf Kriegsschauplätzen außerhalb der russischen Grenzen eingesetzt zu werden.

Die andere Schlüsselfigur der Wagner-Gruppe ist Jewgeni Prigoschin. Auch über ihn spricht Marat nicht offen. Sie kennen sich zwar gut, sind jedoch durch einen moralischen Pakt aneinander gebunden. Der Oligarch hatte ihm einen wertvollen Dienst erwiesen, bevor Marat 2019 die Gruppe verließ.

Jewgeni Prigoschin wurde am 1. Juni 1960 geboren. Wie Wladimir Putin stammt er aus Sankt Petersburg, und wie dieser hat er das postsowjetische Chaos zum eigenen Vorteil genutzt. Der ehemalige Verbrecher, der zu einem der mächtigsten Männer Russlands wurde, ist das reine Produkt einer Unterwelt aus Sicherheitsmilizen, Spionen, Geheimdienstlern, Mafiabossen und Ex-Häftlingen. Prigoschin kennt das Gefängnis gut. 1981, gerade 20 Jahre alt, wurde er von der Justiz der UdSSR wegen Diebstahls, Betrugs und der Zwangsprostitution Minderjähriger zu 13 Jahren Gefängnis verurteilt. Diese Erfahrung sollte ihn für immer prägen. Als er neun Jahre später aus dem Zuchthaus entlassen wurde, lag die UdSSR in Trümmern. Die »Schocktherapie« der Neunzigerjahre zur Wiederbelebung der russischen Wirtschaft schuf ungeahnte Möglichkeiten für eine neue Generation skrupelloser Aufsteiger. Ihnen war jedes Mittel recht, um ihre Konkurrenz auszuschalten. Prigoschin stürzte sich sofort ins Geschäft. Er mischte überall mit: Kasinos, Supermärkte nach westlichem Vorbild und vieles andere mehr. Schließlich gründete er eine Hotdog-Kette, das beliebteste postsowjetische Fastfood. Hinzu kamen mehrere Luxuslokale, die von der politischen Elite Sankt Petersburgs begeistert angenommen wurden. Das erste, *Staraja Tamojnia* oder »Alte Zollstation«, wurde ab 1996 zum bevorzugten Treffpunkt des engsten Kreises um Bürgermeister Anatoli Sobtschak. Dieser brachte regelmäßig einen seiner treuen Berater mit, einen gewissen Wladimir Putin. Bei einem Salat mit Kamtschatka-Krabben oder Blini mit Störkaviar wurden umfangreiche Verträge ausgehandelt und feste Bündnisse besiegelt. Wenn wichtige Gäste kamen, war Prigoschin vor Ort und bestand darauf, sie persönlich zu bedienen. Eine

Hingabe, die allseits sehr geschätzt wurde. Der Erfolg stellte sich schnell ein, und Prigoschin eröffnete in der Folgezeit vier weitere Luxusrestaurants. Inspiriert von den Boots-restaurants auf der Seine in Paris eröffnete er 1998 das *New Island*. Bald darauf wurde es zum Stammlokal von Putin, der im Dezember 1999 zum Interimspräsidenten der Russischen Föderation ernannt worden war. In der Folgezeit feierte er dort seinen Geburtstag und lud hochrangige Gäste ein, wie etwa Jacques Chirac im Sommer 2001. Im Mai 2002 speiste Putin dort mit dem amerikanischen Präsidenten George W. Bush.

Dank seiner Kochkünste machte Jewgeni Prigoschin eine steile Karriere. Er verdiente sich den Spitznamen »Putins Koch« und wurde zu einem wichtigen Akteur in den Kreisen der Macht. Seine Cateringfirma Concord Catering sicherte sich zahlreiche öffentliche Aufträge. Er kümmerte sich um die Bewirtung bei offiziellen Anlässen, belieferte Militärka-sernen mit Mahlzeiten und erhielt den lukrativen Auftrag für die Schulkantinenversorgung. Trotz einer Lebensmit-telvergiftung, von der 2017 Hunderte Kinder im Großraum Moskau betroffen waren, blieb Jewgeni Prigoschin von der Justiz unbehelligt. Denn Wladimir Putin hatte ihn zu einem (einfluss)reichen Mann gemacht. Im Gegenzug verrichtet der Oligarch für den Kreml die Drecksarbeit. Er wurde unter internationale Sanktionen gestellt und wird vom FBI beschuldigt, die Einmischung Russlands in die US-Wahlen von 2016 organisiert zu haben. Gerüchten zufolge ist er der Leiter der Internet Research Agency. Dabei handelt es sich um eine Trollfabrik, deren Aufgabe die Meinungsmanipu-lation in den sozialen Netzwerken ist. Washington hat ein Kopfgeld auf ihn ausgesetzt: 250.000 Dollar werden für seine

Ergreifung geboten. Aber im Spiel des *Catch me if you can* ist Prigoschin ein wahrer Meister. Nie gesehen, nie festgenommen.

Heute gilt er als Financier und organisatorischer Leiter der Wagner-Gruppe, unterstützt von hochrangigen Militärs. Seit 2020 steht Prigoschin auch auf der Sanktionsliste der EU wegen der Rolle, die er »bei den Aktivitäten der Wagner-Gruppe in Libyen« gespielt habe. Ihm wird vorgeworfen, »den Frieden, die Stabilität und die Sicherheit im Land« zu gefährden. Trotz der zunehmend erdrückenden Beweislast für seine Beteiligung an zersetzenden Operationen – sowohl digital als auch physisch, vom Nahen Osten bis nach Afrika – spielt der Milliardär seine Rolle beim Einsatz von Paramilitärs in der ganzen Welt herunter. Er verklagt jeden, der ihn beschuldigt, mit Wagner in Verbindung zu stehen. Er hat seine Unternehmen so organisiert, dass keines mit den Aktivitäten der Gruppe in Verbindung gebracht werden kann. Diese Intransparenz ist umfassend und perfekt organisiert. Er ist der typische Mafiapate alter Schule. Allgegenwärtig, aber unsichtbar. Allmächtig und unantastbar.

Auch wenn der Schatten des »Kochs« zwischen den Zeilen von Marats Erzählung schwebt, lässt sich der Autor nie wirklich über diese toxische Figur aus. »Ich spreche nicht mehr über Dinge, die ich nicht beweisen kann, über Beziehungen, die ich gehabt haben könnte, die jedoch nicht dokumentiert sind.« Rechtliche Konsequenzen und Racheakte als Folge einer zu großen Offenheit will er vermeiden. Indem er diese Protagonisten in den Hintergrund treten lässt, hat Marat umso mehr Freiheiten, die Einzelheiten seines Werdegangs bei der Wagner-Gruppe, die er gerne einfach »die Kompanie« nennt, zu erzählen.

Für diese »Kompanie« zog er in der Ukraine oder in Syrien in den Kampf. Marat Gabidullin hat Wagner gedient, und zwar sehr gut. Er wurde mit zahlreichen Orden der Wagner-Gruppe ausgezeichnet, erhielt aber auch offizielle Auszeichnungen des russischen Staats für seine Verdienste, die ihm jedoch stets unter Geheimhaltung verliehen wurden. Auszeichnungen, über deren Grund er ständig lügen musste. Jahrelang musste er über die Art seiner Aufträge lügen, über die Gebiete, in denen er eingesetzt wurde, über die Menschen, mit denen er zu tun hatte. Lügen, um weiterhin dabei sein und für eine Organisation kämpfen zu können, die perspektivlosen Männern aus der gesellschaftlichen Unterschicht zu neuem Selbstbewusstsein verhalf und sie gleichzeitig in Kanonenfutter verwandelte. In nichts anderes als Patronen, verschwendet für die geopolitischen Ambitionen des Kreml. Männer, die Marat hier ehren will, indem er sie aus der Verborgenheit hervorholt. Einige von ihnen seien »Helden«, sagt er. Anständige Kerle, die die Wahrheit und ein Ende des tödlichen Schweigens, das diese geheime Organisation umgibt, verdienten. Die Wahrheit. Ein sehr großes Wort. Der Anlass für diesen Bericht, erzählt aus der Ich-Perspektive.

Als Berufssoldat verbrachte Marat zehn Jahre bei der russischen Luftwaffe. Im Jahr 1993, zwei Jahre nach dem Zusammenbruch der Sowjetunion, verlässt er die Kaserne im Rang eines Oberleutnants, um eine Karriere als Geschäftsmann einzuschlagen. Der ungezügelte Kapitalismus hatte damals seinen triumphalen Einzug in das Land gehalten, und jeder wollte ein Stück vom Kuchen abhaben. Das galt auch für das Militär. Aber in Ermangelung des großen Geldes entscheidet sich Marat für das große Kaliber. Er wird zum Auftragskiller im Dienst eines lokalen Unterweltbosses in

Sibirien und tötet schließlich kaltblütig einen Mann. Sein Opfer ist ein Mafioso aus einem rivalisierenden Clan, der es »verdient hatte«. Drei Jahre Gefängnis sowie einige Jahre Arbeitslosigkeit und Depressionen später verfällt er dem Alkohol und schlägt sich mit Gelegenheitsjobs als Sicherheitsmann und Personenschützer durch. Zu dieser Zeit begreift er, dass es für ihn kein Zurück mehr gibt und ihm der Weg in die regulären Streitkräfte verwehrt bleiben wird.

Als seine Welt zusammenbricht, trifft er einen alten Freund, der ihm von einer neuen privaten Militärorganisation erzählt, die es mit der Vergangenheit ihrer Rekruten nicht so genau nimmt. In ihren Reihen sind ehemalige Häftlinge und gewöhnliche Kriminelle willkommen, sofern sie über etwas Erfahrung verfügen und mit Waffen umgehen können. Marat hat den Kopf voller Kampffantasien und sucht sofort die Rekrutierungszentrale in Molkino in der Nähe von Krasnodar in Südrussland auf. »Wir waren viele«, erinnert er sich. »Aber ich kann keine detaillierten Informationen über die genaue Lage des Orts oder die Anzahl der Männer geben. All das könnte gegen mich verwendet werden. Ich könnte wegen der Weitergabe von Militärgeheimnissen angeklagt werden.« Marat bleibt vorsichtig. Denn Molkino ist der knallharte Beweis für die Zusammenarbeit von Wagner mit den russischen Behörden. Diese Militärbasis, die der Unterbringung von Söldnern dient, befindet sich nur einen Steinwurf entfernt von einem Trainingszentrum und einer Kaserne der GRU, des militärischen Nachrichtendiensts der offiziellen Armee. Ein Ort, in dem für die Ausbildung die gleichen Waffen wie in der Armee verwendet werden und in dem nichts ohne die Zustimmung des Verteidigungsministeriums geschieht.

In seinem Bericht zieht Marat es daher vor, in Bezug auf alles, was unter das Staatsgeheimnis fallen könnte, vage zu bleiben. Eine notwendige Vorsichtsmaßnahme und keinesfalls ein Beleg dafür, dass der Autor nur Vermutungen äußert. Beim Lesen dieses Buchs darf man nie vergessen, dass Gabidullin der allererste Söldner von Wagner ist, der in aller Offenheit aussagt, ohne den Schutz der Anonymität zu verlangen. Er ist sich der Gefahren bewusst, die seine Enthüllungen mit sich bringen. Abgesehen von einer möglichen Strafverfolgung riskiert er schlichtweg Kopf und Kragen. Das ist auch der Grund, warum in seinem Buch »alles wahr ist, außer den Namen« der Kämpfer. Um sie besser zu schützen, erwähnt der Autor sie nur unter *Pozyvnye*, militärischen Decknamen, die er für sie erfunden hat. In seiner Erzählung begegnet man »Wolk« (dem Wolf), »Tschub« (dem Häuptling) oder auch »Ratnik« (dem Schützen). Es sind schillernde, heldenhafte, extrem gewalttätige und depressive Gladiatoren der Neuzeit, die die bunt zusammengewürfelten Reihen dieser Schattenarmee bilden.

Sein eigener Kampfname ist »Ded« – der Großvater, der Papa. Ein Spitzname, den sich seine Kameraden ausgedacht haben. Er findet, dass dieser Name gut zu ihm passt. Zu der Zeit, als er in Wagners Reihen angeworben wird, ist Marat 48 Jahre alt. Mit seinem grauen Kinnbart ist er der Älteste in seinem Zug. Im Jahr 2015 gehört er zu den ersten 400 Rekruten. M-0346 ist seine Dienstnummer. Damals ist die Auswahl streng, aber er meistert die Auswahlgespräche und die Belastungstests mit Bravour. Er wird auch über Wagners Ziele aufgeklärt: Seine Aufgabe wird es sein, die Interessen Russlands zu vertreten und zu wahren, indem er an bewaffneten Konflikten teilnimmt. Er ist sofort von dieser patrio-

tischen Vision angetan, aber der eigentliche Reiz liegt woanders. In einem Land, in dem der Durchschnittslohn nicht
mehr als 400 Euro beträgt, verspricht die Wagner-Gruppe
ein attraktives Einkommen. Für Marat »war eine der Haupt-
motivationen natürlich das Geld. Wir wurden gut bezahlt«,
erzählt er. »950 Euro im Monat für die Ausbildungszeit auf
dem Stützpunkt, danach gab es zwischen 1500 und 1800 Euro
für die ersten Auslandseinsätze.« Es gibt zwar keine soziale
Absicherung und keine Rente für die Familien im Todesfall,
dafür aber Prämien für jede Teilnahme an einem Kampfeinsatz. Marat konnte bis zu 3000 Euro im Monat verdienen.
Ein kleines Vermögen, bei dem er darauf achtete, es nicht
zu verjubeln. Und so konnte er sich eine Wohnung in einem
Vorort von Moskau kaufen.

Nach einer dreimonatigen Schnellausbildung wird er für
eine erste Mission in den Osten der Ukraine, in den Donbass,
geschickt. Ein Gebiet, das Wladimir Putin als sein Hoheits-
gebiet betrachtet und um das sich die Regierung in Kiew mit
den von Moskau unterstützten Separatisten seit 2014 einen
Kampf liefert. Tausende von Kämpfern wurden aus ganz
Russland herbeigeordert, um die Separatisten zu unterstützen. Und mit diesem Strom kamen auch drei Bataillone (300
Mann) von Wagner. An diese Episode in seiner Biografie erinnert sich Marat nicht gerne. »Im Krieg gibt es verschiedene
Situationen«, erklärt er. »Eine davon ist, wenn du aufgrund
deiner Nationalität auf der falschen Seite kämpfst, für die
falschen Leute, die aber von deiner Regierung unterstützt
werden. Das ist eine sehr unangenehme Situation. Unter diesen Bedingungen würde ich künftig den Dienst verweigern.«
Einer der Gründe für dieses Unbehagen liegt sicherlich in der
Art der Aufträge, die den Söldnern der »Kompanie« erteilt

werden. In den Jahren 2014 und 2015 entstanden im Donbass zahllose Separatistengruppen, von denen einige nicht unter russischer Kontrolle standen. Sie eroberten Gebiete, agierten autonom und wurden in den Augen des Kreml zu unabhängig. Wagners Brigaden waren mutmaßlich gegen diese Separatisten entsandt worden, um ihre Anführer zu verhaften und die Einheiten durch Beschlagnahme von Waffen und Ausrüstung zu neutralisieren. Manchmal wurden dabei auch radikalere Methoden angewandt. Wagners Männer sollen an der Ermordung von einem Dutzend Separatistenführern beteiligt gewesen sein, darunter der charismatische Alexander Bednov alias »Batman«, der am 1. Januar 2015 in Luhansk in einem Hinterhalt getötet wurde. Marat Gabidullin bestreitet jegliche Beteiligung an diesen Operationen. In unseren Gesprächen zögerte er nie, den Konflikt in der Ukraine als einen Bruderkrieg und schweren Fehler des Kreml zu bezeichnen. Ein Fehler, der mit dem russischen Angriff im Februar 2022 zu einem Verbrechen wurde. Dieser Krieg überzeugte ihn, in die Öffentlichkeit zu treten. Zum ersten Mal erzählt Marat auf diesen Seiten von seinem ersten Einsatz für die private Militärorganisation. Er berichtet von seinen Erfahrungen in der Ukraine. Bei diesen ging es nicht um höhere Ziele wie den Kampf gegen die Dschihadisten des Islamischen Staats. Es ist eine eher unrühmliche Episode, ein Schandfleck in seiner Biografie. Einfach ein Missgeschick. Damals war es jedoch kein triftiger Grund, die Reihen Wagners zu verlassen.

Nach dem Einsatz im Donbass steigt Marat in der Rangfolge auf. Vom einfachen Soldaten wird er zum Kommandanten einer Aufklärungseinheit ernannt und schifft sich Ende 2015 nach Syrien ein. Dort nimmt er bis 2019 an vier Einsätzen teil, die insgesamt dreieinhalb Jahre umspannen.

Er ist ein illegaler, staatenloser Soldat, der im Namen der Interessen Russlands und dessen Verbündeten, des Regimes von Baschar al-Assad, eingesetzt wird. Der syrische Diktator war damals das erste Staatsoberhaupt, das Wagners Dienste in Anspruch nahm. Marat interessiert sich seinerzeit wenig für Geopolitik und gibt sich mit den Erklärungen seines Vorgesetzten über Sinn und Zweck des Einsatzes, den er über 3000 Kilometer von seiner Heimat entfernt antreten sollte, zufrieden. »Uns wurde gesagt: ›Da draußen gibt es einen tollen Kerl, Präsident Baschar al-Assad, und der hat praktisch ganz allein den Kampf gegen den globalen Imperialismus aufgenommen, unterstützt von seiner heldenhaften Armee. Und dieser tolle Kerl braucht Hilfe, Punkt.‹« Niemand stellte die Befehle infrage. Anfangs, im September und Oktober 2015, überwog die Begeisterung. Russland hatte gerade einen offiziellen Militäreinsatz in dem Land angekündigt, um das syrische Regime, das am Ende seiner Kräfte war, zu unterstützen. Die Söldner, die vom russischen Verteidigungsministerium bewaffnet und ausgerüstet wurden, wähnten sich durch die Luftwaffe ihres Landes beschützt. Doch während die Soldaten der offiziellen Armee Luftunterstützung leisteten, erledigten die Söldner die Drecksarbeit. Sie wurden zu allen Bodeneinsätzen beordert, um die vom jahrelangen Bürgerkrieg erschöpfte syrische Armee zu unterstützen.

Der Autor des Buches führt uns in diese Welt ein, wie wir sie vorher nicht kannten. Marat berichtet von den Lebensbedingungen, den Kämpfen, dem Frust über Niederlagen und der Euphorie über kleine Siege. Als heimlicher Zeuge eines Krieges, der die Titelseiten der internationalen Medien füllte, ermöglicht er völlig neue Einblicke. Von innen heraus und authentischer als alles, was bisher zu diesem Thema geschrieben wurde. Von der Rekrutierung über die Einsätze bis hin zu den Kampfhandlungen entführt er den Leser auf den Schauplatz der syrischen Wüste, wo die Einschläge der »Grad«-Raketen und die Schreie der Kriegsparteien lautstark ertönen.

Er enthüllt auch wertvolle Informationen über die Funktionsweise von Wagner. Die Mitglieder der Gruppe unterstehen nicht den Befehlen der russischen Armee. In Syrien erfolgt die Organisation der Missionen auf oberster Ebene der russischen und syrischen Generalstäbe, wobei Letzterer in diesem Buch sehr schlecht wegkommt. Marat verurteilt die Unzulänglichkeiten der syrischen Armee. Diese sei eine Truppe, die selbst mit der Unterstützung von Spezialkräften der russischen Luftwaffe und Artillerie nicht zu kämpfen in der Lage sei. »Wir waren es, die die ganze Arbeit erledigt haben«, betont er. So auch in Palmyra Anfang 2016. Die berühmte antike Stätte wurde im Mai 2015 erstmals von Daesch erobert und wenig später, im März 2016, von Wagners Männern wieder zurückerobert. Bei dieser Schlacht sollten die Söldner vorangehen, dahinter das syrische Militär, das jedoch erst an die Front vorrückte, als der Feind bereits verschwunden war. »Die syrische Armee kam, als alles vorbei war, nur für das Foto«, so Marat entnervt. »Sie waren so schlecht, dass sie nicht einmal diesen symbolträchtigen Ort halten konnten.« Palmyra fällt im Dezember 2016 wieder in die Hände von Daesch. Ein Feind, den Marat gerne als »gefährlich, rücksichtslos und sadistisch, mobil und dank ideologischer Gehirnwäsche hoch motiviert« beschreibt. »Ein Krebsgeschwür, zu dessen Ausrottung ich teilweise beigetragen habe.«

Eine weitere seiner Aufgaben in Syrien war der Aufbau und die Ausbildung lokaler Milizen. Marat wurde mit dem

Training der Männer der »Wüstenfalken-Brigade« beauftragt, einer paramilitärischen Organisation, die später ein Zweig der syrischen Armee werden sollte – eine Art private Militärkompanie, die jedoch Teil der offiziellen Streitkräfte war. Im Gegensatz zu Wagner existieren derartige Gruppen in Syrien legal. Später wird Marat eine Gruppe syrischer Kämpfer namens »Isis Hunters« anführen. Eine Tochterfirma von Wagner mit einheimischen Kämpfern, die von den Russen bewaffnet, angeführt und bezahlt werden. Mittlerweile haben sich einige dieser syrischen Söldner der »Kompanie« angeschlossen und werden zusammen mit russischen Söldnern auf anderen Kriegsschauplätzen wie Libyen und der Zentralafrikanischen Republik eingesetzt.

Neben der minutiösen Schilderung von Wagners Syrienfeldzug liegt die besondere Faszination seines Berichts in der Kombination aus reinen Tatsachen, einfach ausgesprochenen Wahrheiten und geradezu romanhaft anmutenden Abenteuern. Marats Erzählung wechselt zwischen manchmal fast naivem Epos und realer Gewalt. Die Widersprüche sind unterschwellig. Die unaussprechlichen Details verbergen sich im Hintergrund, zum Beispiel, wenn es um die Methoden der Wagner-Söldner geht. In unseren Gesprächen gab Marat einige »Verstöße gegen die Genfer Konventionen« zu. Etwa die fast systematische Plünderung von Gebieten, die unter ihre Kontrolle fielen. In Syrien glaubte er, zu den »Guten« zu gehören, die gekommen sind, um die »Bösen« zu vertreiben. Daher ist er der Ansicht, es sei normal, sich im Haus einer Familie einzunisten, sie aus ihrem Haus zu vertreiben, um dort Quartier zu beziehen. »Ja, man konnte zeitweise die Situation ausnutzen. Wenn man mitten in einer kalten Nacht draußen stand und es in Strömen regnete, dann ging man einfach in ein gut geheiztes Haus. Die Leute, die dort wohnten, machten Platz für uns.« Er sagt, er habe seine Kriegsgefangenen immer »in guter Gesundheit« an die syrischen Behörden übergeben. Er schwört sogar, dass er nie gefoltert oder nur um des Tötens willen getötet habe.

Dennoch hat zu der Zeit, als er für Wagner tätig war, eine Gruppe von Söldnern einen syrischen Zivilisten zu Tode gefoltert, zerstückelt und enthauptet, bevor sie seine Leiche in Brand steckte. Das Verbrechen wurde von Anfang bis Ende gefilmt, und das Video fand 2019 seinen Weg in die sozialen Netzwerke. Das Opfer und einige der Täter wurden von unabhängigen Journalisten identifiziert, ohne dass jedoch eine strafrechtliche Verfolgung eingeleitet wurde. Auch Marat hat sich das Video angesehen. Er verurteilt die Tat, bezeichnet sie aber als Ausrutscher. Ein »Ausraster« einiger Sadisten, die keineswegs repräsentativ für die gesamte Einheit seien. »Wegen dieses Vorfalls hat Wagner im Westen ein schlechtes Image. Die Schuldigen müssen bestraft werden, um uns von diesem Makel reinzuwaschen. Aber es ist unfair, zu glauben, dass alle Verbrecher seien.«

Doch diese »Ausrutscher« haben sich gehäuft. In jedem Land, in dem die Wagner-Gruppe kämpft, tauchen Berichte über grauenhafte Verbrechen, maßlose und grundlose Gewalt gegen Zivilisten auf. Als wir ihm von anderen Misshandlungen erzählten, von Opfern, die wir persönlich kennengelernt haben, insbesondere in der Zentralafrikanischen Republik, erstarrte Marat. Seiner Ansicht nach gibt es keine Methodik und keinen systematischen Einsatz von Terror. Laut seiner Auffassung ist Wagner eine Kraft des Guten, die gegen die Plage der bewaffneten Rebellen oder des radikalen Islam vorgeht und den von den Amerikanern angeführten Weltimperialismus bekämpft, der seiner Meinung nach nichts anderes will, als »das große Russland zu zerstören«.

Marat wollte keine Berichte über Gräueltaten von uns hören. Als ob das Eingeständnis der Realität dieser Verbrechen seine Welt und seine Moral zerstören würde. »Ich weigere mich, daran zu glauben, denn wenn ich daran glauben würde, wäre das das Ende von allem!«, sagte er uns bei unserem letzten Treffen. Er lehnte es ab, andere zu verraten und damit sich selbst zu gefährden. Marat steckt aufgrund seiner Loyalität in einem Dilemma.

Dennoch ist er weder naiv noch blind. Sein Verhältnis zur »Kompanie« hat sich im Laufe der Jahre gewandelt. Er hat es geschafft, Abstand zu gewinnen. Er erkennt vor allem, dass die Wagner-Organisation über ihre politische Funktion hinaus ein Instrument der Geldbeschaffung für ihre Spitzenfunktionäre ist. Paramilitärs arbeiten nur für Geld. In Syrien, wo Marat kämpfte, waren sie dafür zuständig, die Kontrolle über Öl- und Gasanlagen, die in die Hände der Freien Syrischen Armee oder des Islamischen Staats gefallen waren, wiederzuerlangen und deren Schutz zu gewährleisten. Im Gegenzug erhielt die Organisation eine Vergütung in Höhe von 25 Prozent der Einnahmen aus dem schwarzen Gold oder Gas. Dies geschah gemäß einer Vereinbarung, die im Dezember 2016 in Moskau (laut Journalisten der russischen Online-Nachrichtenseite *Fontanka*) von Evro Polis und dem syrischen Minister für Erdöl und Bodenschätze unterzeichnet wurde. Evro Polis ist ein von Jewgeni Prigoschin kontrolliertes Unternehmen. »Putins Koch« stellt Wagner damit in den Dienst der geopolitischen Ambitionen des Kreml und festigt seinen Status und seinen Einfluss innerhalb des russischen Mikrokosmos. Gleichzeitig vergrößert er durch hoch lukrative Verträge sein persönliches Vermögen. In der Zentralafrikanischen Republik soll der Bergbausektor (Gold und Diamanten) inzwischen unter seiner Kontrolle stehen. Wagner kontrolliert auch den örtlichen Zoll und schöpft einen Teil von dessen Einnahmen ab. Schon bald, so berichtete uns eine gut informierte Quelle, werden Prigoschins Männer über das gesamte Steuersystem herrschen, um auch von diesen Einnahmen zu profitieren. In Mali, wo die Truppe gerade eingesetzt wird, läuft es nach demselben Schema ab. Wagners Sicherheitsdienste werden durch die Einnahmen aus dem Bergbau bezahlt, heißt es. Die in Bamako herrschende Junta zahle ihnen zehn Millionen US-Dollar pro Monat, so US-General Stephen Townsend, Oberbefehlshaber von AFRICOM, dem Afrika-Kommando der USA.

In diesem Zusammenhang wiegt das Leben eines Söldners und Schattensoldaten weit weniger als die enormen wirtschaftlichen Interessen seines Arbeitgebers. Da es der Wagner-Gruppe an erstklassiger Ausrüstung und Bewaffnung fehlt und sie oft an vorderster Front kämpft, hat sie wiederholt schwere Rückschläge und zahlreiche Tote hinnehmen müssen. Diese Abwertung zum »Kanonenfutter« missfällt Marat sehr. Sie macht ihn sogar wütend, hat er doch Dutzende Kameraden im Kampf verloren und wurde selbst bei zwei Einsätzen an der syrischen Front schwer verwundet. Trotzdem bestand für ihn kein Zweifel daran, dass diese Mission eine edle Sache war.

Sein Körper ist noch immer mit Granatsplitterverletzungen übersät, sein Groll ungebrochen. Ein Ereignis hat sich für immer in seinem Gedächtnis eingebrannt: die Nacht vom 7. auf den 8. Februar 2018. Eine Kolonne russischer Söldner wird südlich von Deir ez-Zor an den Euphrat entsendet, um die Al-Tabyah-Raffinerie, auch bekannt als »Conoco«-

Fabrik, zurückzuerobern. Die Wagner-Söldner treffen auf die kurdischen Besatzungstruppen, die von den Amerikanern unterstützt wurden. Ein Bombenhagel geht auf sie nieder. »Plötzlich brach die Hölle los«, erinnert sich der Autor. »Mehrere Raketen explodierten direkt neben mir. Ich hatte Verbrennungen im ganzen Gesicht. Es ist furchtbar, du liegst wie erstarrt am Boden und kannst nur noch tatenlos auf das Ende warten. Sie haben uns richtig fertiggemacht.« Vor den Bombenangriffen hatte der US-Generalstab das russische Kommando in Syrien kontaktiert, um zu erfahren, ob diese Männer zu ihnen gehörten. Am anderen Ende der Leitung verneinte dies ein russischer General. Es wäre ihm peinlich gewesen, die Anwesenheit von Söldnern zugeben zu müssen.

Die Sache wird schließlich in den Medien veröffentlicht. Die ganze Welt erfährt von der Existenz der Wagner-Gruppe, während russische Offizielle von Moskau aus weiterhin jeden Einsatz von Söldnern abstreiten. Einige Tage später erklärt Maria Sacharowa, die Sprecherin des russischen Außenministeriums, dass es keine Russen in dem Gebiet gegeben habe. »Eine unverzeihliche Lüge«, so Marat. »Ich war angewidert. Das Gesicht dieser Frau zu sehen, wie sie schamlos lügt, war für mich unerträglich. Ich verachtete sie, sie ekelte mich an. Meiner Meinung nach kann keine Regierungsstrategie ein solches Verhalten rechtfertigen. Man distanziert sich einfach nicht von den eigenen Leuten, basta!« Zwischen 200 und 300 Wagner-Soldaten sollen in dieser Nacht im Bombenhagel umgekommen sein.

Moskau räumte schließlich fünf getötete Soldaten ein, behauptete aber stur, dass sie nichts mit den russischen Einsatzkräften zu tun gehabt hätten. Eine Heuchelei, die er nicht länger ertragen konnte. 2019 verlässt Marat Wagner, das

System der Doppelzüngigkeit hat ihn sämtlicher Illusionen beraubt. »Ich bin stolz darauf, Teil dieser Einheit gewesen zu sein und meinen Beitrag zu historischen Einsätzen geleistet zu haben. Allerdings bin ich froh, nicht mehr dazuzugehören. Ich bin nicht mehr mit ihrer Politik der absoluten Geheimhaltung einverstanden. Es ist einfach nicht okay, zu behaupten, dass Menschen nicht existieren, obwohl es sie doch gibt.«

Während Wagner derzeit sein Netzwerk über die ganze Welt ausbreitet, plädiert Marat für eine Legalisierung des Söldnertums in Russland. Damit diese Kämpfer sich nicht mehr verstecken müssen. Damit sein Land seine geopolitischen Ambitionen wahrnimmt und nicht mehr aus der Bequemlichkeit der Grauzonen heraus agiert. Es ist jedoch schwer vorstellbar, dass sich der Kreml und das russische Verteidigungsministerium aus der Deckung wagen. Marat fordert Ehrlichkeit, wo es keine Ehrlichkeit geben kann. Und das ist ihm auch klar.

Auch Marat trägt den russischen Zwiespalt in sich, in dem sich Überlegenheit und Unterlegenheit im Bewusstsein der Menschen einen gnadenlosen Kampf liefern. Für ihn wäre es zu einfach gewesen, alles pauschal zu kritisieren und zum Westen überzulaufen. So nannte man das zu Zeiten der UdSSR. Dies kommt für ihn nicht infrage. Wenn er seine Arbeit als Söldner legal ausüben könnte, würde er keine Sekunde zögern, sich erneut im Dienste Russlands rekrutieren zu lassen. Warum auch nicht? Schließlich ist er immer noch ein Soldat seines Landes.

KSENIA BOLSCHAKOVA und ALEXANDRA JOUSSET
Journalistinnen und Regisseurinnen des Films
Wagner, Putins Schattenarmee

Ksenia Bolschakova ist Journalistin für das französische Fernsehen. Sie besitzt die französische sowie die russische Staatsbürgerschaft. Mit ihren Eltern zog sie nach Paris, als sie drei Jahre alt war (ihr Vater war der letzte *Prawda*-Korrespondent). Sie spricht beide Sprachen und berichtet über die wichtigsten Ereignisse in Russland.

Alexandra Jousset hat einen Abschluss in internationalem Recht. Als Regisseurin für das französische Fernsehen hat sie sich auf investigative Dokumentarfilme spezialisiert. Ihr Dokumentarfilm *Corvéables à merci*, eine Recherche über den Handel mit asiatischen Dienstmädchen nach China und in den Nahen Osten, wurde für die FIPA 2017, die FIGRA 2017 und die Albert Londres Awards nominiert.

2022 führten die Filmemacherinnen gemeinsam Regie bei *Wagner, Putins Schattenarmee*. Ihnen gelang damit eine Langzeitstudie über diese geheime Söldnerorganisation im Dienst des Kreml, die sich weltweit der Erpressung schuldig gemacht hat.

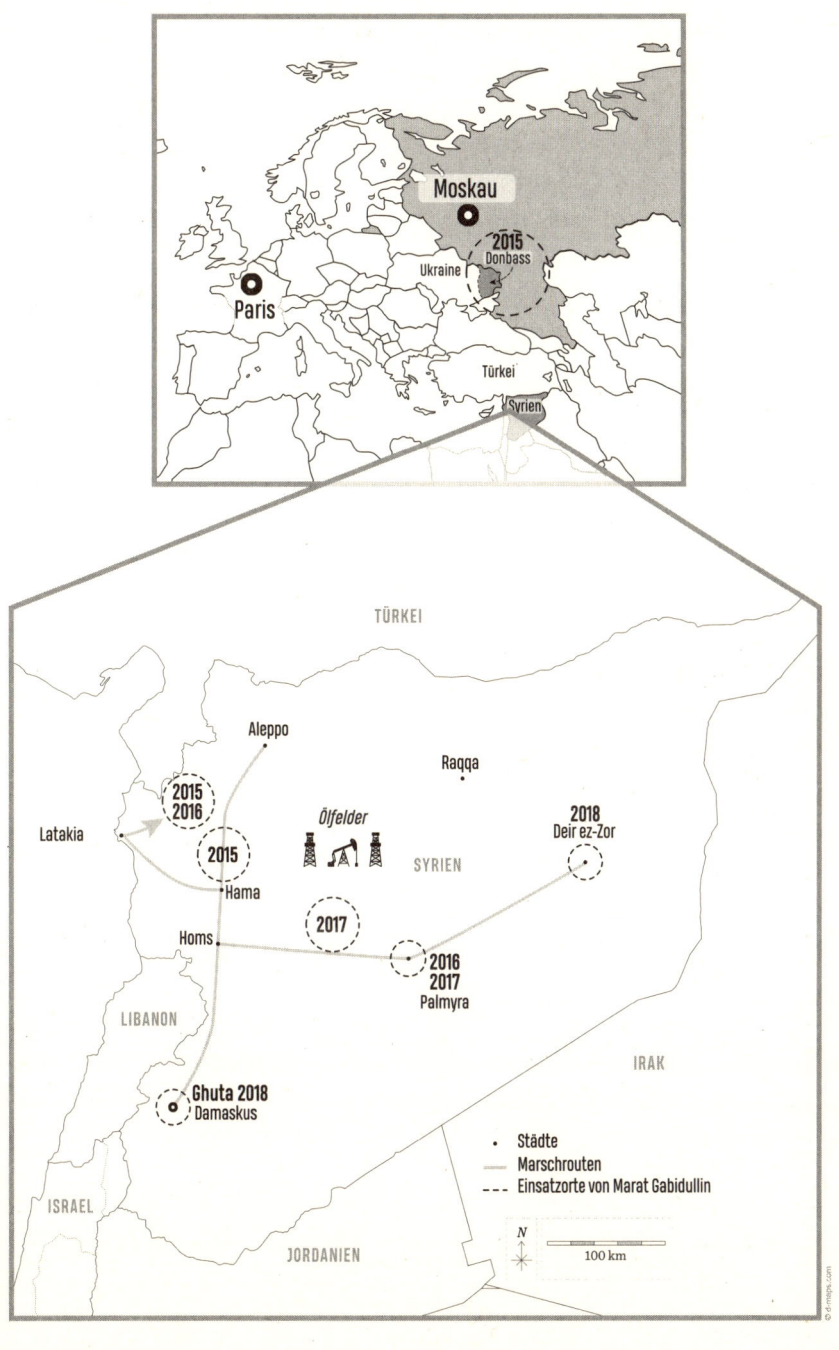

Moskau
2015 Donbass
Paris
Ukraine
Türkei
Syrien

TÜRKEI

Aleppo
2015 2016
2015
Latakia
Hama
Raqqa
Ölfelder
2018 Deir ez-Zor
SYRIEN
Homs
2017
2016 2017 Palmyra
LIBANON
IRAK
Ghuta 2018 Damaskus
ISRAEL
JORDANIEN

Städte
Marschrouten
Einsatzorte von Marat Gabidullin

N
100 km

1

AUF DEM WEG ZUR KOMPANIE

Krasnodar, April–Juni 2015

Ist es möglich, zweimal in denselben Fluss zu steigen? Nein, meinte ein Philosoph der griechischen Antike. Damit machte er jede Hoffnung zunichte, dass derjenige, der im Labyrinth des Lebens einmal vom rechten Weg abgekommen ist, jemals dorthin zurückfindet.

Nach einem anstrengenden Tag war ich erschöpft und saß im Gras, um dabei zuzuschauen, wie die Sonne hinter dem Horizont verschwand. Die Hektik und der Lärm des Lagers waren für heute vergessen, und ich hing meinen Gedanken nach.

Es war drei Monate her, dass ich das Gelände betreten hatte, auf dem sich das geplante Ausbildungslager für angehende Söldner befand. Begrenzt wurde es von Metallpfosten, die bald den Zaun tragen würden. Die Regellosigkeit der ersten Tage war einem strengen Zeitplan gewichen. Kampftraining und normaler Alltag wechselten einander ab, und das Leben war angesichts der Umstände recht angenehm.

Ich fand es sehr anstrengend, plötzlich von so vielen Menschen umgeben zu sein, weil ich daran gar nicht mehr gewöhnt war. Die Veränderungen der jüngsten Vergangenheit gaben mir allerdings nach und nach mein Selbstvertrauen und mein inneres Gleichgewicht zurück, die mir Jahre voller Irrungen und Wirrungen genommen hatten.

Meine Zeit als frischgebackener Absolvent des Instituts für Luftlandetruppen in Rjasan, des besten in der UdSSR, liegt lange zurück. Ich war jung, stark und bereit, die Herausforderungen des Lebens zu meistern. Der Luftwaffe beizutreten war ein Kindheitstraum gewesen. Ich wollte das Vaterland als Berufssoldat verteidigen ... Damals, in den ersten Jahren von Perestroika und Glasnost, waren die Menschen in meiner Heimat voller Elan und Hoffnung. In Kasachstan kam es zu Krawallen und in der aserbaidschanischen Stadt Sumgait zu einem Pogrom, bei dem die Aseris, wie sich die Aserbeidschaner selbst nennen, sich gegen die armenische Minderheit wandten. Man glaubte, dass solche Stolpersteine auf dem Weg in die Zukunft unvermeidlich wären, aber niemand hätte sich damals träumen lassen, dass auch in Transnistrien, Abchasien und Tschetschenien Massaker geschehen würden. Um 1988 sahen selbst die düstersten Prognosen den Zusammenbruch der Sowjetunion, der sich vier Jahre später ereignen sollte, nicht voraus. Die Veränderung, die in der Luft lag, war inspirierend und stimmte mich hoffnungsvoll. Als ehrgeiziger junger Leutnant kam ich nach Chişinău, der Hauptstadt der heutigen Republik Moldau, um das Kommando über eine Einheit von Fallschirmjägern zu übernehmen. Der Dienst war unerträglich langweilig. Er entsprach überhaupt nicht meiner romantischen Vorstellung, die von actiongeladenen Luftangriffen und Sabotageakten in den Kriegsfilmen herrührte, die ich gesehen hatte. Im wahren Leben galten ganz andere Spielregeln. Ich begann zu begreifen, dass eine militärische Karriere nicht etwa auf der meisterhaften Beherrschung der Kriegskunst beruht, sondern in erster Linie auf der Fähigkeit, die Befehle von Vorgesetzten auszuführen. Dabei spielt es keine Rolle, ob diese Befehle vernünftig und gerechtfertigt sind oder nicht. Weil ich für meinen Diensteifer nicht die erwartete Anerkennung bekam, begann ich mich dem Sport zu widmen. Boxen und Kickboxen, und ich trainierte jeden Tag. Meine Hingabe trug durchaus Früchte, aber der Traum vom Titel als Nahkampfchampion bei der Armee würde sich nicht erfüllen. Zumindest lenkte mich der Sport vom Militärdienst ab. In der örtlichen Sporthalle verbrachte ich mehr Zeit als in der Garnison. Hier kämpfte ich mit Einheimischen, bei denen es sich meistens um kleine Gauner handelte. Die unruhigen Jahre nach dem Zusammenbruch der Sowjetunion waren eine schwierige Zeit. Unser Regiment wurde irgendwo im sibirischen Niemandsland am Fallschirm abgeworfen, und der Sold kam unregelmäßig.

Diese Unannehmlichkeiten veranlassten mich dazu, die Armee 1993 zu verlassen. Ich bereute meine Entscheidung praktisch sofort. Kaum hatte ich mein Entlassungsgesuch in den Briefkasten geworfen, wurde ich zum stellvertretenden Kommandanten einer Aufklärungskompanie ernannt. So schnell wie möglich wandte ich mich an den Oberbefehlshaber der russischen Luftlandetruppen, der mich sogar persönlich in Moskau empfing. Er versprach, meine Fehlentscheidung rückgängig zu machen. Die Bürokratie folgt aber eigenen Gesetzen, gegen die selbst ein Generalstabschef machtlos ist. Vielleicht hat er sich auch keine besondere Mühe gegeben, sein Versprechen wahr zu machen. Jedenfalls wurde meinem Entlassungsgesuch stattgegeben. Zwei Monate später stand ich auf der Straße, und alle Versuche, wieder in die Armee einzutreten, blieben vergebens. Obwohl zu dieser Zeit viele das Militär verließen, bekam ich dort erstaunlicherweise keinen Posten mehr. Russland war ganz berauscht von dem Reichtum, der damals ins Land floss, und ich brauchte dringend einen Lebensunterhalt, um meine Familie zu ernähren und meine wachsenden Ansprüche zu befriedigen. Weil ich selbst hinter dem schnellen Geld her war, dem »Business«, wie man es nannte, wurde ich in eine Abrechnung mit der Unterwelt verwickelt. Um meine Haut zu retten, musste ich einen Bandenchef unschädlich machen und bin im Gefängnis gelandet. Drei Jahre Gefängniskolonie in Krasnojarsk und vorbestraft. Bei der Armee würde ich von nun an vor verschlossenen Türen stehen.

Mein Jugendtraum war geplatzt. Die Werte, die man mir an der Militärschule vermittelt hatte, bedeuteten nichts mehr. Der Umstand, dass ich keine Lust auf einen zivilen Beruf hatte, machte meine Lage noch ein wenig komplizierter. Nach meinem Ausscheiden aus der Armee konnte ich nichts finden, was mich interessiert hätte und in der Lage gewesen wäre, das schwarze Loch in meinem Inneren zu füllen. Deshalb habe ich regelmäßig zu viel getrunken und Dinge angestellt, für die ich mich heute noch schäme.

Nach meiner Entlassung aus dem Knast war ich eine Zeit lang Mitarbeiter bei einem Sicherheitsdienst. Jedes Unternehmen in Russland muss sich vor kriminellen Machenschaften schützen – und freundschaftliche Beziehungen zu habgierigen Beamten unterhalten, die dafür sorgen können, dass die Geschäfte gut laufen, sofern sie ihrerseits ausreichend Schmiergeld erhalten. Besonders reingehängt habe ich mich allerdings nicht. Ich stand jedenfalls gut da und wurde ordentlich bezahlt. Mein Vorgesetzter war ein pensionierter

Polizeichef, der keine Ahnung von seinem Job und auch sonst nicht allzu viel Grips im Kopf hatte. Am Ende habe ich mich heftig mit ihm gestritten und wieder alles ruiniert. Der Ex-Bulle verstand weder vom operativen Geschäft etwas noch von Sicherheit. Er war vollauf damit beschäftigt, die Konkurrenz fertigzumachen, indem er seine ausgezeichneten Beziehungen zu den verschiedenen Strafverfolgungsbehörden spielen ließ. Gute Kontakte gelten in Russland als sehr wertvolle Ressource. Der Geschäftsführer des Unternehmens wollte es sich nicht mit einem ehemaligen Polizisten verscherzen und drängte mich, meine Kündigung einzureichen.

Dieses abenteuerliche Durcheinander war nicht gerade förderlich für meine persönliche Entwicklung. Weder fand ich zu einem inneren Gleichgewicht, noch hatte ich das Gefühl, gebraucht zu werden. Aus einer früheren Beziehung während der Dienstzeit in Chişinău war meine Tochter Renata hervorgegangen, und ich hatte mich immer um sie gekümmert. Allerdings war unser Verhältnis jetzt nicht mehr so gut. Väterliche Autorität erfordert besondere Charakterstärke, und die fehlte mir. Genauso wie das nötige Kleingeld, um sie bei all den Schwierigkeiten zu unterstützen, denen sich junge Frauen gegenübersehen, sobald sie mit der Schule fertig sind und flügge werden.

Ich war pleite, aber ich wollte mich auch nicht mehr für sogenannte Geschäftsleute abrackern. Am Ende hatte ich nämlich für diese gewissenlosen und ungebildeten Hehler, die sich für die Elite des Landes hielten, nur noch Verachtung übrig. Leider war ich auch nicht raffiniert genug, um selbst so etwas aufzuziehen. Manche haben ein Händchen dafür, andere nicht. Das Einzige, wofür ich wirklich zu gebrauchen bin, ist nun einmal der Krieg.

Längere Zeit war meine Ehefrau Natascha praktisch allein dafür zuständig, die Familie über Wasser zu halten und die Löcher zu stopfen, so gut es ging. Sie war mir ganz sicher nicht deshalb aus ihrer Heimat Sibirien nach Moskau gefolgt, um sich hier für Essen, Kleidung und Miete abzurackern. Sie wollte sich selbst verwirklichen. Als Leiterin einer renommierten Beauty-Klinik erwartete sie mehr vom Leben. Jetzt war sie dazu verurteilt, Geld heranzuschaffen. Sie hatte mich immer geliebt, aber dass ich unfähig war, mich der Realität zu stellen, konnte sie nicht hinnehmen. Auf jeden Fall musste ich ganz dringend eine Lösung finden. Ich konnte mich nicht länger aufführen wie ein verkanntes Genie, denn schließlich stand meine Ehe auf dem Spiel. Ich hatte keine Ahnung, was ich tun sollte. Immerhin war ich 48 Jahre alt.

Ein alter Freund aus Sibirien, den ich vor vielen Jahren beim Boxtraining kennengelernt hatte, rief mich an und eröffnete mir einen Ausweg aus dieser Sackgasse. Er war Söldner aus Überzeugung und sein Kampfname lautete »Samurai«. Er konnte sich gar nicht vorstellen, seine Brötchen auf andere Weise zu verdienen. Nach seiner Einberufung war er zusammen mit der 201. Division in den Bergen von Tadschikistan gelandet, als die ehemalige Sowjetrepublik in den Wirren eines Bürgerkriegs steckte. Nach seinem Militärdienst kehrte er nach Hause zurück, hielt es dort aber nicht lange aus. Der Krieg rief nach ihm. Sobald sich die Gelegenheit dazu bot, unterzeichnete er einen Vertrag und zog in den ersten Tschetschenien-Krieg, kurz nach unserer Begegnung Mitte der Neunzigerjahre dann auch in den zweiten. Nach seinem endgültigen Ausscheiden aus der Armee arbeitete er als Leibwächter. Später eskortierte er Schiffe durch den von Piraten heimgesuchten Golf von Aden. Wir hatten uns schon vor längerer Zeit aus den Augen verloren. Ich befand mich aber in einer schwierigen Situation, und mithilfe gemeinsamer Freunde war es mir gelungen, ihn aufzustöbern. Er erzählte mir schließlich von einer gewissen »Kompanie«, die mir eine Rückkehr in meinen Beruf ermöglichen würde. Samurai nannte mir eine Adresse und das Datum, an dem eine Veranstaltung für Leute stattfinden sollte, die dieser »Armee« der Glücksritter beitreten wollten. Unweit des Flusses Kuban im Süden von Russland entstand gerade ein Armeekorps. Nach einer kurzen Diskussion mit Natascha machte ich es mir im Abteil eines Schlafwagens bequem und fuhr einer ungewissen Zukunft entgegen. Das Jahr 2015 würde die Wende bringen. Ich war wieder auf dem richtigen Weg und konnte endlich meinen alten Traum wahr machen.

Das Trainingslager für die Angehörigen der privaten Armee glich einem wimmelnden Ameisenhaufen, und nichts erinnerte auch nur entfernt an die Disziplin, die normalerweise beim Militär herrscht. Einige Kämpfer nahmen nach einem längeren Urlaub den Dienst wieder auf, andere hatten gerade eine Mission hinter sich, und überall liefen Leute herum. In den Armeezelten stritten wir uns um die besten Feldbetten. Es gab niemanden, der Befehle gab oder welche ausführte, und jeder dachte nur an sich.

Die Eignungstests bestand ich mühelos, und ich bekam einen Platz im Hauptlager. Meine Geschicklichkeit im Umgang mit Waffen hatte ich mir bewahrt, und ich war in ausgezeichneter körperlicher Verfassung. Bei einem Lauf über drei Kilometer ließ ich den Großteil des Feldes weit hinter mir, darunter auch Typen, die viel jünger waren als ich. Rekrutiert wurde nur, wer etwas vom Kriegshandwerk verstand und der physischen Belastung gewachsen war, die damit verbunden ist. Schließlich ging es hier um Leben und Tod. Das sagte man auch den Neuzugängen, damit sie sich ihre Entscheidung gut überlegten. Wer später auf dem Schlachtfeld den Schwanz einzieht und seine Kameraden im Stich lässt, hat nämlich keine Gnade zu erwarten. Solche klaren Ansagen gefielen mir, denn von falschen Versprechungen und leeren Worten hatte ich wirklich genug.

Das private Militär- und Sicherheitsunternehmen (auch als *Private Military Company* oder kurz PMC bezeichnet) sollte später unter dem Namen »Beethoven« eine gewisse Bekanntheit erlangen. Es trug den Kampfnamen des Mannes, der es gegründet hatte. Wir sprachen allerdings immer nur von der »Kompanie«. Das war wirklich eine kleine Armee, der höchstens ein paar Piloten, U-Boot-Matrosen oder Schützen für Abwehrraketen fehlten. Alle anderen Waffengattungen waren vertreten, und es gab zahlreiche Bewerber. Mich umgaben Menschen aller Art mit den unterschiedlichsten Laufbahnen und Werdegängen. Erfahrene Söldner waren dabei, die an verschiedenen Krisenherden eingesetzt worden waren und gar nichts anderes kannten. Es gab richtige Profis. Aber auch Romantiker, die unbedingt den Krieg erleben wollten. Einige waren restlos davon überzeugt, dass die bösen Faschisten aus der Ukraine und dem Westen alle Länder verwüsten wollten, in denen Russisch gesprochen wird. Das behauptete ja auch die Propaganda. Kein Wunder also, dass sie es nach der jahrelangen Gehirnwäsche als ihre patriotische Pflicht ansahen, zur Waffe zu greifen. Andere waren irgendwann einmal in ihrem Leben falsch abgebogen und wie ich hinter Gittern gelandet. Die Adrenalinjunkies machten mit, weil sie den Krieg wie eine Droge brauchten und sich ein friedliches Leben als Zivilist gar nicht mehr vorstellen konnten. Dann gab es noch versoffene Nichtsnutze, die nur dank der Disziplin einer paramilitärischen Einheit die Finger vom Alkohol lassen konnten. Sie alle waren völlig verschieden im Hinblick auf ihre Herkunft, ihre Geschichte, ihren Charakter und ihren Glauben, dennoch hatten sie etwas gemeinsam: ihren Beruf als Söldner. Niemand wäre auf die Idee gekommen, nach dem rechtlichen Status des »Unternehmens« zu fragen, das uns eingestellt hatte. Die Rechnung war ganz einfach. Was wir konnten, wurde bei dieser Firma gebraucht, und dafür bekamen wir Geld. Ich wusste selbstverständlich, worauf ich mich einließ. Das war keine reguläre Armee, und die »Kompanie« stand außerhalb des Gesetzes. PMCs sind in Russland nämlich verboten. Es gibt sie offiziell nicht.

Das abenteuerliche Leben als Söldner begann für mich in der Rolle des einfachen Soldaten. Meinen Platz musste ich erst noch finden. Die Männer, die mich umgaben, hatten in Tschetschenien, in Georgien oder bei dem bewaffneten Aufstand im Donbass gekämpft. Ich dagegen war bloß ehemaliger Offizier bei den Fallschirmjägern, nie im Krieg gewesen und auch nicht mehr ganz jung. Die meisten von ihnen hatten also wesentlich mehr Erfahrung als ich. Ich schloss mich einer internationalen Einheit an, die von einem Serben geführt wurde. Ich hatte mich immer gut mit ihm verstanden, seit ich im Lager angekommen war. Sein Name lautete Wolk[1], was auf Russisch »Wolf« bedeutet. Seine Persönlichkeit war

---

1   Die Söldner, die für die PMC arbeiten, kennen die wirklichen Namen ihrer Kameraden meist nicht. Sie wählen aus Sicherheitsgründen einen Decknamen und behalten diesen normalerweise bei.

meiner Ansicht nach außergewöhnlich, und als Ausländer wirkte er irgendwie exotisch auf mich. Aber nicht alles, was glänzt, ist Gold. Das musste ich beim späteren Training und bei meinem ersten Einsatz mit einer gewissen Bitterkeit erkennen. Wolk war nämlich in Wirklichkeit ein unprofessioneller Hitzkopf. Ein Versager.

Gleich nach meiner Rekrutierung bekam ich eine Marke mit einer Kennnummer und eine Waffe. Für unsere Ausbildung waren die Zugführer verantwortlich, die meist nicht viel von Theorie verstanden, weshalb sich das Training vor allem auf ihre persönlichen Kampferfahrungen stützte. Meist wurde die mögliche Vorgehensweise nur besprochen, aber nicht praktisch demonstriert. Beim Schießtraining betreute uns zum Glück ein guter Ausbilder. Längst vergessene Empfindungen und Erinnerungen wurden wach. Ich nutzte jede Gelegenheit, um meine alte Geschicklichkeit zurückzugewinnen und neue Techniken zu erlernen. Meiner bisherigen Lebensweise zum Trotz war ich körperlich fit. Die Kenntnisse und Fertigkeiten, die ich mir an der Militärschule und später im Dienst erworben hatte, kehrten nach und nach zurück. Entgegen meinem ersten Eindruck war die »Kompanie« gut organisiert und verfügte über sämtliche klassische militärische Einheiten. Allerdings gab es keine Dienstgrade, sondern nur Funktionen wie Divisionskommandant, Kompaniechef und Zugführer. Auf diese Weise wurde der Status jedes Einzelnen bestimmt. Ich unterzeichnete einen Vertrag über ein Jahr. Die erste und die zweite Gehaltszahlung halfen mir dabei, meine Autorität als Ehemann und Ernährer der Familie wiederherzustellen. Wir bekamen das Geld immer in bar. Während der Ausbildung belief sich der Sold auf 80.000 Rubel, was umgerechnet etwa 1000 Euro entsprach. Das war zwar weniger als das, was für Missionen bezahlt wurde (120.000 Rubel), und etwas mehr als die Hälfte dessen, was die Teilnehmer an Kampfeinsätzen erhielten (150.000 Rubel), aber für russische Verhältnisse völlig okay. Gemessen an Moskauer Standards ein gutes Gehalt.

Für mich begann ein neues Leben. Dass ich für diesen Beruf taugte, musste ich aber erst noch beweisen, besonders mir selbst. Nach so vielen Jahren war es mir also tatsächlich gelungen, ein zweites Mal in denselben Fluss zu steigen.

2

DIE MISSION IN LUHANSK

Sommer 2015

Der Konvoi, der sich auf der asphaltierten Straße neben dem Truppenübungsplatz formierte, bestand aus Autos und gepanzerten Mannschaftstransportwagen (MTW). Wolk trug einen schweren Rucksack und lief sicheren Schritts auf seinen Geländewagen zu. Ohne weitere Erklärung forderte er seine Kumpane auf, hinten einzusteigen. Die anderen Mitglieder der internationalen Einheit konnten sehen, wo sie blieben.

Wir verteilten uns auf die anderen gepanzerten Fahrzeuge, so gut es eben ging. Die Fahrt nach Luhansk[2] würde lange dauern. Es war meine erste Mission als Söldner.

Mitten in der Nacht überquerten wir irgendwo in der Nähe von Rostow die Grenze zur Ukraine. Die Grenzpatrouille beobachtete träge, wie unser Konvoi an ihnen vorbeizog. Sie schien sich nicht zu fragen, was es mit dieser großen Gruppe bewaffneter Männer, die durch das Flüsschen watete, auf sich hatte. In der Morgendämmerung erreichten wir

---

2 2014 unterstützte die russische Armee die Separatisten im zur Ukraine gehörenden Donbass in den Regionen Luhansk und Donezk.

den Stadtrand von Krasnodon[3]. Durch die dicken Scheiben des gepanzerten Fahrzeugs betrachtete ich die Landschaft. Mir fiel eine große Zahl von Panzern und Artilleriegeschützen auf, die entlang der Straße standen. Offenbar gab man sich keine Mühe, Kriegsgeräte und militärische Ausrüstung zu verbergen. Unser Konvoi erreichte Luhansk um die Mittagszeit. Wir teilten uns in mehrere Gruppen auf und nahmen die jeweiligen Quartiere in Beschlag.

Unsere Einheit schloss sich der Kompanie von Ratnik (»der Guisarmier[4]«) an und wurde im ehemaligen Feuerwehrausbildungszentrum der Region Luhansk untergebracht. Ratnik war früher SpezNas[5]-Offizier und galt als bester Kommandant der PMC. Unser Bestimmungsort sah sehr heruntergekommen aus. Vor uns hatten die Milizen der selbst ernannten Republik hier gehaust. In den Räumen lagen Müll und Essensreste. Überall standen Kartons herum, die Rationen der russischen Streitkräfte enthielten. Das verdorbene Fleisch in den Konservendosen zog durch seinen Gestank Fliegen an, die überall herumschwirrten. Kaputte Kleidung, Lumpen, zerbrochene Möbel und Abfall aller Art vervollständigten das Durcheinander. Die Abflüsse von Toiletten und Duschen waren komplett verstopft, und die Rohre hatte man buchstäblich von der Wand gerissen. Zwar gab es Wasser, aber wir mussten erst ein paar Schläuche finden, die

3   Kleinstadt, 50 Kilometer von Luhansk entfernt.
4   Soldat mit einer Guisarme. Dabei handelt es sich um eine Waffe, die der Hellebarde ähnelt. Sie besitzt eine zweischneidige Klinge mit einer Spitze und erlaubt es, den Gegner aus größerer Distanz anzugreifen.
5   Spezialeinheit des russischen militärischen Nachrichtendiensts.

wir an Waschbecken und Duschen anschließen konnten. Ein großer Muldenkipper brachte zehn Fuhren verfaulten Abfalls zu einer Deponie auf freiem Feld. Ich begann, ernsthaft an der geistigen Gesundheit der zur VRL[6] gehörenden Milizen zu zweifeln. Die Erfahrungen, die ich später machte, sollten diesen Eindruck noch verstärken.

Luhansk war eine mittelgroße Stadt, sehr urbanisiert, leicht heruntergekommen, aber voller Leben. Die wirtschaftliche Aktivität schien sich weitgehend auf Ladengeschäfte und eine Vielzahl von Cafés und Restaurants zu beschränken. Entlang der Autobahn reihten sich in den Außenbezirken die Reklametafeln zahlreicher Autohäuser aneinander, die aber allesamt leer standen. Meine Kameraden waren 2014 an den Kämpfen um den Flughafen Luhansk beteiligt gewesen. Ich fragte sie, ob es gelungen sei, die Autos rechtzeitig wegzubringen oder zumindest zu verkaufen. Sie lachten und meinten:

»Nein. Sie konnten sie nicht einmal zu herabgesetzten Preisen losschlagen. Als die Separatisten zu den Waffen griffen, beschlagnahmten sie auch die ganzen Karren.«

Auf dem Markt im Stadtzentrum gab es Importware sowohl aus Russland als auch aus Europa. Wer Handelsgüter über die »Grenze« zwischen den beiden kriegsführenden Lagern bringen wollte, musste eine Gebühr zahlen, also Bestechungsgeld.

Bis zu Beginn des Kriegs hatte sich die Stadt rasant entwickelt. Noch immer gab es in Luhansk jede Menge Hotels, Einkaufszentren, Restaurants, Cafés, Friseursalons und Saunen.

---

6   Volksrepublik Luhansk.

Einige Spuren des Konflikts waren aber nicht zu übersehen: Die Kuppel über dem Kino war eingestürzt, und in einem Wohnhaus klaffte eine riesige Lücke, die ein Raketenangriff dort hinterlassen hatte.

Zwei Tage nach unserer Ankunft brach Ratnik mit seiner Truppe zur Front auf, und wir blieben mit den Technikern allein in unserem Hauptquartier zurück. Unsere Einheit war im Zentralkrankenhaus der Stadt stationiert worden. Die Gründe, die unsere Anwesenheit hier erforderlich machten, waren eher prosaisch. Sie illustrierten sehr gut, welche Zustände in der Republik herrschten, die sich selbst für unabhängig erklärt hatte. Zwischen den separatistischen Milizen, oder besser gesagt: zwischen den Soldaten der VRL, kam es immer wieder zu Raufereien, bei denen Alkohol keine unwesentliche Rolle spielte. Solche Prügeleien endeten oft mit Schusswaffengebrauch. Viele Kämpfer legten ihre Waffe nie ab, selbst im Krankenhausbett nicht.

Welche Sitten die Bürger der »Volksrepublik Luhansk« pflegten, erfuhr ich, während ich meinen Dienst hier versah. Der Bereitschaftsarzt erklärte mir, dass nicht etwa die Traumatologiestation besonders ausgelastet sei, wie man angesichts der Nähe zur Front vermuten sollte. Die meisten Fälle lagen auf der Station für Kiefer- und Gesichtschirurgie.

»Du denkst vielleicht, dass hier Soldaten liegen, die eine Kugel oder einen Splitter abbekommen haben und sich hier den Kiefer wieder aufmöbeln lassen? Von wegen. Da liegen vor allem die Ehefrauen und Freundinnen unserer Rebellen. Der Mann kommt schlecht gelaunt von der Front nach Hause zurück, lässt sich volllaufen und prügelt auf alles ein, was sich bewegt. Die Frau ist ihm körperlich nicht gewachsen, und an ihr lässt er seine Wut aus.«

Ich schaute mich auf der Station um. Was er gesagt hatte, war zutreffend. Auf den Zimmern lagen Frauen mit geschienten Kiefern und Verbänden, die ihre Blessuren verbargen.

Eines Abends gesellte sich eine sehr junge Krankenschwester zu uns. Wir saßen gerade auf der Freitreppe und tranken einen Kaffee. Sie fing an, sich lautstark über die verfluchten »Ukropy[7]« zu beklagen, die sie mit ausgesuchten Schimpfwörtern bedachte. Ihrem Monolog konnte ich aber nicht entnehmen, was genau sie der ukrainischen Staatsmacht vorwarf. Sie klang wie ein Kind, das keinen Nachtisch bekommen hatte und nicht so recht wusste, was es eigentlich wollte.

Es war früher Morgen, und ihre 24-Stunden-Schicht ging zu Ende. Sie befand sich auf dem Heimweg und trug eine Tüte mit Lebensmitteln bei sich. Es handelte sich um Hilfsgüter, die am Vortag eingetroffen waren. Seit drei Monaten wurde der Belegschaft kein Lohn mehr gezahlt. Stattdessen erhielt das medizinische Personal Sachleistungen. Die Krankenschwester schien nicht besonders schockiert darüber zu sein, dass sie von ihrem Arbeitgeber mit kostenlosen Lebensmitteln bezahlt wurde. Möglicherweise glaubte sie ja, dass daran ebenfalls die »verdammten Ukropy« schuld wären.

Die Kämpfer der Volksrepublik Luhansk bereiteten uns keine Schwierigkeiten. Sie kapierten sofort, dass sie jetzt von Söldnern überwacht wurden, und hielten sich zurück. Wozu wir fähig waren, wussten sie nur zu gut. Es gab Gerüchte über die Beteiligung der »Kompanie« an der Liquidierung von

---

7 Abwertende Bezeichnung der Russen für Ukrainer, die auf der Seite der Kiewer Regierung stehen.

Mozgovoy[8]. Außerdem erinnerten sich die Einwohner der VRL noch gut an die Schlagkraft der Söldner, als diese ihre Rechnung mit dem prorussischen Bataillon »Odessa« beglichen hatten, dessen Kämpfer zu gewöhnlichen Plünderern und Banditen geworden waren.

Die Rekonvaleszenten traten am frühen Morgen auf den Platz vor dem Haupteingang der Klinik hinaus und steuerten nach einem kleinen Spaziergang die Geschäfte in der Nachbarschaft an. Wie es die Tradition verlangt, teilten sie sich jeweils zu dritt eine Flasche von dem billigen Wodka, der es in sich hatte. Danach streckten sich die Verteidiger der Republik auf einem Rasenstück hinter dem Laden aus und schlummerten friedlich ein.

Die Mission dauerte schon zwei Monate, als wir schließlich in die Kampfzone geschickt wurden. Das Quartier unseres Zugs war ein malerischer Weiler am Ufer des Flusses Siverskyj Donez. Wolk machte mithilfe seiner serbischen Kumpane bald ein leeres Haus ausfindig. Innerhalb unserer Bande war es schon zu Reibereien gekommen, als wir uns im Heim einer kleinen alten Dame niederließen. Sie war 2014 wegen der heftigen Gefechte geflohen.

Das Gebäude thronte auf einem Hang über dem Fluss, und vom anderen Ufer war es perfekt einzusehen. Wolk bereitete das allerdings keine Sorgen. Er kümmerte sich nicht weiter um rein militärische Angelegenheiten. Der Beobachtungsposten lag unweit der Front, was den Serben entgegenkam, die an lange Fußmärsche nicht gewöhnt waren. Die anderen

---

8   Einer der Anführer der selbst ernannten Volksrepublik Luhansk, der als besonders gewalttätig galt und 2015 ermordet wurde.

schienen ebenfalls zufrieden zu sein. Niemand dachte ernsthaft über die möglichen Folgen dieses Leichtsinns nach.

Die Zeit zwischen zwei Einsätzen auf dem Beobachtungsposten verbrachten die Kämpfer mit Gesprächen, Streitereien, Lesen und Sport. Zumindest einen kleinen Teil davon. Die wichtigste Beschäftigung war nämlich Schlafen, und die hatte Vorrang vor allem anderen. Die Fähigkeit der Serben, den größten Teil des Tages zu verschlafen, versetzte mich in Erstaunen. Nachts und am Tag verbrachten sie jeweils zwei Stunden auf dem Beobachtungsposten. In der restlichen Zeit horchten sie an der Matratze.

Unser Aufenthalt in dem ruhigen und verlassenen Dörfchen endete mit einer Erkundungsmission auf feindlichem Gebiet. Der Einsatz war völlig unsinnig und wurde stümperhaft organisiert. Die russischen Kämpfer verachteten Wolk und seine Landsleute hinterher nur noch mehr. Unser Kommandant zeichnete sich durch mangelnde Professionalität aus. Gleichzeitig war er es, der allen anderen Inkompetenz unterstellte.

Auf unserer Erkundungsmission irrten wir ohne Marschordnung durch dichtes Unterholz. Als wir den Waldrand erreichten, standen wir uns lange Zeit die Beine in den Bauch. Niemand verstand, welchen Zweck diese Mission auf feindlichem Territorium hatte oder welche Rolle wir dabei spielen sollten. Wir sind einfach hinter Wolk hergelaufen, der uns dann mit dem GPS auf seinem Smartphone wieder herausgeführt hat. Sich eine noch dümmere Situation vorzustellen, fällt schwer.

Auf ähnlich absurde Weise verschlechterte sich mein Verhältnis zu Wolk. Dabei ging es um unsere Hinterlassenschaften. Im Gegensatz zu den anderen ließ ich die Verpackung der

Proviantrationen nicht einfach dort auf den Boden fallen, wo ich aß. Ich vergrub die Reste im Wald und verwischte dabei meine Spuren. Wolk erzählte seinem Chef von meiner Angewohnheit. Er dachte nämlich, ich würde mich erleichtern. Wolk wollte mir eins auswischen und behauptete, ich wäre inkontinent, weil ich ja dauernd im Wald verschwände. Wie dem auch sei. Wolk und seine Handlanger waren ehemalige Polizisten. Sie kamen nicht auf die Idee, dass es ratsam sein könnte, eine gewisse Vorsicht walten zu lassen, wenn man sich hinter den feindlichen Linien befindet. Ich war auf einer Militärakademie gewesen und hatte bei einem Regiment gedient. Die Serben kannten nur das, was sie in irgendwelchen Filmen gesehen hatten.

Unser internationaler Zug bestand aus Serben und Russen, die im Häuschen der kleinen alten Dame eine Wohngemeinschaft bildeten. Das Verhältnis zwischen beiden Gruppen war aber getrübt. Jeden Tag gab es Streit. Dazu kamen Wolks seltsame Anwandlungen und seine Unfähigkeit als Kommandant. Das Haus war vom Keller bis zum Dachboden geplündert und anschließend verwüstet worden. In dem Zimmer, das die Serben bewohnten, hatten sie das Mobiliar zertrümmert und alles Geschirr zerschlagen (später sah ich Teile vom Service der alten Dame in der Basis von Luhansk wieder). Um ganz ehrlich zu sein: Auch die Russen hatten sich an Kompott und Marmelade in Omis Keller bedient. Sie waren allerdings zurückhaltender und räumten die Vorratskammer nicht komplett leer.

Die letzte Etappe unserer Mission führte uns in die kleine Stadt Slowianoserbsk unweit der Front. Die Aufgabe blieb dieselbe: Wir sollten feindliche Stellungen im Auge behalten. Keiner von uns verstand so recht, welchen Sinn das hatte, aber wir beobachteten mit unseren Ferngläsern brav das gegenüberliegende Ufer. Mir fiel auf, dass es sehr viele junge Mütter mit Säuglingen gab. Man konnte meinen, angesichts des Kriegs im Donbass würden sich die Einheimischen instinktiv um die Erhaltung der Art bemühen.

Eines Tages lief ich in den Außenbezirken der Stadt den Jungs von Ratnik über den Weg. Sie keuchten, ihre Gesichter waren schwarz verschmiert und voller Staub. Sie hatten hinter den ukrainischen Linien einen Sabotageakt verübt und kamen gerade zurück. Weil die Fahrzeuge für die Verwundeten und die Toten benötigt wurden, waren die Männer zu Fuß unterwegs. Auf dem Rückweg hatten sie eine Splitterrichtmine ausgelöst. So erfuhr ich, dass die Söldner immer wieder hinter die Linien der Ukrainer vordrangen, um sie anzugreifen und zu überfallen. Auf diese Weise schwächten sie deren Verteidigung. Artilleriebombardements, Aufklärungs- und Sabotagemissionen – wer hier eigentlich den Waffenstillstand verletzte, war die Frage.

Am Vorabend unserer Rückkehr nach Russland trieb ich mich auf dem Markt von Luhansk herum. Ich wollte das Zigarettenetui zu Geld machen, das ich im Tausch für eine meiner Rationen bekommen hatte. Der Käufer war ein Einheimischer. Zum Abschluss der langwierigen Verhandlungen plauderte er aus dem Nähkästchen:

»Wir wollen diesen Krieg überhaupt nicht. Ihr habt ihn vom Zaun gebrochen und am Laufen gehalten. Zumindest einen Vorteil gibt es: Auf der Straße hocken keine Bettler mehr. Die sind jetzt alle bei der Armee!«

Als ich Luhansk verließ, verspürte ich eine Mischung aus Frustration und Enttäuschung. Mir wurde klar, welcher Illusion ich erlegen war. Die Behauptung, wir würden die Interessen Russlands einer feindlichen ausländischen Macht gegenüber verteidigen, schien bloß ein nobler Vorwand zu sein. Bei der »Volksrepublik Luhansk« handelte es sich um eine vergleichsweise kleine Gemeinschaft von Menschen, die eine Bande von bewaffneten Analphabeten in Geiselhaft genommen hatte. Die Geiselnehmer wiederum waren die Erfüllungsgehilfen von Leuten, die vor nichts zurückschreckten und wohl kaum von moralischen Erwägungen geleitet wurden. Zum Glück hatte ich im Verlauf dieser Mission nicht ein einziges Mal meine Waffe einsetzen müssen. Auf jeden Fall überkamen mich nun Zweifel. Ein Söldner zu sein hieß für mich, nicht weiter über die Folgen meiner Handlungen nachzudenken. Das hier war aber nicht der Weg, den ich hatte einschlagen wollen. Gegen meine Brüder zu kämpfen, kam auf keinen Fall infrage. So wie die Ukraine nicht völlig im Unrecht war, war Russland nicht völlig im Recht. Das verstand ich nun.

Was sollte ich also machen? Ich würde mich nicht noch einmal ins Donbass schicken lassen, schon gar nicht, um dort zu kämpfen. Das hieße, dem gesunden Menschenverstand zuwiderzuhandeln. Auch mit meinem Gewissen konnte ich so etwas nicht vereinbaren. Eher würde ich aussteigen.

3

DER ABFLUG

Unweit von Moskau, Dezember 2015

Der Wartebereich am Flugsteig füllte sich schnell: Militärangehörige, aber auch einige zivile Logistikmitarbeiter. Eine Gruppe von Männern hob sich durch ihre hochwertigen Uniformen vom Rest ab. Die Mienen der Staatsbeamten wirkten arrogant und besorgt zugleich. Erstaunt begafften sie die Horde aus unordentlich gekleideten, breitschultrigen und angesäuselten Typen, die sich etwas abseits hielt.

Mir war schon während der Busfahrt aufgefallen, dass sich in den Sitzreihen schweigsame Grüppchen gebildet hatten, die eng beieinanderblieben und offensichtlich versuchten, etwas zu verbergen. Schnaps wurde herumgereicht. Ich mochte meine Männer nicht davon abhalten, ein bisschen was zu picheln, obwohl Biker (»der Motorradfahrer«) genau das von mir verlangt hatte. Als Chef des Aufklärungsdiensts war er mein direkter Vorgesetzter. Erstens ging ich davon aus, dass niemand es übertreiben würde. Zweitens wollte ich meinen Aufklärern eine letzte Gelegenheit zum Feiern geben. Der Spähtrupp, den ich kommandierte, sollte sich bald in der Hölle des Syrienkriegs wiederfinden, wo die Männer ihr Leben riskieren, Freunde verlieren und Blut vergießen würden.

Wir verließen Russland Ende Dezember. Der Schneesturm blies Eiskristalle in Gesichter, die vom Wodka gerötet waren. Wir mussten trotzdem einem von uns unter die Arme greifen und ihn über die Startbahn schleppen. Vovan war voll wie eine Haubitze. Seinen schweren Rucksack mit der militärischen Ausrüstung reichten wir von Hand zu Hand weiter, und schließlich landete er im Frachtraum der IL-76.[9]

Ich versuchte gar nicht erst, mich zu entspannen. Das militärische Transportflugzeug war derart mit Ausrüstung und Passagieren vollgestopft, dass es mir sowieso nicht gelungen wäre. Der Frachtraum war bis oben hin beladen mit Fahrzeugen, Kisten, Gepäck und allem möglichen Kram. Damit der sechsstündige Flug nicht allzu beschwerlich verlief, richteten sich die Männer ein, so gut es eben ging. Die Söldner waren den anderen Passagieren gegenüber im Vorteil. Bequem oder nicht, kaum hatten sie sich irgendwo niedergelassen, waren sie eingeschlafen. Die lange Nachtfahrt im Reisebus, in dem wir unser Hauptquartier im Süden verlassen hatten, forderte ebenso ihren Tribut wie die anstrengende Warterei am Flughafen. Dazu kam natürlich der ganze Wodka. Die Männer schliefen schon tief und fest, noch bevor die Heckklappe der Maschine komplett verriegelt war. Das Flugzeug gewann rasch an Höhe und stieß durch die Wolken, während das winterliche Moskau hinter uns zurückblieb und von der Nacht verschluckt wurde.

Die Hafenstadt Latakia hieß uns willkommen, und vom Mittelmeer wehte eine angenehme Brise heran. Dies war die Hochburg der Familie Assad, und seit dem offiziellen Beginn

---

9   Iljuschin IL-76.

des Einsatzes in Syrien am 30. September 2015 hoben hier die russischen Bomber ab. Um wieder Gefühl in unsere eingeschlafenen Arme und Beine zu bekommen, streckten wir uns ausgiebig. Unsere Habseligkeiten deponierten wir in unregelmäßigen Haufen entlang der Landebahn. Der Leiter des Teams, das uns abholen sollte, war nicht gerade freundlich. Er hielt es nicht einmal für nötig, uns zu verraten, welche Fahrzeuge für wen gedacht waren. Biker war auch keine große Hilfe. Sobald er den Lkw an der Spitze des Zugs bestiegen hatte, interessierte er sich nicht mehr dafür, was um ihn herum vor sich ging. Er hielt sich an die übliche Vorgehensweise, und die verlangte, dass jeder Kommandant sich nur um sein eigenes Truppenkontingent kümmern sollte. Meine Frage war ganz einfach: In welches Fahrzeug sollte ich meine Männer und ihre Ausrüstung packen? Ich brauchte eine Weile, um sie zu beantworten. Der Mann, der für diese Aufgabe zuständig war, deutete in aller Seelenruhe auf zwei Lastwagen. Er bot mir nicht an, in den Pick-up zu steigen, der für die Stabsoffiziere vorgesehen war, obwohl ich als Kommandant der Aufklärungsgruppe ein Anrecht darauf hatte. Die URALs[10] waren bereits von allen möglichen Leuten in Beschlag genommen worden, die zum Verwaltungspersonal des Stützpunkts gehörten. Sie gaben sich als Wachleute aus, aber eigentlich ließen sie sich bloß aus Langeweile herumkutschieren.

Die Reise mit der Iljuschin war beschwerlich gewesen, und angesichts der respektlosen Haltung des Kompaniechefs, der uns hier in Empfang nahm, bekam ich schlechte Laune. Ich hatte große Lust, jeden aus der Fahrzeugkabine

---

10 Russischer Militär-Lkw.

zu schmeißen und nach hinten auf die Ladefläche zu schicken, der hier nichts verloren hatte. Ich riss mich aber zusammen. Zu Beginn des Einsatzes wollte ich auf keinen Fall einen Streit vom Zaun brechen, von dem ich nicht wusste, welche Folgen er haben würde. Viele Leute wären der Meinung gewesen, ich zöge nur eine Show ab, und der Firmenleitung hätte es sicher ganz und gar nicht gefallen, wenn ich zu sehr auf den Putz gehauen hätte. Wäre ich ein Veteran gewesen, der bei den Söldnern einen hohen Rang einnahm und Respekt genoss, hätte ich bestimmt im Lkw für die Stabsoffiziere gesessen. Es gelang mir allerdings nicht, meinen Ärger komplett herunterzuschlucken. Ich sah die Leute an, die sich hier breit gemacht hatten, und rief: »Was treibt ihr hier? Uns die Plätze wegnehmen?« Ich wandte mich ab und ging nach hinten zur Ladefläche. Jemand wollte mir zeigen, wie der Hase lief, und ergriff vor den anderen das Wort:

»Für wen hältst du dich eigentlich? Gibt es irgendein Problem, du Vollidiot?«

Da explodierte ich. Der ausgewählte Fachwortschatz, den ich mir im Gefängnis angeeignet hatte, brach sich Bahn, ohne dass ich viel dagegen hätte tun können. Überrascht von meinem Zornausbruch verkniff er sich jede weitere Beleidigung und zog sich in die Kabine zurück. Der Typ, der unseren Empfang organisieren sollte, bekam ebenfalls sein Fett weg. Als er von mir wissen wollte, was hier los sei, habe ich ihn einfach abgebügelt:

»Zieh endlich den Finger aus dem Arsch und zeig uns, wo unser Krempel hinsoll.«

Sobald wir am Stützpunkt angekommen waren, erstattete er Bericht. Als ich im Hauptquartier um eine Erklärung gebeten wurde, zuckte ich nur mit den Achseln:

»Es ist überhaupt nichts passiert. Wir haben unser Zeug aufgeladen und sind losgefahren.«

Meine Gelassenheit nahm auch dem Stabschef den Wind aus den Segeln, der sichtlich wenig Lust hatte, sich mit dem Anführer einer der größten Trupps im Lager herumzustreiten. Damit war die Debatte beendet.

So begann meine zweite Mission in diesem Land. Syrien wird von bewaldeten Bergzügen auf der einen und der glühenden Wüste auf der anderen Seite eingerahmt. Dazwischen liegen Olivenhaine und Zitrusplantagen, alte Festungen und antike Tempel, aber auch Straßen voller Abfall. In ein paar Wochen sollten wir zum ersten Mal in die Berge ziehen und uns dort dem Feind stellen. Abgesehen von einer großen Anzahl bewaffneter Männer und den Verlautbarungen über Gefallene wies in der friedlichen, entspannten Atmosphäre des Stützpunkts kaum etwas auf einen Krieg hin.

4

VORBEREITUNG AUF DEN KAMPF

Die Söldner waren auf dem Campus des landwirtschaftlichen Instituts einquartiert. Dort unterhielt auch eine lokale PMC ihre Zentrale. Diese Miliz trug den etwas hochgestochenen Namen »Wüstenfalken«. Sie bestand größtenteils aus Veteranen der syrischen Armee und galt als Eliteeinheit. Zwei Oligarchen, die Brüder Ayman und Mohammad Jaber, hatten das Unternehmen gegründet und waren auch für die Finanzierung zuständig. Diese Kämpfer verstanden von ihrem Job meist mehr als die Angehörigen der regulären Armee und wurden ungleich besser bezahlt. Im Rahmen einer Vereinbarung zwischen den beiden PMCs kümmerten sich die russischen Söldner um eine umfassende militärische Ausbildung ihrer syrischen Kollegen.

Zuvor begrüßten wir allerdings das neue Jahr 2016. Wir veranstalteten eine Feier, bei der nur wenig Alkohol getrunken wurde. Trotzdem hatten wir Spaß, und die Party dauerte bis spät in die Nacht. Zwei Tage später traf die erste Lieferung von Waffen und Munition aus Russland ein. Das Material war vom russischen Verteidigungsministerium bereitgestellt worden. Jetzt konnten wir mit dem Training beginnen. Nach dem Müßiggang der letzten Tage mussten wir uns erst wieder daran gewöhnen. Unsere Ausbildung in Russland lag ja schon eine Weile zurück, und unser Kampfeinsatz hier hatte noch nicht begonnen. Um den einen oder anderen Faulpelz auf Trab zu bringen, musste ich manchmal hart durchgreifen. Die Truppe von Tschub (»der Häuptling«) bereitete mir keine Schwierigkeiten. Der altgediente Haudegen war früher Offizier bei der russischen Armee gewesen und hatte in Afghanistan, Tschetschenien und im Donbass gekämpft. Seine Männer waren auf Zack und setzten sich sofort in Bewegung. Das Gleiche galt für die Truppe von Gurzuf, die aus Technikern bestand. Er selbst galt als ausgemachter Fachmann für alles, was fliegt, lauscht und überwacht. Ich hatte mich vehement dafür eingesetzt, dass er mit uns kommt. Ganz anders bei Zaliv (»die Beere«). Grüne Jungs, aber arrogant und ehrgeizig. Sie waren mit den Feinheiten des militärischen Fachs noch nicht vertraut und mussten erst lernen, dass es jede Menge Arbeit erfordert, das eigene Können kontinuierlich zu verbessern.

Der Morgen begann mit Aufwärmübungen und dem obligatorischen Lauftraining. Um unser Essen kümmerten wir uns selbst. Gekocht wurde, was gerade zur Hand war, Trockenrationen oder Lebensmittel vom lokalen Markt. Einen Küchendienst wie bei der Armee gab es nicht. Alle Söldner versammelten sich am Haupteingang, und dann verwandelte sich das Gelände rasch in ein militärisches Ausbildungslager. Befehle wurden gebrüllt, und als Bewegung in die Formation der »Falken« kam, war überall das Rattern der Gewehre und das Trampeln der Stiefel zu hören. Ein Teil der russischen Söldner war nicht an der Ausbildung der syrischen Alliierten beteiligt. Sie stellten ihre Ausrüstung zusammen und verließen das Gelände, um eine Strategie für die Zusammenarbeit zwischen den Kampfgruppen zu erarbeiten. Der kleine Schießstand direkt am Meer war praktisch immer belegt. Die Söldner trainierten dort ausgiebig. Sondereinsatzkräfte des GRU[11], die hier stationiert waren, beobachteten unser Kommen und Gehen erstaunt. Sie fragten sich, wer wir waren und warum wir ständig den Schießstand in Beschlag nahmen, den sie selbst nur selten nutzten.

Jede Einheit der *Sadiqs*[12] unterstand einem russischen Ausbilder und durchlief ein spezielles Trainingsprogramm. Um zu lernen, wie man damit umgeht, mussten die Mörserschützen ihre Ausrüstung aufbauen und für den Transport wieder auseinandernehmen. Die Infanterie übte taktische Kampftechniken. Mit Maschinengewehren und Raketenwerfern machten sich die Schützen vertraut. Bald sollten wir feststellen, dass unsere Freunde von den Wüstenfalken nicht richtig mitmachten. Sie wollten einfach nicht begreifen, warum es nötig war, dieselben Handgriffe immer und immer wieder zu üben. Auf Wiederholungen hatten sie keine Lust. Obwohl sie zum Besten gehörten, was die syrische Armee zu bieten hatte, würden sie es nie zu herausragenden militärischen Leistungen bringen. Das sagt viel über den Zustand der regulären Streitkräfte aus! Kein Wunder, dass sie erst von den Israelis und später von den Türken zurückgedrängt worden waren. Während der letzten 70 Jahre hatten sie nie einen Sieg für sich verbuchen können. Für die Syrer trafen im Krieg einfach jede Menge Leute aufeinander, die zu

---

11 Der russische Militärgeheimdienst.
12 Arabisch für »Freund«. So wurden die Syrer von den Russen genannt, wenn sie unter sich waren.

zwei verschiedenen Gruppen gehörten und versuchten, sich gegenseitig mit allem über den Haufen zu schießen, was sie gerade in die Finger bekommen konnten. Wer am meisten Glück hatte, gewann.

Mit jeder neuen Lieferung aus Russland wuchs unser Arsenal. Zu meiner großen Zufriedenheit waren die Fahrzeuge eingetroffen, die man mir versprochen hatte. Sämtliche Pick-ups hatte ich an Gurzuf abtreten müssen. Seine Drohnen waren unser wichtigstes Werkzeug zur Aufklärung, und für ihren Transport benötigte er leichte und schnelle Fahrzeuge. Wie die KamAZ- und URAL-Lastwagen zugeteilt wurden, hing allgemein vom Bedarf der »Kompanie« ab. Ich war wieder einmal leer ausgegangen und hatte keinen fahrbaren Untersatz.

Russland unterstützte ganz offiziell die syrischen Streitkräfte. Anders als bei der vorherigen Mission hatte das Kommando der Allianz entschieden, dass diesmal die Söldner bei der Bodenoffensive die Hauptrolle spielen sollten. Weil wir das wussten, bereiteten wir uns sehr sorgfältig vor.

5

SALMA

Das Gebirge östlich von Latakia ist malerisch. Zwischen steilen Klippen und bewaldeten Schluchten lebten fleißige Menschen. In jedem Dorf und jeder Stadt gab es eine Moschee aus leuchtendem Marmor, und sogar mitten im Krieg wirkte alles gepflegt. Das ließ die Einheimischen in unserer Achtung steigen. Obwohl das Klima rauer war als an der Küste, gediehen auf den fruchtbaren Hügeln Zitrusbäume und andere Obst- und Gemüsesorten, die einem russischen Soldaten recht exotisch vorkamen. Die Freie Syrische Armee war die größte Gruppe, die sich neben den Dschihadisten von al-Nusra gegen Baschar al-Assad gestellt hatte, und dieses dicht bewaldete Gelände bot den Aufständischen hervorragend Deckung.

Auch aus ideologischer Sicht war das Terrain für die Opposition günstig. Die Einheimischen hielten nicht viel von ihren Nachbarn an der Küste. Das lag vor allem an den Unterschieden zwischen den lokalen Clans, die das Land seit jeher geprägt hatten. Die Eliten nutzten den syrischen Geheimdienst Muchabarat dazu, alle anderen Gruppen in Schach zu halten, während sie sich bei der Aufteilung staatlicher Ressourcen selbst die Filetstücke sicherten. Meinungsverschiedenheiten im Hinblick auf feine Unterschiede bei Fragen der islamischen Tradition und des Glaubens mögen ebenfalls eine Rolle gespielt haben, allerdings stachelten sie eher den Hass der verschiedenen Bevölkerungsgruppen untereinander an und dienten zur Rechtfertigung für Morde an Mitbürgern. Auch Assads Soldaten nährten diesen Hass. Mit Billigung ihrer Vorgesetzten unterdrückten sie die Bevölkerung und plünderten sie hemmungslos aus, weil sie so von ihrer mangelnden militärischen Kompetenz ablenken konnten. Die Regierung rechtfertigte Enteignung und Machtmissbrauch. Auf diese Weise werde eben bestraft, wer sich der staatlichen Autorität widersetzt oder die Hand gegen ihre Repräsentanten erhoben habe.

Offenbar wollte auch die Türkei vom inneren Konflikt des Nachbarlands profitieren und goss Öl ins Feuer. Sie versorgte die Freie Syrische Armee nicht nur mit Waffen und Munition, sondern stand ihr auch mit professionellen Militärberatern zur Seite, die Operationen leiteten und sich ganz offen auf dem Schlachtfeld zeigten.

Es sollte ein langer Krieg werden.

Ratniks Kompanie und meine Aufklärungsgruppe wurden als Verstärkung nach Nordwesten zu Assads Einheiten geschickt. Es war ihnen gelungen, zuvor verlorene Gebiete zurückzuerobern, nachdem die russische Luftwaffe eingegriffen hatte. Talla hieß eine der über den Berghang verteilten Ortschaften, von wo aus man einen guten Blick auf Salma hatte. Für unsere Mission richteten wir dort eine Basis ein. Die Dorfältesten boten uns Häuser an, die jetzt leer standen, weil ihre Bewohner vor dem Krieg geflüchtet waren. Dort war auch das Kommando der russischen Armee untergebracht. Bei der Offensive von Salma wurde von hier aus der Einsatz von Artillerie und Infanterie koordiniert, ebenso wie die

Aktionen in Richtung der türkischen Grenze im Norden. GRU-Mitarbeiter aus Sibirien kümmerten sich um die Sicherheit. Sie bewachten das Hauptquartier und eskortierten Generäle. Diese hartgesottenen Jungs hielten sich stets im Hintergrund, wann immer ich ihnen in Syrien begegnet bin. Ich habe sie weder an vorderster Front noch bei einem Kampfeinsatz je gesehen.

Bei unseren ersten gemeinsamen Einsätzen mit den Syrern hatten wir Söldner nur eine höchst vage Vorstellung von dem, was das russische Militär hier in der Region trieb. Anfangs verhielten wir uns respektvoll und zeigten unseren guten Willen. Das war jedoch nicht von Dauer. Wie hätte es auch anders sein können? Wir Söldner schlugen Angriffe zurück und griffen selbst an. Wir zählten unsere Toten und Verwundeten. Die Angehörigen der russischen Armee schwärmten unterdessen in Interviews schamlos über ihre angeblichen Heldentaten, ohne rot zu werden. Außerdem wurden ihnen Orden verliehen für die Dienste, die sie dem Staat angeblich erwiesen hatten. Das sollten wir aber erst später herausfinden. Als wir hergekommen waren, freuten wir uns, sie hier anzutreffen: »Hallo Kumpel! Aus welcher Ecke bist du? Komm her. Willst du einen Tee oder lieber Kaffee?«

Der russische Offizier, der die nächste Operation überwachen sollte, sah aus wie ein Intellektueller. Alle nannten ihn einfach Sergejewitsch[13]. Er sollte dafür sorgen, dass die Artillerie und die Luftstreitkräfte aus Russland richtig mit den Söldnern und der syrischen Armee zusammenarbeiteten. Bei unserer Ankunft in Talla setzte er uns schnell ins

---

13 Der in Russland gebräuchliche Vatersname.

Bild und legte fest, wann wir an die Front aufbrechen sollten. Unser Job war nicht ganz einfach. Wir sollten Stellung beziehen und eine Gegenoffensive der Freien Syrischen Armee zurückschlagen, die versuchte, den Ausgang der Schlacht von Salma zu kippen. Unsere Kolonne bestand aus URALs und GAZ-Lkws, die schon vor längerer Zeit außer Dienst gestellt worden waren. Die Fahrzeuge mobilisierten ihre letzten Kraftreserven und zuckelten mit röhrenden Motoren die bergige Straße hinauf. An der Spitze fuhr ein Tigr[14] der Sondereinsatzkräfte. Man stelle sich vor, wie ein gut aussehender Krankenpfleger in der Blüte seiner Jahre die seiner Obhut anvertrauten Senioren in den Speisesaal eines Altenheims dirigiert. Die Situation war vergleichbar.

Über eine Stunde mussten sich unsere altersschwachen Lastwagen steile Serpentinen und schmale Pfade hinaufquälen. Oft schafften sie es erst im zweiten oder dritten Anlauf. Schließlich erreichten wir den Stadtrand von Salma. Es wirkte ebenso verwüstet wie Stalingrad im Jahr 1943. Unser Konvoi durchquerte das Stadtzentrum und bezog in einem der nördlichen Vororte Stellung. Die Böschung entlang der Straße gab uns Deckung. Wir merkten sofort, wie aufgeregt die Syrer waren. Ein von Zedern bestandener Hügel bot ihnen Schutz vor den Schüssen des Gegners. Sergejewitsch rief Ratnik und mich zu sich. Wir wollten von den syrischen Kommandanten hören, was hier vor sich ging. Da standen sie, geschockt und fassungslos. Der Dolmetscher machte sich ans Werk.

Die Situation war kritisch, aber leicht zu beurteilen: Der Gegner hatte unsere Freunde am frühen Morgen angegrif-

14 Ein leichtes, gepanzertes Militärfahrzeug.

fen. Dabei konnte er ihre Stellungen am nördlichen Stadtrand einnehmen. Jetzt bündelte er offenbar seine Kräfte, um
erneut zum Schlag auszuholen. Wir ärgerten uns darüber,
dass den Aufständischen zwei Panzer in die Hände gefallen
waren. Assads Truppen hatten sie beim Rückzug einfach aufgegeben.

Die Zeit arbeitete gegen uns. Die *Duchi*[15] konnten sich
jeden Moment in Bewegung setzen. Wenn wir mit ihnen
gleichziehen wollten, mussten wir uns unbedingt vorteil-
hafte Positionen sichern. Die Sache mit den Panzern ver-
hieß nichts Gutes. Den leistungsfähigen Kanonen dieser
Fahrzeuge konnten wir nur begrenzt standhalten. Rumheu-
len würde aber nichts nützen. Ratnik begann unverzüglich,
seine Männer am Stadtrand zu positionieren, um die Verteidigung vorzubereiten. Auf Befehl des unerschütterlichen
Sergejewitsch inspizierte meine Aufklärungstrupp das Haus,
welches uns als Kommandozentrale dienen sollte. Schwere
Waffen wurden scharf gemacht. Die Späher teilten uns ihre
Beobachtungen mit, sobald sie ihre Positionen eingenommen
hatten: Die Aufständischen bewegten sich in kleinen Gruppen voran. Sie kamen sowohl durch das enge, dicht bebaute
Tal als auch über den Höhenzug, der von uns aus gesehen
etwa drei Kilometer entfernt war.

Inmitten der Ruinen wurden hastig ein paar Betonflächen
freigeräumt, und kaum dass ihre Stützbeine sicher standen,
begannen Kord-Maschinengewehre und großkalibrige AGS-
Granatwerfer zu feuern. Die Schützen folgten den Angaben der

---

15 Kurzform von »dushman«, persisch für »Feind«. Sowjetische Soldaten
    bezeichneten auf diese Weise zunächst die Mudschaheddin in
    Afghanistan und später jeden Gegner in Asien oder im Nahen Osten.

Späher. Sie schossen auf Sicht und korrigierten abhängig vom Ergebnis die Zieleinstellung. Bald hatten die Scharfschützen ihren Auftritt. Sie waren daran gewöhnt, sich ruhig und mit Bedacht zu bewegen und ihre Stellungen selbst zu wählen. Mirny (»der Friedfertige«) und Goba eröffneten die Jagd mit ihren Mannlicher-Gewehren[16]. Jeder Gegner, der sich ablenken ließ oder den falschen Unterschlupf gewählt hatte, war zum Tode verurteilt. Ratnik scheuchte seine Männer und postierte sie an Stellen, die seiner Meinung nach optimal waren.

Eine Panzerabwehrrakete zischte davon. Ohrenbetäubender Donner folgte und ließ die Luft dröhnen wie eine riesige Glocke. Einer der Panzer, die der Gegner erbeutet hatte, war getroffen. Damit hatten wir diese potenzielle Bedrohung ausgeschaltet. Sofern die Aufständischen überhaupt jemanden gefunden hatten, der mit den Fahrzeugen zurechtkam und die Kanone in unsere Richtung abfeuern konnte. Schwere Maschinengewehre spuckten kurze Salven. Automatische Granatwerfer bellten wie schlecht gelaunte Hunde. Ihre Fahrgestelle hüpften auf und ab. Scharfschützengewehre feuerten einzelne Schüsse ab. Die Späher schrien. Mit ihren Ferngläsern suchten sie auf dem Hügel nach Zielen. Die Kämpfer hatten kaum noch Kraft in den Beinen, aber unermüdlich schleppten sie schwere Kisten voller Munition heran, um ihre unersättlichen Killermaschinen zu füttern.

Sergejewitsch besprach etwas mit dem Befehlshaber der Falken. Links befand sich eine Moschee, auf die er zeigte. Mir befahl er, meine Männer dorthin zu schicken, um die Flanke zu überwachen. Eine kleine Gruppe von Syrern, die

---

16 Gewehre aus österreichischer Herstellung mit Geradezugverschluss.

sich neben unserer Basis versammelt hatte, sollte uns begleiten. Die »Falken« weigerten sich jedoch kategorisch, den Ort zu verlassen, an dem sie sich sicher fühlten, obwohl russische Einheiten zu ihrer Unterstützung hier waren. Am Ende schickte ich Zodschy (»der Baumeister«) mit drei anderen Kämpfern. Russische Söldner mochten zwar hin und wieder Anweisungen diskutieren, aber es käme ihnen nie in den Sinn, den Befehl zu verweigern. Ich selbst zog also mit dem Rest meiner Männer ab, um in einem Haus Stellung zu beziehen, von dessen Rückseite aus man die Stellungen der Aufständischen gut überblicken konnte. Das solide Gebäude lag günstig. Vom ersten Stock ließ sich aus verschiedenen Blickwinkeln die Zone überwachen, die sich jenseits der von Ratnik und seinen Schützen gebildeten Linie erstreckte. Das waren übrigens die Einzigen, die sich nützlich machen konnten. Meine Jungs und ich hatten keine ausreichend starken Waffen. Mit unseren Petscheneg- und Sturmgewehren lagen wir aber auf der Lauer und schützten die Flanke. Damit war ein Überraschungsangriff auf die russischen Linien ausgeschlossen.

Plötzlich begann die Artillerie, den gegenüberliegenden Bergkamm mit Feuer einzudecken. Dabei wurde der Gegner, den die Söldner mit ihren Waffen nicht erreichen konnten, vernichtend geschlagen. Das Grollen syrischer Luftabwehrgeschütze verstärkte den Lärm zusätzlich. Die Ausrüstung der Regierungstruppen war ideal dazu geeignet, einen Angriff zurückzuschlagen. Ihr Hauptproblem bestand darin, dass sie nicht viel aushielten und schon bei unbedeutenden Scharmützeln in Panik ausbrachen.

Ich verließ unseren Unterschlupf an der Stelle, die mir am sichersten schien. Danach bewegte ich mich auf unsere

Basis zu, um die Situation mit demjenigen zu besprechen, der dafür zuständig war und außerdem Ratnik und Sergejewitsch über meine Position informieren sollte. Jeder war auf seinem Posten. Meine Jungs behielten vorne und an den Flanken alles im Blick. Die Sturmgewehre feuerten weiterhin und verhinderten, dass die Aufständischen sich in Bewegung setzen konnten. Der Tag ging zu Ende, und der Feind wurde müde unter dem Druck, den wir mit unserem Feuer ausübten.

Niemand zweifelte daran, wie der Kampf ausgehen würde. Die Freie Syrische Armee hatte den idealen Zeitpunkt für einen Angriff verpasst und Verluste erlitten. Im Feuer der Söldner konnte sie nicht weiter vorrücken. Der Schaden war zu groß. Unsere syrischen Verbündeten hatten sich entlang der Straße vorwärtsbewegt und die verlorenen Positionen zurückerobert. Ratnik zog Zodschys Gruppe aus der Moschee ab, weil die Soldaten von Assad ihre Stellungen wieder einnahmen.

Ich lehnte mich unweit der Basis gegen ein kaputtes Geländer und zündete mir eine Kippe an. Die kugelsichere Weste war unbequem. Ihr Gewicht lastete auf meiner Brust. Ich fröstelte. Als die Sonne hinter den Hügeln verschwand, begann die Temperatur zu sinken. Die schweißnassen Sachen, die ich unter der Ausrüstung trug, waren kalt. Ich bedauerte zutiefst, dass ich meine warme Jacke im Lastwagen gelassen hatte. Der war unterwegs und sollte Munition heranschaffen. Ärgerlich spuckte ich aus. In diesem Augenblick hörte ich das aggressive Zischen einer Panzerabwehrrakete, die über meinen Kopf hinwegsauste.

Kaum war das Geräusch bis zu meinem Gehirn vorgedrungen, setzten sich meine Beine in Bewegung. Ich tauchte hinter der Brüstung ab und ging in Deckung. Als die Explosion verklungen war, sprang ich auf und riskierte einen Blick auf unsere Basis. Die Rakete hatte wie durch ein Wunder das Fenster verfehlt, war über das Dach hinweggeflogen und in die Felswand dahinter gekracht. Es handelte sich um ein ferngesteuertes Projektil, und von der Position des Gegners aus konnte man das Ziel eigentlich nicht verfehlen. Unglaublich. Alle waren aus der Basis gestürmt und hatten sich zu Boden geworfen. Wir saßen auf dem Präsentierteller, und Sergejewitsch befahl, alles zusammenzupacken.

Unsere Jungs wollten dem Panzer, der dem Gegner in die Hände gefallen war, den Garaus machen. Eine weitere Panzerabwehrrakete ging auf sie nieder. Sie waren davon ausgegangen, dass die Aufständischen sie nicht aufspüren konnten. Deshalb hatten sie darauf verzichtet, ihre Position zu wechseln, und voll auf ihre ausgeklügelte Abwehrstrategie vertraut. Die Explosion verschlug ihnen die Sprache. Jetzt wurden sie evakuiert und an einen sicheren Ort gebracht. Für heute mochten wir gesiegt haben, aber solange die Schlange noch einen Kopf hatte, konnte sie auch beißen. Das ist eines der fundamentalen Gesetze des Kriegs.

Um den gegnerischen Schützen kümmerten wir uns nicht weiter. Der Tag war lang genug gewesen, und wir hatten gute Arbeit geleistet. Auf unserer Seite gab es keine Verluste. Demjenigen, der für das Panzerabwehrgeschütz zuständig war, klingelten nur ein bisschen die Ohren. Unsere Verbündeten schöpften neuen Mut und nahmen ihre Positionen wieder ein. Die russische Luftwaffe würde den Job in Kürze zu Ende bringen. Wir konnten uns in aller Ruhe auf den Rückweg zu unserem Stützpunkt in Talla machen.

6

HERREN DER WELT

Wir kamen nur langsam voran, weil die kurvenreiche Straße zu eng für unsere altersschwachen Vehikel war. Söldnern wurde keine moderne Ausrüstung zur Verfügung gestellt. Oft warfen wir den Angehörigen der regulären russischen Streitkräfte, die in einem brandneuen KamAZ oder Tigr unterwegs waren, neidische Blicke zu. Der Anblick unserer syrischen Verbündeten in hochmodernen Fahrzeugen von Toyota oder GMC hat uns schon ein bisschen frustriert. Selbst bei idealem Wetter waren die Straßen im Gebirge schwierig zu befahren. Jetzt im Februar wurde es aber richtig gefährlich. Der Regen hatte sie unterspült, und das Gewicht der schweren Panzerfahrzeuge vermochten sie kaum zu tragen. Die Fahrbahn drohte jeden Moment unter uns nachzugeben, und dann würden unsere Lastwagen ins Nichts stürzen.

Plötzlich tauchte ein großes Allradfahrzeug amerikanischer Bauart mit getönten Scheiben auf. Es kam rasch auf unseren Konvoi zu und schien nicht die Absicht zu haben, uns Platz zu machen. Es gehörte zum Geheimdienst Muchabarat. Die Fahrzeugmarke aus dem Hochpreissegment ließ ebenso darauf schließen wie die Fahrweise. Wer auch immer am Steuer saß, benahm sich, als wäre er allein auf der Straße. Er dachte wohl nicht im Traum daran, die Lastwagen vorbeifahren zu lassen. Der Konvoi konnte aber nicht einfach an der Seite halten. Dafür gab es keinen Platz, selbst wenn wir gewollt hätten.

Die Söldner standen nach dem Kampf immer noch unter Strom. Für den syrischen Geheimdienst hatten sie nichts als Verachtung übrig. Vor einem Vertreter dieser Behörde würden sie nicht zurückweichen. Wir waren allesamt professionelle Kämpfer. Wir wussten genau, welche Aufgaben dem Geheimdienst in einem Kriegsgebiet zukamen: die Ausführung von Befehlen auf dem Schlachtfeld überwachen, die Moral von Truppen und Offizieren im Auge behalten, Plünderungen unterbinden, Gräueltaten an Zivilisten verhindern, Saboteure und feindliche Spione schnappen. Muchabarat tat nichts dergleichen. Sobald es gefährlich wurde, rannten die syrischen Soldaten davon. Ihre Kommandanten waren im Hinblick auf Taktik und Strategie völlig unbeleckt und erteilten dumme Befehle. Bei der syrischen Armee plünderten praktisch alle, und ständig desertierten Soldaten. Schlimmer noch: An einer Straße unweit der Front hatten die Aufständischen im Hinterhalt gelegen. Dabei war ein russischer General ums Leben gekommen. Man sollte meinen, der Vorfall hätte für den syrischen Geheimdienst ernste Konsequenzen gehabt oder seinem Ansehen geschadet. Passiert ist nichts, und diese selbstgefälligen Affen glaubten immer noch, jeder müsste vor ihnen auf die Knie fallen. Dazu hatten wir nicht die geringste Lust.

Das Allradfahrzeug wurde langsamer. Anscheinend hatte der Fahrer begriffen, dass der Konvoi ihm den Gefallen nicht tun würde. Schließlich hielt er am Straßenrand, während sich aus dem Führungsfahrzeug eine Flut von Flüchen und Verwünschungen über ihn ergoss.

Ich war kurz davor, einzunicken. Hinter mir lag ein anstrengender Tag. Aber wer in der Fahrerkabine sitzen wollte, musste sich an eine Regel halten. Sie galt, seit das Militär zum ersten Mal Kraftfahrzeuge eingesetzt hatte. Der Beifahrer blieb wach. Der Fahrer war nämlich auch nur ein Mensch. Damit ihm vor Erschöpfung nicht etwa die Augen zufielen, musste man ihn ständig im Blick behalten. Die Begegnung mit den aufgeblasenen Typen von Muchabarat bot Gesprächsstoff. Wir haben lauthals über sie geflucht und über ihre krasse Dummheit gelacht. Die glaubten wirklich, sie könnten sich alles erlauben.

Die hielten sich für die verdammten Herren der Welt! Für sie galten weder Gesetze noch die Regeln des alltäglichen Miteinanders. Sie schenkten anderen Menschen keinerlei Beachtung. Wie viele von diesen Typen mochten die Straßen in Russland unsicher machen? Beamte, habgierige Geschäftsleute nebst ihrer degenerierten Brut und ehemalige Rebellen aus Tschetschenien, die sich schamlos darüber freuten, dass sie ungestraft davongekommen waren. Wie viele von ihnen hockten in diesen Luxuslimousinen und waren ganz hingerissen von der eigenen Großartigkeit? Es wäre sicher nicht leicht, sie auf den Boden der Tatsachen zurückzuholen und sie dazu zu bringen, die grundlegenden Regeln des Zusammenlebens zu respektieren.

Solche unangenehmen Gedanken vertrieben rasch meine Müdigkeit, und ich freute mich, als vor uns die Häuser von Talla auftauchten. Morgen mochte ein neuer Tag voller Arbeit auf uns warten, aber nun durften wir uns ausruhen.

7

DIE BÜRDE DES KOMMANDOS

Salma lag eingebettet am Berghang und war bereits zu einer Geisterstadt verkommen, als die Stadt Ende Januar endlich befreit wurde. Ein paar Tage später begleitete meine Gruppe eine Aufklärungseinheit der syrischen Armee, um das Nachbardorf zu erkunden. Wir entdeckten einen Ort, der dank des Einfallsreichtums eines talentierten Festungsbauers sehr gut auf seine Verteidigung vorbereitet war. Die zerbrechlich wirkenden Umfassungsmauern aus Kalksandstein waren von innen mit steingefüllten Fässern verstärkt worden und funktionierten in Wirklichkeit als mächtige Befestigungen. Die in den Beton gehauenen Nischen neben den Hauseingängen gewährten den Schützen während der Artillerieangriffe einen sicheren Schutz, ohne dass sie um ihr Leben fürchten mussten. Ein Bau aus Stahlbetonplatten war unter einer Explosion eingebrochen und in einen gut ausgestatteten Bunker umgewandelt worden. Von dort aus konnten die Hauptstraße und die angrenzenden Gassen leicht überwacht werden. Die Erkundung erfolgte auf unserer Seite vorsichtig und auf syrischer Seite chaotisch und laut. Wir stellten fest, dass die *Duchi* den befestigten Ort verlassen hatten, ohne ihn wie geplant zu nutzen.

Der Weg zurück nach Salma war ein mühsamer Aufstieg, und die Tatsache, dass der Weg eine asphaltierte Straße und kein Bergpfad war, machte den Marsch nicht leichter. Schwer mit Munition beladen, kamen wir nur langsam vorwärts. Wie Tiefseetaucher im Panzertauchanzug setzten wir einen Fuß vor den anderen, außer Atem und mit brennenden Waden. Wir konnten weder unsere Schritte beschleunigen noch einen Atemrhythmus finden. Dies lag auch an den Syrern, die an der Spitze marschierten und oft stehen blieben, um sich auszuruhen. Sie zu überholen war nicht möglich, da wir die Kolonne schließen mussten, wenn wir bewohnte Gebiete verließen. Auf halber Strecke wurde mir klar, dass auch meine eigenen Leute häufig Pausen einlegen mussten, um zu Atem zu kommen und auf Nachzügler zu warten. Ich war verärgert und bereute, dass ich während der Ausbildung im Übungsgelände das taktische Training gegenüber den körperlichen Übungen bevorzugt hatte. Jetzt fehlte meinen Leuten die Ausdauer, um sich in den Bergen zu bewegen. Die Söldner waren jedoch von ihrer ausgezeichneten Form überzeugt. Sportliche Tests, Crossläufe und Liegestütze hielten sie für eine Laune der Vorgesetzten. Außerdem war das Trainingsprogramm vor dem Einsatz in Syrien aus Zeitmangel sehr beschränkt gewesen. Ich hätte sie mehr laufen lassen und ihre Ausrüstung mit Sandsäcken bis zum Gewicht einer Kampfausrüstung beschweren sollen! Nun schleppte sich der Großteil der Truppe den Berg hinauf, ohne die vorgeschriebenen Abstände einzuhalten. Meine Leute vergaßen vor lauter Müdigkeit, dass man sich im Krieg nur auf der Strohmatte in seinem Quartier unter der Obhut von Wachposten entspannen kann. Die Wachsamkeit unterwegs zu vernachlässigen, in einem Gebiet, das noch nicht erkundet worden war, in der

Nähe einer gerade erst befreiten Stadt, war sträflich. Ich rief meine Männer immer wieder zur Ordnung. Meine Nachgiebigkeit war fatal gewesen. Ich hätte meine Kämpfer einem härteren Training unterziehen sollen. Selbst bei starker Müdigkeit wären sie in der Lage gewesen, eine zusätzliche Anstrengung zu verkraften. Ihr ganzes Draufgängertum, ihre Kampferfahrungen in Tschetschenien und im Donbass waren keinen Pfifferling wert, wenn sie unter starker körperlicher Anspannung nachgaben. Ich hätte mich nicht mit ihnen auf Diskussionen einlassen, sie nie bemitleiden oder verhätscheln dürfen. Ich hätte sie zwingen müssen. Und diejenigen, die nicht dazu bereit waren, hätte ich rauswerfen sollen.

Zu allem Überfluss hatte ich beschlossen, Zolotoi (»der Goldene«) mit einem Disziplinarverfahren nach Latakia zurückzuschicken, was mich noch missmutiger stimmte. Ich musste mich aus einem zum Schreien banalen Grund von einem erfahrenen Kämpfer trennen. Er hatte mich, seinen Kommandanten, allein und ungeschützt bei der Besprechung mit der syrischen Aufklärungsgruppe zurückgelassen. Er war mit den anderen vorneweg marschiert. Als ich mich umdrehte und ihn nicht ausmachen konnte, musste ich den Gruppenführer Zodschy herbeirufen. Er sollte mir helfen, meinen Aufklärer zu finden, der sich etwas zu selbstständig gemacht hatte. Ich überlegte kurz, ob er sich vielleicht nur die Taschen vollgestopft hatte – die meisten Häuser waren von den Besitzern auf der Flucht vor den Kämpfen Hals über Kopf verlassen worden, ohne dass sie etwas mitnehmen konnten –, schlug mir den Gedanken aber gleich wieder aus dem Kopf. Ich konnte mir sein Verhalten nicht erklären. Zolotois Entschuldigungsversuche wie »Ich habe dich falsch verstanden« oder »Ich habe dich aus den Augen verloren«

lehnte ich kategorisch ab: »Wenn du nicht in der Lage bist, deinen Auftrag korrekt auszuführen, und deinen Kommandanten im Stich lässt, dann bist du hier am falschen Ort.«

Erneute Verlangsamung vorne. Diesmal war es ein Maschinengewehrschütze, den seine Kameraden zu wenig unterstützt hatten. Er setzte sich auf den Seitenstreifen, um zu verschnaufen. Ich hatte langsam die Nase voll. Die syrischen Aufklärer gingen im Gegensatz zu den russischen fast mit leeren Händen; sie hätten ihm beim Tragen des Maschinengewehrs und der Munition helfen können. Wir mussten stehen bleiben und warten.

Am Rande des Vororts von Salma stiegen wir schließlich in die Lastwagen, die auf uns warteten, um uns nach Talla zu bringen. Nach der Rückkehr ins Lager versammelten wir uns, um die Erkundungsmission zu besprechen. Alles verlief so, wie ich es erwartet hatte. Als ich meinen Unmut über Zolotoi äußerte, entgegnete man mir mit Argumenten zu seinen Gunsten. Er selbst bat darum, ihn nicht allzu hart zu bestrafen. Ich stimmte zu, allerdings mit einer Bewährungsfrist und der Drohung, ihn beim kleinsten Fehltritt zu entlassen.

Es war offensichtlich, dass Zolotoi durchgedreht war und die Kontrolle verloren hatte. Die Wachsamkeit gegenüber möglichen Gefahren stumpft im Krieg mit der Zeit ab. Er war ein guter Kämpfer im Einsatz, erfahren und unkompliziert. Allerdings neigte er dazu, sich zu früh innerlich zurückzulehnen, wenn keine unmittelbare Gefahr bestand. Er rechnete nie mit einem feindlichen Hinterhalt oder einem vereinzelten Selbstmordattentäter, der sich in die Luft sprengen oder das Feuer eröffnen könnte. Und selbst wenn wir zum Zeitpunkt des Geschehens wussten, dass sich keine

Duchi mehr in der Stadt aufhielten – die Bärtigen hätten uns nicht erlaubt, die strategischen Positionen zur Kontrolle der Hauptachsen zu besetzen.

Später, als ich im Krankenhaus lag, erinnerte ich mich an diese Mission. Es war weder das erste noch sollte es das letzte Mal sein, dass ich meine Energie und meine Zeit dafür verschwenden musste, meine Untergebenen dazu zu bringen, relativ einfache und notwendige Befehle auszuführen. Ich hätte meine Autorität als Befehlshaber ausüben und den einen oder anderen unbezahlt nach Hause schicken können und müssen. Ich habe es jedoch nie getan und sollte es später bereuen.

Als ich meine Truppe einmal anwies, eine Latrinengrube auszuheben, weigerten sich die Männer. Sie dachten, ich wollte sie erniedrigen. Was will der Anführer von uns? Wir können unsere Notdurft sehr gut in den Büschen verrichten, dachten sie. Ihr Kommandant hielt das jedoch in Frontnähe für zu gefährlich. Die Verteidigungsstellungen unserer syrischen Verbündeten waren schwach und Übergriffe feindlicher Saboteure sehr wahrscheinlich. Es war klüger, sich zur Entleerung an eine für den Wachposten gut sichtbare Stelle zu hocken, statt sich im Gebüsch zu verstecken und sich möglicherweise die Kehle durchschneiden zu lassen. Ich sagte mir immer wieder: »Man muss die Leute bestrafen, wenn sie es verdient haben.« Trotzdem war ich im letzten Moment doch immer zu nachsichtig.

Während meines Krankenhausaufenthalts sollte sich meine mangelnde Kompetenz, Söldner zu befehligen, noch deutlich zeigen. Gleichzeitig musste ich die besonderen Eigenschaften unserer Einheiten noch voll begreifen. Ich hatte Menschen auszubilden, musste ihnen aber auch beibringen, wie man im Kampf überlebt und siegt. Ich bewegte mich in einem Umfeld ohne regulatorische Zwänge. Die Position des Kommandanten beruht nicht auf seinem Rang, sondern auf der Autorität, die er bei seinen Untergebenen genießt, und auf dem Vertrauen, das ihm diejenigen entgegenbringen, die er in den Kampf führt. Im Gegensatz zur Armee mit ihrer starren Hierarchie, in der die Anführer den Untergebenen sagen: »Halt die Klappe, ich habe hier das Sagen, du bist nur ein Stück Scheiße«, wird im Söldnerwesen die Rolle des Kommandanten an denjenigen vergeben, der für den Job am besten geeignet ist. Es herrscht auch eine Form der militärischen Demokratie, bei der Entscheidungen gemeinsam getroffen werden, sei es über das Training oder über Dinge, die verbessert werden müssen.

Ich musste meinen Truppen klarmachen, dass sich die Taktiken mit der Weiterentwicklung der Waffen zwar ändern können, die Überlebensregeln im Krieg jedoch unveränderlich sind. Und wenn ein Söldner die Beachtung grundlegender Vorsichtsregeln als erniedrigend empfand, war es besser, wenn er die Gruppe sofort verließ. Andernfalls hätte er seine Kameraden auf dem Schlachtfeld in Gefahr bringen können, wo die kleinste Unachtsamkeit eines Einzelnen alle anderen treffen kann. Man kann Kämpfer im Training bis zum Äußersten erschöpfen. Aber es hat wenig Sinn, wenn ihnen kein Respekt vor den kleinen Dingen eingetrichtert wird, deren Vergessen die Anstrengungen jedes Einzelnen zunichtemachen kann.

Viele werden nie über ihre anfängliche Einstellung hinauswachsen. »Echte Männer« dürften sich nicht dazu herablassen, Latrinen zu graben. Sie seien hierhergekommen, um zu kämpfen, nicht um in der Erde zu wühlen. Sie wissen nicht,

dass Arroganz und Stolz nichts mit militärischer Professionalität zu tun haben, sondern Anzeichen von Dummheit sind.
Solche Leute sollten sich nicht als Söldner bewerben.

Oft wurde ich mit einem weiteren Aspekt der Söldner-
mentalität konfrontiert: übersteigertem Selbstvertrauen.
Scheinbar erfahrene Kriegsveteranen lehnen einfache, aber
lebenswichtige Anweisungen mit der Begründung ab, dass
sie auf dem Schlachtfeld nicht umsetzbar seien. Sie verhalten sich sprunghaft und inkonsequent, je nach Situation, und
vergessen, was sie gelernt haben. Die Einhaltung von Regeln
erfordert Willenskraft und Selbstbeherrschung. Nicht jeder
ist in der Lage zu erkennen, dass ihm diese Eigenschaften
fehlen. In der Praxis lief die gesamte militärische Erfahrung
dieser Hitzköpfe oft darauf hinaus, dass sie sich nur mit
Glück lebend aus ernsten Situationen retten konnten, in die
sie sich durch Dummheit hineinmanövriert hatten. Und das
Schlimmste daran war, dass sie daraus nicht lernten.

War es richtig, hin und wieder Kompromisse einzugehen,
anstatt konsequent durchzugreifen? Jedes Mal, wenn ich mir
diese Frage stellte, kam ich zu demselben Schluss: Jede Situation erfordert eine eigene Herangehensweise, und man
kann nicht alle Vergehen auf die gleiche Weise ahnden.

8

RUHETAG

Der Himmel war wolkenverhangen und es regnete pausenlos. Mal strömte der Regen sintflutartig, mal hing er dunstig als graue Masse in der Luft. Das Dorf, das hoch oben am westlichen Hang der Schlucht klebte, war in eine trostlose Nässe getaucht. Die Häuser und Bäume mit ihren von Nebel und Regen verwischten Konturen sorgten für triste Stimmung. In diesen Gegenden haben starke Regenfälle die Kämpfe schon immer erschwert. Die Hänge werden dann rutschig und fast unpassierbar, während die dichten Wolken, die sich über die Bergkämme senken, die Sicht einschränken. Windböen destabilisieren die Überwachungsdrohnen, deren Batterien sich schnell entleeren. Es waren allerdings weniger die modernen Aufklärungsgeräte, die unter den Wetterbedingungen litten, als vielmehr die Bewegungen und Manöver der Kampfgruppen.

Seit zwei Tagen waren wir nun schon zur Untätigkeit verdammt, ohne irgendwelche Aufträge. Im Wesentlichen nutzten wir diese unerwartete Kampfpause zur Erholung. Wir kamen wieder zu Kräften. Zwischen den Nickerchen reparierten die Jungs, überprüften Ausrüstung und Drohnen, warteten und schmierten Waffen, sortierten Munition und trockneten sich an den Öfen in den Zimmern.

In seinem morgendlichen Briefing hatte Ratnik keine besonderen Anweisungen gegeben, sondern nur zur Wachsamkeit gemahnt. Ich schlenderte von Raum zu Raum und schaute bei den Scharfschützen vorbei. Sie waren ausgeruht und unterhielten sich über dieses und jenes. Weiter den Flur entlang, im Kommunikationsraum, fragte ich Muzykant (»der Musiker«), ob irgendetwas Interessantes über Funk zu erfahren sei. Aber da gab es nur routinemäßigen Informationsaustausch zu hören. Auf der Veranda traf ich auf Tan, der am Gasbrenner herumfummelte und dabei war, einen Kaffee nach seinem Geheimrezept zu kochen.

Tan und ich kannten uns schon länger, seit unserem ersten Einsatz in Syrien im Jahr 2015. Damals war unsere Freundschaft entstanden. Tan war abgeklärt und hatte ausreichend Erfahrung gesammelt. Er war mir sympathischer als die jungen Söldner, die kein einziges graues Haar hatten und nicht den kleinsten Schmerz im unteren Rückenbereich verspürten. Sie strotzten nur so vor Tatendrang und Unerschrockenheit und hatten noch keine Gelegenheit gehabt, zu leiden. Aber wir waren erst nach dem Vorfall mit Wolk, unserem serbischen Kommandanten, wirklich Freunde geworden.

Wolk war in militärischen Dingen völlig ahnungslos, ein Hitzkopf. Und einer, der sich gerne aufspielte. Als Absolvent der Polizeischule hatte er nur eine vage Vorstellung von Militärtaktik. Aber er nutzte jede Gelegenheit, um sich als erfahrener Kämpfer in Szene zu setzen. Er belehrte jedermann bedenkenlos. Seine Landsleute hatte er alle im Griff. Er hatte sie davon überzeugt, dass sie nur dank seiner Autorität und Macht in einem fremden Land nicht zugrunde gehen würden. Die meisten serbischen Söldner waren ebenfalls ehemalige Polizisten. Ihr Verhalten gab den professionellen Soldaten oft

Rätsel auf. Sie waren in der Regel keine schlechten Menschen und nicht zu zimperlich. Aber unter dem Einfluss von Wolk waren sie Meister darin geworden, sich vor Verpflichtungen zu drücken, die mit einem Auftrag verbunden waren. Während der kurzen Zeit unter seinem Kommando hatte Wolk mit seinem Führungsstil des »Teile und herrsche« für Spannungen zwischen den Serben und den anderen Kämpfern des Zugs gesorgt. In einem ernsthaften Kampf konnten solche Unstimmigkeiten innerhalb einer Einheit zur Katastrophe führen.

Als ich in Syrien ankam, hatte ich Beethoven nach einigem Zögern und Zaudern gebeten, das Problem mit seinem Zugführer zu lösen. Anhand konkreter Beispiele beschrieb ich Wolks Unfähigkeit als Anführer. Ich schlug ihm vor, sich auch bei anderen russischen Kämpfern umzuhören. Beethoven ging darauf ein und versammelte die Jungs, um ihre Meinung zu erfahren. Sie waren sich einig: Niemand konnte Wolk mehr ausstehen, und alle befürchteten, unter seinem Kommando getötet zu werden. Beethoven hatte sie daraufhin gefragt, wer ihrer Meinung nach den Zug anführen könnte, wem sie bereit wären zu folgen. Daraufhin hatten sich fast alle Blicke auf mich gerichtet. So kam es, dass ich während dieser Mission zum Anführer der Einheit wurde.

Zurück in Russland, im Trainingszentrum, hatte Wolk seinen Bericht verfasst und alles, was geschehen war, als Sabotage eingestuft. Dies hätte zur Entlassung seiner ehemaligen Untergebenen führen können. Als erfahrener Intrigant hatte er nur einen Teil der Gruppe angezeigt. Einige Jungs, darunter Tan, hatte er auf seiner Liste der Verschwörer nicht aufgeführt. Er hoffte, uns damit zu entzweien. Doch da täuschte er sich. Während der Versammlung hatte sich Tan nicht der serbischen Gruppe angeschlossen, sondern sich auf die Seite der »Meuterer« gestellt, mit denen er die gesamte Mission bestritten hatte.

Ich war von der Haltung der Stabsoffiziere sehr überrascht. Sie hatten nicht einmal versucht, den Fall zu untersuchen und die Hintergründe des Konflikts zu ergründen. Nachdem sie Wolks Bericht erhalten hatten, versprachen sie ihm die gewünschten Entlassungsschreiben. Allen »Meuterern« drohte die Entlassung in das Zivilleben. Es hatte Beethovens persönlicher Intervention bedurft, um die Dinge richtigzustellen. Die Entlassungsschreiben waren ohne Unterschrift geblieben, der Zug war aufgelöst worden, und man hatte den Befehl gegeben, die Jungs, die ihre Arbeit ehrlich gemacht hatten, nicht weiter zu belästigen.

Dieser Vorfall war mir eine Lehre. Der Kommandant muss darauf eingestellt sein, seine Männer systematisch und mit Methode zu schulen. Ansonsten verwandeln sie sich früher oder später in eine unfähige und träge Masse. In Gruppen, die nicht ständig mit zielgerichteter militärischer Arbeit beschäftigt sind, gedeihen Intrigen und Gerede. Auf dem Schlachtfeld verliert eine solche Einheit sofort ihren Zusammenhalt und wird unkontrollierbar.

Tan freute sich, mich zu sehen. Wir setzten uns zum Reden zusammen, bei einer Tasse duftendem Kaffee mit leichtem Ingwergeschmack nach seinem Rezept. Wir sprachen in aller Ruhe über die jüngsten Ereignisse und über unseren ersten Einsatz in Syrien. Zu jener Zeit waren wir angenehm überrascht gewesen von der aufrichtigen Freude, die den Russen seitens der syrischen Bevölkerung entgegenschlug – von den Beamten, die uns am Flughafen in Empfang genommen hatten, bis hin zu den normalen Bürgern. Nach vier Jahren anhaltenden Bürgerkriegs waren es die Menschen leid, in Angst um ihre Zukunft zu leben. Sie konnten sich weder auf ihre ausgeblutete Armee noch auf ihre Verbündeten in den Nachbarstaaten wirklich verlassen. Der Kriegseintritt Russlands war mit echter Begeisterung aufgenommen worden. Auf den ersten Blick sah man nirgends Anzeichen der inneren Kämpfe, die das Land auseinanderrissen. Die Marktstände und Auslagen quollen über vor Waren, überall herrschte reger Handel, und es gab nicht den geringsten Hinweis auf einen Mangel an Lebensmitteln oder sonstigen lebensnotwendigen Dingen. Fröhliche und sorglose Menschenmassen, denen es an nichts zu fehlen schien, flanierten durch die Straßen der Städte. Am Abend füllten sich die Cafés und Restaurants. Nur anhand der Erzählungen derer, die von der Front zurückkehrten, wurde klar, dass der Krieg ganz in der Nähe stattfand, dass es dort täglich zu Feuergefechten kam und Menschen starben.

Bei dieser ersten Mission war der Einsatz der Söldner in Idlib geplant, jedoch hatten wir letztendlich an keinem einzigen Kampf teilgenommen. Dabei war alles vorbereitet. Wir befanden uns an vorderster Front. Kampfbereit für die bevorstehenden Gefechte, beobachteten wir den Feind. Doch dann geriet alles durch ein tragisches Ereignis durcheinander. Es war meine erste Berührung mit dem Tod in seiner brutalsten Form.

Tan und ich standen etwa zehn Meter von einem Zelt entfernt, als dort eine von den *Duchi* abgeschossene Rakete einschlug. Das Geschoss war ohne Vorwarnung abgefeuert worden, und es war nur noch das Geräusch der Explosion im Zelt zu hören gewesen. Als ich das Zelt betrat, blieb ich wie gelähmt vor dem Bild des Grauens stehen. Zerfetzte Stoffe, verstreute

Bettenteile, verwundete oder tote Soldaten, klaffende Wunden. Verstümmelte, ausgeweidete Körper, die noch atmeten und pulsierten, lagen neben den entstellten Leichen der Soldaten, die im Schlaf überrascht worden waren. Das Bild eines Toten, der von einem Granatsplitter in zwei Hälften geteilt worden war, eines anderen mit freiliegendem Gehirn und von all den abgerissenen Gliedmaßen hat sich für immer in mein Gedächtnis eingebrannt. Die Verwundeten schrien verzweifelt um Hilfe. Nachdem ich den ersten von ihnen herausgezogen hatte, eilte ich zurück ins Zelt. Ich war völlig benommen von all dem, was ich sah, und handelte unkoordiniert. Die Anweisungen der Militärärzte, zuerst die Blutungen zu stoppen und den unter Schock stehenden Verletzten Verbände anzulegen, vergaß ich völlig. Schnell kamen weitere Söldner hinzu, um die zu retten, die noch gerettet werden konnten. Aber wo war Tan? Als ich mich umdrehte, fand ich ihn, wie er sein Bein abschnürte, etwas oberhalb einer blutenden Wunde. Er hatte einen Granatsplitter abbekommen. Von allen, die sich in der Nähe des Explosionsorts aufgehalten hatten, war ich der Einzige, der völlig unverletzt geblieben war. Ich half Tan, von den Zelten wegzukommen, und verband sein Bein.

So viele Leute auf einen Schlag zu verlieren, würde nicht nur die Führung der »Kompanie«, sondern auch das Kommando des offiziellen russischen Kontingents verunsichern. Niemand wusste, wie er reagieren oder was er mit den Toten tun sollte. Nach kurzem Zögern wurde beschlossen, die Teilnahme der Söldner am Krieg zu beenden und sie unverzüglich nach Hause zu bringen ...

Nach und nach schlossen sich uns weitere Männer an, und aus unserem kleinen, intimen Gespräch wurde ein größeres Zusammentreffen, bei dem jeder seinen Auftritt hatte. Diese spontane Zusammenkunft dauerte den Rest des Tages an. Nach regem Austausch von Witzen und Sprüchen war auch Platz für ernsthafte Gespräche über militärische Fragen. Dann kam die Nacht. Wie immer war die Dämmerung hier nur von kurzer Dauer. Die Diskussionen verstummten von selbst. Jeder versank in seine Gedanken und Erinnerungen. Sie waren in die Ferne, nach Norden gerichtet. Dort erstreckte sich ein riesiges Land mit seinen ewigen Problemen, das aber dennoch unsere Heimat war. Dort waren unsere Freunde, unsere Eltern, unsere Frauen und unsere Kinder. Die russischen Sonnenauf- und -untergänge, die endlose Taiga, der Baikalsee, die Ebenen Zentralrusslands und die Wälder des Urals, Honig aus Baschkirien, Wodka und so viele andere Erinnerungen erfüllten uns mit Sehnsucht.

Morgen werden wir wohl wieder zu tun haben. Aber niemand will jetzt an morgen denken. Es geht uns heute allen gut. Wir sind alle vereint, lebendig und strotzen vor Energie. Bald werden drei von uns nicht mehr da sein, und mehr als die Hälfte wird den Einsatz im Krankenhaus beenden. Aber im Moment regnet es, es ist grau und nass. Heute ist Ruhetag.

9

DIE »TODESMUTIGEN« FALKEN

Ratnik rief uns am Ende des Tages zur abendlichen Besprechung zusammen. Ich tastete mich vorwärts und stolperte im Dunkeln über alle möglichen Trümmer, bis ich den asphaltierten Weg erreichte, der zum Hauptquartier führte. Es lag an der Flanke eines langen felsigen Bergrückens. Auf der anderen Bergseite, in weniger als einem Kilometer Entfernung, lauerten die feindlichen Vorposten. In der kurzen Zeit, in der wir in der Region weilten, hatte niemand herausfinden können, gegen wen wir dieses Mal kämpfen würden. Von den Alliierten erhielten wir widersprüchliche Informationen. Nach dem Mittagessen und noch vor Einbruch der Dunkelheit waren wir zu unserer neuen Stellung vorgerückt. Sie war nur einen Katzensprung entfernt: Es genügte, über eine kurvenreiche Straße einen Pass zu überqueren, um auf die Autobahn nach Aleppo zu gelangen. Unsere Kolonne schlängelte sich durch die vom Krieg zerklüfteten Asphaltabschnitte, überquerte eine Brücke über einen ausgetrockneten Bach und bog in eine kleine Straße ein. Sie führte zu einer Ortschaft, deren Häuser über die Hänge mehrerer Hügel verstreut waren. Die verschlungenen Wege, die sie miteinander verbanden, führten alle hinunter zur zentralen, asphaltierten Hauptstraße. Dort befand sich auf beiden Seiten das lebendige Herz des Orts, mit Läden und kleinen Lokalen. Die Zivilisten waren alle geflohen, und man sah nur noch bewaffnete Menschen in Militäruniformen. Die Geschäfte waren menschenleer, obwohl nur ein Teil des Dorfes von den Kämpfen betroffen war. Im Vergleich zu anderen Siedlungen an der Frontlinie hatte der Ort wenig Schaden gelitten. Die Höfe waren vollgestellt mit allem möglichen Hausrat: gestern im Haushalt noch unentbehrlich und jetzt durch den Krieg unbrauchbar geworden.

Diesmal sollten wir an der Seite einer Einheit der Wüstenfalken-Brigade kämpfen, einer privaten syrischen Miliz. Aus einem nur ihm bekannten Grund hatte der Kommandant dieser Einheit beschlossen, dass der Zeitpunkt für eine Offensive günstig sei. Er hatte den General der russischen Armee benachrichtigt und seine Absicht mit einem Geschenk untermauert – einem kostbaren Keffiyeh aus reiner Baumwolle. Der russische General war erfreut, dass der Syrer endlich bereit war, ernsthafte militärische Aktionen durchzuführen, und versprach ihm starke Artillerieunterstützung sowie Angriffstrupps, bestehend aus russischen Söldnern.

Unsere Mission war uns buchstäblich beim Sprung aus dem Fahrzeug verkündet worden. Die Stabsoffiziere der russischen Armee nahmen wenig Rücksicht auf die Söldner und gaben ihnen ihre Befehle, ohne auf Einhaltung der üblichen Vorschriften zu achten. Meinem Trupp erging es besser als den anderen: In nur einer Stunde hatten wir unsere gesamte Ausrüstung und Munition ausgeladen und eingelagert sowie unser Fahrzeug in Sicherheit gebracht. Danach konnten wir uns in aller Ruhe auf den bevorstehenden Einsatz vorbereiten.

Für Ratnik und Brity (»der Kahlrasierte«) war die Aufgabe wesentlich komplizierter. Sie mussten sich gleichzeitig um das Entladen, die Aufstellung an der Frontlinie, die Organisation der Wachen und die Erfassung von Waffen und Munition sowie deren Kaliber kümmern. Zudem mussten sie die Probleme lösen, die mit der Unterbringung und dem täglichen Leben einer so großen Einheit einhergingen. Um die vom Stab gesetzten Fristen einzuhalten, schwitzten sie Blut und Wasser und schrien, bis ihnen die Stimme versagte. Doch am Ende des Tages hatten Britys Granatwerfer ihre erste Salve auf die von Ratniks Beobachtungsposten vorgegebenen Ziele abgefeuert, und die kleinkalibrigen Mörser der Angriffstruppen waren in Aktion getreten.

Die Nacht war mit einem Mal hereingebrochen, schwarz und undurchdringlich. Vor dem Hintergrund des tintenschwarzen Himmels waren nur die Umrisse der Berge und die verschwommenen Silhouetten von Gebäuden zu erkennen. Wenn in einem Kampfgebiet beide Seiten über Raketenwerfersysteme verfügen, sind Tarnlichter von entscheidender Bedeutung. Aber nur die Russen legten Wert darauf. Für die Syrer war es ein beschränkt anwendbares Konzept. Sie beachteten es, solange ihr Komfort davon nicht beeinträchtigt wurde. Ihre durch Batterien und Generatoren beleuchteten Fenster waren gut sichtbar. Auf den Straßen fuhren ab und zu ihre Fahrzeuge vorbei, die den Weg mit Scheinwerfern beleuchteten.

Die Falken wollten im Morgengrauen angreifen, direkt nach einem Artilleriebeschuss. Seltsamerweise hatten sie diesmal nicht darauf bestanden, dass russische Söldner mit an die Frontlinie kamen. Eine systematische Unterstützung durch präzises Mörserfeuer und eine zuverlässige Deckung an den Flanken würde ihnen genügen. Ratnik gab mir daher den Befehl, eine kleine Gruppe von Spähern zu den Außenposten zu schicken. Ich beorderte Zodschy und einen Teil seines Trupps nach vorne, damit sie in der Formation der Verbündeten Stellung beziehen konnten. Die anderen wies ich an, sich in einem der verlassenen Häuser einzurichten und auf neue Befehle zu warten.

Ich näherte mich dem Haus, in dem Ratnik kampierte, schob den dicken Vorhang beiseite und trat ein. In der Mitte des Raumes lag auf einem schwach beleuchteten Tisch eine ausgebreitete Karte. Brity war bereits da. Ratnik begrüßte alle kurz und sprach über die Pläne des Kommandos. Aus diesen ging hervor, dass niemand hundertprozentig sicher war, ob die Falken angreifen würden oder ob es sich wieder nur um einen Bluff handelte. Innerhalb einer halben Stunde waren die üblichen Fragen geklärt. Alles, was die Offensive betraf, war bereits im Laufe des Tages entschieden worden.

Die Diskussion, die sich naturgemäß auf Nebensächlichkeiten verlagert hatte, wurde von einer heftigen Explosion unterbrochen. Ihr Ort lag weniger als einen Kilometer vom Hauptquartier entfernt. Dem Geräusch nach zu urteilen, handelte es sich um eine kleinkalibrige Granate. Ohne seine Aufregung zu verbergen, teilte uns Baikal über Walkie-Talkie mit, dass er zwei *Duchi*-Stellungen ausgemacht habe, die offenbar mit Mörsern geschossen hatten. Der Einschlag einer der Granaten hatte zu einer gewaltigen Explosion der Pulvervorräte geführt, die auf den Stellungen der Artilleristen gelagert wurden, und mitten in der Nacht ein grelles Feuer entfacht. Während Brity kurze Befehle in das Walkie-Talkie rief, rannte er zu seiner Batteriestellung zurück. Baikal schaltete sich über Funk ein und berichtete von Feuerblitzen aus den feindlichen Stellungen. Ratnik befahl sofort:

»Vernichtet sie mit den gleichen Waffen.«

»Ja, Kommandant, wir haben sie im Visier. Die Sache wird erledigt.«

Ein weiterer Knall ertönte irgendwo unterhalb, jenseits der Straße. Dieses Mal war das Ziel aus großer Entfernung verfehlt worden. Einige Minuten später informierte Brity Ratnik, dass die Rakete nur Pulverbriketts getroffen hatte und das ausgebrochene Feuer unsere Granatenlager nicht erreichen konnte. Die Artilleristen waren schnell wieder hellwach, konnten aber noch nicht feuern. Sie mussten unbedingt erst ihre Position ändern. Denn die *Duchi* mussten im Schein des Feuers erkannt haben, dass sie ihr Ziel getroffen hatten. In der Zwischenzeit war Baikal gezwungen, mit seinen beiden Granatwerfern ein Duell mit dem Feind auszutragen. Nach einigen Minuten flogen die ersten 82-mm-Granaten von unseren Stellungen. Zum knisternden Feuer des brennenden Pulvers gesellte sich das Krachen der Munition, die in der Nähe herumlag und in der Hitze zerplatzte.

Plötzlich wirbelte eine weitere Explosion eine Staubwolke hinter Britys Stellungen auf, ganz in der Nähe des Hauses, in dem sich meine Späher niedergelassen hatten. Ich rief meine Männer per Funk, erhielt aber keine Antwort. Besorgt rannte ich zum vermutlichen Aufenthaltsort der Gruppe. Dort angekommen, entdeckte ich meine Jungs, die sich in Richtung einer Böschung in der Nähe der Straße bewegten, wo sie vor den Granaten geschützt waren. Die Explosion hatte einige Schäden angerichtet, aber glücklicherweise war niemand getötet worden. Die unversehrt Gebliebenen trugen die Verletzten weg und leisteten Erste Hilfe. Immer wieder gingen sie ins Haus zurück, um Sachen oder Decken zu holen. Ich überprüfte den Zustand der Verletzten und stellte einen

Ernstfall fest: Chaitan hatte einen Schädelbruch erlitten. Sein Leben würde nun davon abhängen, wie schnell er in ein Krankenhaus gebracht werden konnte. Ich wies den Fahrer des KamAZ sofort an, so nah wie möglich mit dem Lkw heranzukommen, während ich Taiga, der völlig unangemessen jammerte, schroff zurechtwies. Seiner Meinung nach war der Entschluss, an diesem Ort zu bleiben, unvernünftig gewesen. Wenn wir vor Einbruch der Dunkelheit aufgebrochen wären, wäre niemand zu Schaden gekommen ...

Der schwere KamAZ fuhr rückwärts heran, die Verwundeten wurden schnell aufgeladen, auf Matratzen und Decken gelegt und zügig zum Stützpunkt gebracht. Als ich wieder zu Atem kam, ging ich zum Haus. Eine Granate war in einer Ecke eingeschlagen und hatte ein Loch in die Wand über der Eingangstür gerissen. Putzsplitter und Teile des Mauerwerks waren herausgebrochen und hatten den Eingang und den nächsten Raum verwüstet, der nun voller zerstörter Möbel, Glas- und Steinfragmente war. Meine Matratze war von einem großen Mauerstück zerdrückt worden, und die Feldflasche, die ich vor dem Verlassen des Hauses auf dem Tisch stehen gelassen hatte, lag mit einem Loch auf den Boden. Wenn die Besprechung nicht stattgefunden hätte, würde ich jetzt im besten Fall auf dem KamAZ bei den Verletzten liegen. Zugegeben, der Ort war schlecht und überstürzt gewählt worden. Nichts zu machen, ich würde die Verantwortung für diesen Fehler übernehmen müssen. Aber auch die Kämpfer meines Kommandos waren nicht über jeden Zweifel erhaben: Als die Granate auf Britys Stellung einschlug, waren sie nicht in Deckung gegangen, sondern hatten auf der Schwelle gestanden und das Feuer beobachtet. Ach, Jungs, das ist doch nicht euer erstes Mal. Es wird Zeit, dass ihr lernt,

98

den Kopf einzuschalten, wenn ihr im Krieg seid ... Ich kehrte auf die Straße zurück und gab den Befehl, die Ausrüstung in den Bereich zwischen einer Mauer und der senkrecht abfallenden Felswand zu verlegen, damit die Söldner an einem geschützten Ort Quartier beziehen konnten.

Kurze Zeit später traf Baikal, der sich ein Duell mit den Artilleristen der *Duchi* lieferte, einen der gegnerischen Mörsertrupps samt Fahrzeug. Ich erfuhr davon, als ich hörte, wie sich die Anführer über Funk austauschten:

»Ratnik, Ratnik, hier ist Baikal.«

»Sprich, Bruder.«

»Endlich haben wir einen erwischt, ich sehe den Rauch«, verkündete Baikal frohlockend.

»Gut gemacht, Jungs! Macht weiter Druck auf diese Schwanzlutscher!«

Brity brauchte über zwei Stunden, um seine neue Stellung aufzubauen. Aber noch vor Sonnenaufgang war seine Batterie wieder einsatzbereit und unterstützte mit ihren Salven Baikals Mörser. Bei Sonnenaufgang ging das Bombardement erst richtig los: Die großkalibrigen Artilleriegeschütze und Raketensysteme der russischen Streitkräfte kamen zum Einsatz. Die Wüstenfalken gingen in die Offensive. Doch ihr Kriegseifer war nur von kurzer Dauer. Oder besser gesagt, er versiegte sofort, und der Angriff scheiterte, bevor er überhaupt begonnen hatte. Zodschy würde mir alles genau erzählen, wenn wir zum Stützpunkt zurückkehrten.

Er hatte seine Gruppe kurz vor der vereinbarten Zeit an den geplanten Ort gebracht, und seine Jungs überprüften ihre Ausrüstung ein letztes Mal. Bald darauf trafen der Kommandant der Wüstenfalken-Brigade und sein Dolmetscher in zwei Pick-ups ein. Sie waren nur eine Viertelstunde zu spät gekommen. Angesichts der Gewohnheit der Syrer, sich nicht an Zeitpläne zu halten, war dies als außerordentliche Pünktlichkeit zu werten. Sie hatten die Nacht alle auf einer Anhöhe verbracht, die an der Frontlinie endete. Die Stellungen der *Duchi* waren gut zu erkennen. Durch die Sichtgeräte konnte man jede Bewegung der kleinen Gruppen oder einzelner Schützen zwischen den Bauten gut ausmachen.

Die nächtlichen Schüsse des Feindes waren von Zodschys Gruppe als Angriffsversuch wahrgenommen worden, der von der Dunkelheit gedeckt wurde. Die *Duchi* kannten sich im Gelände aus. Sie waren in der Lage, unseren Kameraden auf nur ihnen bekannten Wegen in den Rücken zu fallen und einen Überraschungsangriff zu starten. Die Aufklärer, die sich mit einer kleinen Gruppe von Wüstenfalken – deren Kampffähigkeiten mehr als zweifelhaft waren – auf einer engen Anhöhe befanden, konnten nur voller Angst abwarten. Über den Funkverkehr zwischen Ratnik und mir hatten sie mitbekommen, dass eine Granate das Haus getroffen hatte, in dem sich der Rest der Gruppe aufhielt, und es Verwundete gab. Es war ihnen klar, dass niemand mehr da war, der ihnen zu Hilfe kommen konnte. Ratnik hatte versichert, dass die Situation unter Kontrolle sei, was die Kämpfer am vorgeschobenen Beobachtungsposten beruhigte. Er hatte recht: Von seiner Position aus war die kleine Anhöhe gut zu sehen, und die kurze Entfernung zu ihnen würde den Rückzug ermöglichen.

Kurz vor Sonnenaufgang wurde die Dunkelheit vom gleißenden Licht der Explosionen bei den feindlichen Stellungen durchbrochen. Die Aufklärer streckten ihre kalten Glieder aus, um in Aktion zu treten. Die Männer der Wüstenfalken-

Brigade hingegen hatten sich nicht vom Fleck gerührt. Sie konnten sich nicht vorstellen, anzugreifen, solange die Granaten über ihren Köpfen heulten. Erst nach dem Ende des Beschusses entschlossen sie sich zum Vorrücken. Inzwischen war es taghell geworden. Als noch weniger als 500 Meter zu bewältigen waren, hatte eine gewaltige Explosion eine der Falkengruppen in Staub und Rauch gehüllt. Darauf folgte ein heftiges Feuergefecht. Die Syrer gerieten in Panik und ergriffen die Flucht – jedoch nicht zu ihren Ausgangspositionen, sondern nach hinten, womit sie jeden Versuch, Boden zu gewinnen, aufgegeben hatten. Als Zodschy Ratnik berichtete, dass die verängstigten Syrer das Schlachtfeld verlassen hatten, befahl Ratnik seinen Kämpfern, sich zurückzuziehen. Er würde ihnen mit seinem Mörser Deckung geben.

Nachdem ich den Befehl erhalten hatte, die Gruppe von Zodschy zu evakuieren, ließ ich mich vom Pick-up der Aufklärer abholen. Ich kletterte auf den Beifahrersitz. Wir brauchten nicht mehr als fünf Minuten, um an den Ort des Geschehens zu gelangen. Es war genau der Punkt, an dem die örtliche Straße auf die Autobahn nach Aleppo führte. Die Falken, die in kleinen Gruppen geflohen waren, lagen nun unter dem breiten Bogen der Straßenbrücke auf dem Boden. Dort hatten sich auch die syrischen Kommandanten versammelt, die miteinander diskutierten. Ihre sauberen, glatt rasierten Gesichter und ihre tadellose Kleidung bestätigten meinen Verdacht: Die Soldaten gingen ohne ihre Befehlshaber in den Angriff. Auf sich allein gestellt, folgten sie immer demselben Muster: Wenn es gut läuft, stößt man bis zu den feindlichen Linien vor, wenn nicht, zieht man sich zurück. Die Pechvögel blieben vorne.

Nach einer Weile bemerkte einer der syrischen Kommandanten, ein Dandy mit kurz geschnittenem Haar, meine Anwesenheit. Er sprach mich in einem empörten und übertrie-
benen Ton an, ein Dolmetscher übersetzte. Er erklärte mir,
dass die Russen geflohen seien und seine Männer zurückgelassen hätten. Diese hätten unter schwerem Beschuss die
feindlichen Stellungen mutig angegriffen, bevor sie schließlich zum Rückzug gezwungen worden seien.

Ich wusste nicht genau, wie die Schlacht wirklich abge-
laufen war. Aber ich hielt es für unnötig, diplomatische Töne
anzuschlagen, und machte den Kommandanten der Wüstenfalken ohne Umschweife darauf aufmerksam, dass die syrischen Soldaten schon fast alle da waren, während meine Aufklärungsgruppe noch unterwegs war. Als der kokette Syrer
merkte, dass er zu schnell gesprochen hatte, wandte er sich
ab. Seine Beschwerden überraschten mich nicht, denn bei
ihnen war es immer dasselbe Lied: »Mal bellen die Hunde,
mal sprechen die Ruinen.«[17] Als ich mich umdrehte, sah ich
meine Jungs hinter den Felsen hervorkommen: Sie waren
alle gesund und munter, und das war für mich die Hauptsache. Während sie ihre Ausrüstung auf die Pick-ups stapelten,
bat ich Zodschy, mir in zwei Sätzen zu berichten, was passiert
war. »Die Syrer sind in einem Massenansturm in Richtung
der *Duchi* vorgerückt. Und dann, ich weiß nicht, was genau
passiert ist, schlug eine Granate ein oder eine Mine explodierte. Die *Duchi* sammelten sich nach unserem Beschuss
wieder und eröffneten das Feuer, zwar nicht allzu massiv,

17 Strophe eines Liedes von Wladimir Wyssotski, sie bedeutet:
  Im Irrenhaus läuft alles verkehrt.

aber stark genug, dass unsere Syrer umkehrten. Daraufhin gab Ratnik den Befehl zum Rückzug.« Jeder weitere Kommentar erübrigte sich.

Ich wandte mich an den Dandy, um ihm meine Meinung zu sagen. Der Dolmetscher war jedoch unauffindbar, obwohl er Sekunden zuvor noch da gewesen war. Später, während des Treffens mit den Russen, versuchte der Anführer der Falken durch denselben Dolmetscher, seine Version der Ereignisse erneut zum Besten zu geben: Der Kampf sei wegen des vorzeitigen Rückzugs der Söldner verloren gegangen. Er hoffte, dass in Abwesenheit direkter Zeugen niemand seine Version hinterfragen würde. Doch er hatte nicht bemerkt, dass Ratnik das Gespräch verfolgte. Im Gegensatz zu den Syrern führt er seine Männer nicht nur selbst in den Kampf, sondern beteiligt sich auch mit viel Herzblut an den Operationen. Beleidigungen gegen seine Leute nimmt er persönlich. Bei den arabischen Kommandanten läuft das ganz anders ab. In solchen Situationen scheuen sie sich nicht, die Schuld auf ihre Untergebenen zu schieben. Auf diese Weise kommen sie in der Regel ungeschoren davon.

Das Verrückte war, dass es den syrischen Kommandanten manchmal gelang, die russischen Regierungstruppen in ihr falsches Spiel hineinzuziehen: Denn auch sie mussten ihren Vorgesetzten von Erfolgen berichten. Eines Tages wurde ich Zeuge einer solchen Szene. Nach einem erfolglosen Angriff, an dem die Syrer überhaupt nicht teilgenommen hatten, diktierte ein russischer General dem Stabsoffizier einen Bericht, ohne sich um mögliche Zeugen zu kümmern. Seinen Bericht kann man als Meisterstück der Irreführung bezeichnen: »Wir gingen planmäßig vor und näherten uns der Angriffslinie, wo wir auf heftigen Widerstand des Feinds stießen. Um Verluste zu vermeiden, mussten wir den Vormarsch stoppen und die erreichte Stellung verteidigen.« Der Bericht wurde an die Vorgesetzten weitergeleitet. Er erweckte den Eindruck, dass die syrischen Soldaten ein Wunder der Tapferkeit vollbracht hatten. Ihre Befehlshaber hatten sich nicht vor der Gefahr gedrückt, während der russische General durch seine weisen Entscheidungen das höchste Lob verdiente.

So war es wieder einmal zu einer Schlacht unter Beteiligung der Verbündeten gekommen, die mit einer erbärmlichen Niederlage endete. Die Syrer hatten ihre Feigheit unter Beweis gestellt, während die Söldner umsonst gelitten hatten. Wie auch immer, wir würden nicht einmal in den offiziellen Berichten auftauchen. Wir waren die Geister dieses Kriegs. Und obwohl wir in Syrien wichtige und nützliche Arbeit für Russland leisteten, durfte in unserer Heimat niemand etwas davon erfahren.

10

ZWISCHEN ZWEI FEUERN

Tamok lag auf dem Rücken. Manuk, ein Sanitäter der Legion, bemühte sich, das Blut zu stoppen, das aus seinen zerrissenen Arterien spritzte. Alle versuchten, zu helfen: Ein Kamerad hielt einen Beutel mit Kochsalzlösung über den Verletzten, ein anderer reichte Manuk die erforderlichen Instrumente. Wieder andere bereiteten die zusammenklappbare Trage vor.

Tamoks Blick, vom Betäubungsmittel getrübt, war voller Schmerz und Bestürzung. Er konnte es kaum fassen. Hatte er sich nicht noch vor wenigen Augenblicken voller Lebensenergie bewegt, war über den Hügel gelaufen und hatte am Kampf teilgenommen? Hatte kurze Salven aus seiner Kalaschnikow abgefeuert und den Verwundeten geholfen, die wieder herunterkamen? Ihnen die Waffen abgenommen und beim Gehen unter die Arme gegriffen? Und jetzt lag er hilflos auf dem Boden, anstelle seines linken Beins ragte nur ein Stück Knochen aus seiner Hüfte heraus ...

Ich kannte die Gegend, weil ich sie bei meinem ersten Einsatz 2015 als Gruppenführer mit meinen Jungs ausgiebig durchquert hatte. Damals hatte unsere Unterstützung die syrische Armee allerdings nicht viel weitergebracht: In einem Jahr hatte sie keinen einzigen Sieg erringen können. Nun mussten wir an der Seite der Wüstenfalken kämpfen, was niemandem gefiel. Beide Militärunternehmen, das russische und das syrische, hatten das gleiche Ziel: den Feind von seinen Verteidigungsstellungen auf den Bergen zu verdrängen und ihn weiter in Richtung der türkischen Grenze zu treiben. Die russische Armee sollte eine Nebenrolle übernehmen, die darin bestand, die Falken bei der Offensive zu begleiten und ihnen gegebenenfalls Feuerunterstützung zu geben.

Die Syrer bereiteten sich auf die Operation vor, die am frühen Morgen beginnen sollte. Es herrschte das übliche Durcheinander: kein Tarnlicht, Schreie, Motorradgeräusche, chaotische Bewegungen verstreuter Gruppen. Sobald sich der Himmel im Osten grau färbte, begannen die Reihen der *Sadiqs* und mit ihnen die russischen Söldner, auf die vom Feind besetzten Höhen vorzurücken.

Als wir uns der Verteidigungslinie näherten, stellten wir jedoch plötzlich fest, dass der Großteil der Falken, die die Angriffstruppe bildeten, nicht mehr vor uns war. Diejenigen, die noch da waren, machten sich beim ersten Schuss aus dem Staub und ließen uns allein mit dem Feind zurück. Wären anstelle der Russen zu diesem Zeitpunkt amerikanische oder europäische Söldner vor Ort gewesen, hätten sie sich mit Sicherheit auf ihre Ausgangspositionen zurückgezogen. Vor dem Feind standen jedoch russische Soldaten: Für sie gibt es keine Grenzen, sie schrecken nie vor einem Kampf zurück. Auf jeden Fall war es für einen Rückzug zu spät. Ohne lange zu überlegen, gingen wir zum Angriff über. Wir kletterten in kleinen Schritten nach oben und erreichten bald die erste Linie der Schützengräben. Wir bewarfen sie mit Granaten und nahmen uns die nächste Verteidigungslinie vor. Die *Duchi* waren nicht in der Lage, Widerstand zu leisten, und verließen eilig ihre Stellungen. Nach hinten laufend, boten sie den Söldnern ihren Rücken und fielen um wie die Fliegen.

Beim Start des Angriffs befand sich meine Gruppe am Fuß des Plateaus. Ich bezog hinter einer Steinmauer neben dem Scharfschützen Stellung und beobachtete durch mein Fernglas aufmerksam die Hänge. Ich versuchte auszumachen, wie meine Aufklärer vorgingen. Neben mir schoss Chunt (»das Überbrückungskabel«) mit seinem weitreichenden Kord-Maschinengewehr auf die schwarzen Gestalten, die den Hügel hinunterliefen. Er hinderte sie erfolgreich daran, den nächsten Bergkamm zu erreichen.

Die Nachrichten, die uns von Inostranets (»der Ausländer«) und Zodschy erreichten, gaben Anlass zur Hoffnung, dass der Angriff bald vorbei sein würde. Die Schlacht schien sich dem Ende zu nähern. Doch plötzlich geriet alles aus den Fugen. Inostranets schrie sich die Seele aus dem Leib und meldete die Explosion einer von den Syrern abgefeuerten Panzerabwehrrakete, direkt vor der Nase der angreifenden Söldner. Doch damit nicht genug: Die zurückgebliebenen Falken hatten sich am Fuß des Plateaus hinter Felsen versteckt und ihre Maschinengewehre davor aufgestellt, um blind in Richtung des Feindes – und somit auch auf die Rückzugsorte der russischen Söldner – zu feuern. Die Russen befanden sich inmitten eines Kreuzfeuers, vor ihnen die *Duchi* und hinter ihnen die Syrer. Über das Handfunkgerät meldete eine zittrige Stimme die ersten Verletzten.

Ratnik schrie und fluchte und verlangte über den Dolmetscher, dass die Syrer das Feuer sofort einstellten. Ihre Kommandanten sollten endlich die Soldaten, die sich am Fuß des Plateaus versteckten, in den Kampf schicken. Die Syrer griffen nicht an, und ein paar Idioten feuerten immer noch auf den Bergkamm, sodass die Söldner sich auf den Boden werfen mussten und keine Bewegungsfreiheit mehr hatten. Der Anführer des Söldnerzugs und der Dolmetscher liefen erfolglos von einer Stellung zur anderen, von einem Kommandanten zum anderen. Wie sie uns später selbst berichten würden: »Es gab immer einen Hurensohn, der Mörsergranaten oder Panzerabwehrraketen auf den Bergrücken feuerte. Statt ihre Männer aufzurütteln und zum Vorrücken zu zwingen, breiteten die syrischen Kommandanten nur hilflos die Arme aus. Sie begannen, so lange und verwirrende Erklärungen abzugeben, dass sie selbst der Dolmetscher nicht mehr verstand.«

Währenddessen tauchten auf der linken Seite bergabwärts *Duchi* auf. Sie bereiteten sich darauf vor, die Söldner von der Seite anzugreifen. Chunt nahm sie sofort ins Visier. Doch kaum hatte er ein paar Schüsse abgefeuert, flog mit lautem Knall die Kugel eines Scharfschützen dicht an ihm vorbei. Chunt wich sofort von den Felsen zurück und kroch in Deckung: »Sie müssen mich entdeckt haben, wir müssen noch ein bisschen warten.« Nachdem er sich etwas zur Seite bewegt hatte, verrichtete er einige Minuten später wieder seine Arbeit.

Oben verschlechterte sich die Lage rapide. Die *Duchi* hatten den Druck erhöht und Verstärkung geholt. Auch die Syrer schossen weiter. Zodschy war bereits mit verbundenem Kopf heruntergekommen, da eine Kugel seinen Kiefer zerschossen hatte. Hinter ihm humpelte Samarez (»der Samarier«) mit eingewickeltem Schienbein, auf einen langen Stock gestützt. Inostranets brachte immer mehr Verwundete zurück.

Nach einer kurzen Pause gab Ratnik den Befehl zum Rückzug, womit er vor allem die Evakuierung der Verwundeten sicherstellen wollte.

Ich hatte alle Diskussionen über unser Funkgerät mitbekommen. Jetzt musste entschlossen gehandelt werden. Es gab keinen Grund, auf den Befehl von Ratnik zu warten, der mich nicht in der Gruppe der Reserveangreifer dabeihaben wollte. Ich wusste, dass mein Platz dort oben war und nirgendwo anders – bei meinen Jungs, die in der Scheiße steckten. Ich war ihr Kommandant, sie standen unter meiner Obhut. Ich war in der Verantwortung, vor allem mir selbst gegenüber. Denn wie soll man Soldaten führen, wenn man ihr Vertrauen verloren hat und ihnen nicht mehr in die Augen sehen kann?

Ich stand auf und ging in gebückter Haltung auf die Syrer zu, die sich hinter ihrer Deckung verkrochen hatten. Njeman war schon da und versuchte sie mit Flüchen zum Vorrücken zu bewegen. Ich zog meine Stetschkin und zielte auf den nächsten Falken, mit der festen Absicht, ihn zu erschießen, wenn er sich nicht bewegte. Der Syrer riss seine Augen auf und sprang hoch, einige andere folgten ihm. Sie warfen Njeman und mir ängstliche Blicke zu und bewegten sich endlich. Andere Söldner schlossen sich uns an: Jedem außer den Syrern war klar, dass wir unseren Männern dort oben sofort zu Hilfe eilen mussten.

Als unser improvisierter Trupp ein mit hohen, dornigen Büschen überwuchertes Gelände überquerte, konnte ich mich wieder einmal von einem unzweifelhaften Talent der Araber überzeugen: Sie sind sehr erfinderisch, wenn es darum geht, ihre eigene Haut zu retten und sich aus der Affäre zu ziehen. Als wir wieder aus dem Gebüsch herauskamen, war kein Falke mehr an unserer Seite. Sie hatten sich alle versteckt und auf dem Gelände, das zum Hang führte, keinen Schritt ins Freie gewagt. In diesem Augenblick hasste ich sie wirklich.

Wir kletterten den felsigen Hang hinauf, mieden den Pfad und hielten uns an den niedrigen, dichten Sträuchern fest. Als wir das kleine Plateau erreichten, auf dem sich unsere Jungs verschanzt hatten, ließen wir uns auf alle viere fallen: Der Beschuss war so heftig, dass Stehenbleiben, selbst in gebückter Haltung, der reinste Wahnsinn gewesen wäre. Die Verwundeten krochen auf uns zu. In einer kleinen Vertiefung positioniert, ließ ich die Waffen übergeben und half ihnen beim Abstieg. Von Zeit zu Zeit leerte ich, wie andere Kämpfer auch, die Hälfte meines Magazins, mal in Richtung der *Duchi*, mal in Richtung der Verbündeten, die hinter ihren Felsen am Fuße des Bergs gut geschützt weiterschossen. So konnten wir zumindest für eine kurze Zeitspanne die Intensität des Beschusses von beiden Seiten verringern.

Es gab zahlreiche Verwundete, vorwiegend mit Beinverletzungen. Einige waren von Minensplittern getroffen worden, und es war unmöglich, zu sagen, von welcher Seite. Waren es die *Duchi* gewesen, die inzwischen ihre erste verlorene Linie zu bombardieren begannen, oder die Arschlöcher von syrischen Alliierten, die immer noch Mörser auf die Hänge abfeuerten?

Tamok lag noch unverletzt neben mir. Als ich einen Schritt nach links und einen nach oben robbte, bemerkte ich Satana, der mit einem Knie am Boden und mit aller Kraft nacheinander zwei Granaten in Richtung der *Duchi* warf. Njeman kam auf mich zu und schlug vor, zu den Büschen zurückzukehren, um dort die Deckung für die letzte Gruppe zu organisieren, die die Anhöhe verlassen sollte. Obwohl dieser Vorschlag von einem meiner Untergebenen kam, erkannte ich, dass dies die einzig vernünftige Lösung in unserer Situation war. Mit Eitelkeiten konnte ich mich hier nicht aufhalten. Ich half dem Scharfschützen, der leicht am Bein verletzt war, und begann, nach unten zu kriechen.

In den Büschen bereitete ich mich darauf vor, unsere letzten Kameraden in Empfang zu nehmen, nachdem die Maschinengewehre in Stellung gebracht worden waren. Zehn Minuten später begab sich die Hauptgruppe auf den ungedeckten Hang, die Schwerverletzten hinter sich herziehend. Zusammen mit Tschujoi (»der Andere«) und Gor eröffneten wir das Feuer. Wir schossen auf die Höhe, ohne den *Duchi* die Chance zu geben, sich den zurückweichenden Söldnern zu nähern.

In diesem Augenblick trat Tamok auf eine Mine. Er wollte einem jungen Soldaten aus Ratniks Gruppe helfen, der auf diese Weise einen Fuß verloren hatte. Dabei setzte Tamok zufällig sein Knie auf den Zünder einer anderen Mine, die direkt daneben vergraben war.

Ich kroch zu der Stelle, an der er verletzt lag, und konnte es nicht fassen, wie schnell sich eine so unwiderrufliche Wende vollziehen konnte. Natürlich ist man sich bewusst, dass im Krieg der Übergang vom Leben zum Tod oder zu einem durch schwere Behinderung eingeschränkten Leben jederzeit und an jedem Ort eintreten kann. Selbst an einem vermeintlich sicheren Ort kann das geschehen. Aber man gewöhnt sich nie daran. Es zerreißt einem unweigerlich das Herz. Besonders wenn es sich um einen Freund, einen Kameraden handelt, mit dem man sich eben noch unterhalten hat und der plötzlich von Granatsplittern oder Kugeln zerfetzt wird. Wir nahmen Tamok auf einer Decke mit und ließen das abgerissene Bein zurück. Es gab zu viele Verwundete, die gerettet werden mussten, und da das Feuer auf beiden Seiten anhielt, war das Risiko zu groß, noch mehr Männer zu verlieren.

Schließlich konnten sich alle Söldner in Sicherheit bringen. Oben, unter dem Mörserfeuer, war niemand zurückgeblieben.

Wir kehrten schweigend zum Lager zurück und bellten nur kurze Schimpfwörter als Entgegnung auf die Begrüßung der entgegenkommenden Falken. Es war ein beschissener Tag gewesen. Wir hatten nur einen Wunsch: diesen Ort so schnell wie möglich zu verlassen und nicht mehr all die Syrer sehen zu müssen, die sich um uns herum tummelten. Diese erahnten wohl unseren Gemütszustand und hielten Abstand.

Vielleicht hatten wir einfach Pech gehabt, und sie haben tatsächlich irgendwo eine richtige Armee, in der anständige Soldaten kämpfen? Die Frage schwirrte in meinem Kopf herum und ließ meine Ohren klingeln. Sie konnten nicht alle so sein. Es ist ihr Land, dessen Existenz auf dem Spiel steht. Das müssen sie verstehen, es sei denn, sie sind wirklich Vollidioten. Nur die Bereitschaft des Volkes, sich für seine Heimat zu opfern, entscheidet über die Existenz einer souveränen Nation.

Einen Monat später starb Tamok in einem Krankenhaus in Russland. Eine der vielen Unliebsamkeiten des Söldnerberufs. Mögest du sanft ruhen, mein Bruder.

11

DER VERPASSTE SIEG

Gerassim, der Anführer der Aufklärungsgruppe meiner Einheit, ging noch einmal durch die Reihen seiner Soldaten. Sie hatten sich an einem zerstörten Gebäude versammelt. Er vergewisserte sich, dass die Wärmebildgeräte funktionierten, und erklärte dann in monotonem, ruhigem Tonfall das Angriffsziel. Die Söldner würden die feindlichen Befestigungen umgehen und sich dem Feind von hinten nähern. Nach Ansicht der russischen Militärberater aus dem für die Operation verantwortlichen Hauptquartier sollte dieser Schachzug den Erfolg auf diesem Geländeabschnitt sicherstellen. An der anderen Flanke kämpften die syrischen Verbündeten, dort war auch Zodschys Einheit eingesetzt. Damit gelänge ein Schlag an beiden Flanken gleichzeitig, und die gut organisierte Verteidigung des Gegners würde zerstört. Für Gerassim und seine Männer war die Aufgabe nicht ganz leicht. Die Späher kannten die Gegend nur schlecht. Sie verfolgten die Route auf der Karte und vom Beobachtungsposten aus aufmerksam. Aber das war noch keine Garantie für einen erfolgreichen Schlag. In den Bergen kann man sich vor allem im Dunkeln leicht verirren. Außerdem lieferten weder die Drohnenbilder noch die Überwachung ein deutliches Bild von den Positionen und Bewegungen des Feindes. Doch Gerassims Gruppe war gut ausgebildet und erfahren. Es war nicht das erste Mal, dass sie eine solche Aufgabe zu bewältigen hatten.

Sie schritten langsam voran und hielten ab und zu an. Sie lauschten und beobachteten den Weg durch ihre Wärmebildgeräte. Jederzeit konnten sie auf eine Patrouille stoßen. Schlimmer noch: Da ihre Feinde ebenfalls Nachtsichtgeräte besaßen, konnten sie von den feindlichen Stellungen aus entdeckt werden, was den Erfolg der Mission ohne Zweifel erschwert hätte. Sie bewegten sich vorwärts, indem sie hinter den Felsen Schutz suchten. Sie brauchten mehr als drei Stunden, um die fünf Kilometer bis zur vorgegebenen Stelle zurückzulegen. Gerassim verglich gewissenhaft die Daten des Navigationsgeräts, die Karte und das Gelände, um sicherzugehen, dass sie sich an der richtigen Position befanden. Dann befahl er den Spähern, sich zu verstecken und zu warten. Er selbst stieg mit einem Kameraden, der ihm Deckung gab, etwas höher, um sich zu orientieren und die Position des Feindes zu bestimmen.

Sie mussten nicht weit gehen. Kaum hatten sie die Umrisse der Gipfel und ein Bergmassiv ausgemacht, spürten sie die Anwesenheit des Feinds in der Nähe. Der Geruch von Holzfeuer und Essen lag in der Luft. Gerassim und sein Begleiter suchten Schutz hinter einigen Felsen. Als sie sich vorsichtig umschauten, erkannten sie Befestigungen auf der gegenüberliegenden Anhöhe und einen Weg, der von den gegnerischen Stellungen hinunterführte und sich den gegenüberliegenden Hang entlangschlängelte. Nach einigen Minuten entdeckten sie mit dem Wärmebildgerät die Umrisse ihrer Gegner auf dem Weg. Als Gerassim etwas weiter östlich in die Richtung blickte, in die die feindliche Gruppe ging, erkannte er die gut ausgebauten Stellungen des Feindes. Die Späher hatten es also geschafft, die *Duchi* aus einem toten Winkel heraus zu beobachten und näher an sie heranzukommen. So konnten sie die feindlichen Befestigungen sowie die Straßen, die zu ihnen führten, von hinten überwachen. Von dort aus wäre das Zielen und Ausrichten von Schüssen ein Kinderspiel. Außerdem könnten sie dem Feind mit ihren Maschinengewehren den Zugang zu den Befestigungen von hinten abschneiden. Wer den Belagerten zu Hilfe käme, würde in ihrem Feuer sterben.

Gerassim war zufrieden: Er hatte seinen Jagdinstinkt wiedergefunden. Denn er war kurz davor, ein Großwild zu erlegen. Eine halbe Stunde später war die gesamte Spähergruppe zu ihm gestoßen und bereitete sich auf eine Rundumverteidigung vor. Gerassim berichtete seinem Vorgesetzten Grigoritsch, dass seine Gruppe optimal positioniert war und nur auf Befehle warte. Während der ganzen Zeit hatte der Verkehr auf dem Weg nicht aufgehört. Zu zweit oder in kleinen Gruppen erreichten die *Duchi* ihre Posten, augenscheinlich beladen mit Munition und Wasser, in Vorbereitung auf unseren Angriff. Doch nach etwa einer weiteren halben Stunde befahl Grigoritsch zur Überraschung aller über Funk: »Zurück, die Verbündeten werden hier und heute nicht kämpfen.« Für die Söldner war es nicht die erste gemeinsame Operation mit einer Einheit der *Sadiqs*. Sie hatten schon einiges erlebt. Die Weigerung der Syrer, anzugreifen, obwohl sie in der Übermacht waren, machte jedoch alle sprachlos. Die russischen Söldner kontrollierten die feindlichen Stellungen, einschließlich der Rückzugslinien. So garantierten sie den Erfolg der Operation. Doch die Kehrtwende der Syrer machte alle ihre Bemühungen zunichte. Ohne Rücksicht auf die tödlichen Risiken, die Gerassim und seine Männer eingegangen waren.

Nach einer kurzen Diskussion beschlossen sie, auf demselben Weg zurückzukehren. Der alte Haudegen Gerassim wusste genau: Auf dem Rückweg gab es nichts Wichtigeres, als jegliches Bauchgefühl auszuschalten. Mit Willenskraft und kalter Entschlossenheit musste der Wunsch unterdrückt werden, so schnell wie möglich wieder in Sicherheit unter den Seinen zu sein. Sie mussten dieselben vorsichtigen Bewegungsabläufe wiederholen und dieselben Stopps einlegen. Sie mussten die Route mit dem Wärmebildgerät präzise absuchen und weiter schweigend voranschreiten. Kein Geräusch, kein Geruch durfte ihnen entgehen. Ihren Fuß mussten sie mit äußerster Vorsicht aufsetzen. Und endlich kamen sie unbeschadet zurück. Erschöpft von der körperlichen und nervlichen Anspannung, irritiert und enttäuscht, schliefen sie sofort in ihren Zelten ein. Die Söldner, die nun in einen bleiernen Schlaf versunken waren, bekamen nicht mit, dass an der anderen Flanke ein Angriff begonnen hatte. Sie ahnten auch nicht, dass die Syrer zweimal innerhalb weniger Stunden eine günstige Gelegenheit verpasst hatten, ein großes befestigtes Gebiet einzunehmen und einen wichtigen Sieg zu erringen.

Erstaunlicherweise zeigten die russischen Generäle, die das Kommando über diese Operation hatten, keinerlei Entschlossenheit. Sie brachten die syrischen Kriegsherren nicht dazu, sich aktiv an den Kämpfen zu beteiligen. Das Ergebnis all dieser sinnlosen Entscheidungen waren eine gescheiterte Offensive, vergebliche Kraftanstrengungen und unnötige Opfer unter den einfachen Soldaten. Offensichtlich war dieser seltsame Krieg dazu bestimmt, noch viele Jahre anzudauern.

12

IM BASISLAGER

Nach der ersten zaghaften Frühlingswärme hatte ein Kälte-
tief die Berge von Latakia erfasst. Eine dicke Schicht grauer
Wolken hatte sich über dem Pass angesammelt und entließ
hin und wieder feinen, eisigen Regen. Dichter Nebel verbarg
die Berggipfel in der Ferne und hing in Fetzen an der Hoch-
ebene, auf der die Söldner ihr Lager aufgeschlagen hatten.
Wir waren bis auf die Knochen durchgefroren, und die Moral
war im Keller. An der Front war es nach dem letzten geschei-
terten Angriff ruhig geworden. Wir hatten die Gelegenheit
verpasst, einen koordinierten Schlag gegen die Verteidigungslinien unseres Feindes zu führen. Und unsere Verbündeten zu weiteren Angriffen zu bewegen, schien unmöglich.

Ratnik erkannte, dass es sinnlos war, sein gesamtes Bataillon in den verregneten Bergen zu behalten. Er gab uns
grünes Licht für einen Ausflug zum Basislager an der Küste.
Da nur ein Drittel der Soldaten Urlaub bekam, war die Verteidigung unserer Stellungen nicht gefährdet. Außerdem griffen
unsere Gegner bei solchen Wetterverhältnissen nie an.

Unsere Fahrzeugkolonne setzte sich in Bewegung, in
Richtung des malerischen Tals mit seinen sonnendurchflu-
teten grünen Feldern, die von dem Pass, den wir überquerten,
gut zu sehen waren. Je weiter wir hinabfuhren, desto mehr

wichen die bleiernen Wolken einer klaren, reinen Luft. In der Ebene entlang der Küste schien die wohltuende Milde des Frühlings dauerhaft und unvergänglich zu sein. Die feuchte Kälte der Berge war schnell in Vergessenheit geraten.

Die landwirtschaftliche Fakultät, bei der sich unser Basislager befand, war in den Duft blühender Obstbäume getaucht. Als ich das Gebäude betrat, in dem mein Regiment untergebracht war, zog ich meinen nassen und schmutzigen Mantel aus. Ich hoffte, endlich duschen zu können, aber weit gefehlt. Der Kompaniefeldwebel, begleitet vom Techniker des Regiments, stürmte in den Raum und überschüttete mich mit Fragen zur Verwaltung am Stützpunkt. Wie üblich eskalierte die Diskussion wegen Reibereien zwischen den beiden: Der eine war für die Verwaltungsangelegenheiten zuständig und der andere für die Technik. Wie immer hatten sie es nicht geschafft, ihre Aufgabenbereiche voneinander abzugrenzen. Der Techniker verbrachte die meiste Zeit damit, sich in den Unterkünften des Regiments herumzudrücken. Dabei war es seine Aufgabe, die Ausrüstung am Stützpunkt zu warten und zu reparieren. Er war der Ansicht, dass der Kompaniefeldwebel ihm ständig in die Quere kam. Meiner Meinung nach war dieser ein guter, effizienter und dynamischer Feldwebel, während der Techniker einfach nur faul war. Die Beziehung zwischen ihnen war außerdem von Neid und Missgunst geprägt. Der Kompaniefeldwebel, der regelmäßig bei Kämpfen im Einsatz war, vermerkte dies in seinem Dienstplan als Kampftage. Der Techniker hingegen konnte für die Reparatur von schrottreifen Fahrzeugen keine Prämienansprüche geltend machen. Prämien, die das Gehalt eines Söldners verdoppeln oder sogar verdreifachen konnten ... Nur durch die Teilnahme an Kämpfen konnten Söldner gut verdienen. Da ich weder die Zeit noch die Kraft hatte, auf die Einzelheiten ihrer Streitereien einzugehen, entschied ich mich für die Rolle des Friedensstifters. Ich versprach dem Techniker: »Wenn du deine Aufgabe ordentlich erledigst, lässt sich das mit den Kampftagen schon regeln.« Dem Kompaniefeldwebel wiederum sagte ich: »Lass ihn in Ruhe. Du brauchst ihn.« Damit hatte ich die Debatte vorläufig beendet.

Die Dusche war weniger angenehm als erwartet. Diejenigen, die mir zuvorgekommen waren, hatten das gesamte heiße Wasser aus den Dachtanks verbraucht. Und wieder einmal gab es ein Problem mit dem Abfluss: Er war anscheinend durch einen Zahnpastatubendeckel oder eine Socke verstopft. Die ersehnte Entspannung blieb aus.

Ich hatte kaum Zeit, mir saubere Kleidung anzuziehen, als ein weiteres unangenehmes Gespräch folgte – diesmal zwischen mir und meinem direkten Vorgesetzten Biker, dem Geheimdienstchef der »Kompanie«. Biker war zweifellos ein hoch qualifizierter Experte für Spionage und Sabotage. Er stand über allem und äußerte seine persönliche Meinung selbstbewusst, laut und deutlich, was schließlich dazu führen sollte, dass er aus der Kompanie entlassen wurde. Er warf mir vor, ich sei nicht mobil genug und würde meine Leute, die woanders stationiert waren, im Stich lassen. Seine Vorwürfe waren nicht völlig aus der Luft gegriffen, aber ich hatte einfach nicht die Zeit, um alle Standorte aufzusuchen. Ich hatte immer noch kein Fahrzeug, und es wäre gefährlich gewesen, mit dem schweren URAL über die vom Regen aufgeweichten Bergstraßen zu fahren. Ich hätte mir womöglich den Hals gebrochen, und das Fahrzeug wäre hinüber gewesen. Biker kritisierte außerdem, dass ich die laufenden Geschäfte der Kompanie auf dem Stützpunkt an den Feldwebel übergeben hatte. Er fand das nicht okay und mischte sich permanent in meine Angelegenheiten ein. Das ging mir gewaltig auf die Nerven.

Nach dieser Diskussion verließ ich die Kaserne durch einen Seiteneingang und wunderte mich, dass ich auf dem Parkplatz keinen von Ratniks Pick-ups vorfand. Alarmiert folgte ich schnell dem schmalen asphaltierten Weg, der zwischen zwei Reihen dichter, mannshoher Büsche zum Hauptquartier führte. Mir kam zuerst in den Sinn, dass Ratnik wegen eines Problems an der Front überstürzt aufgebrochen war. Vielleicht hatte er in der Aufregung die Späher vergessen oder einfach keine Zeit gehabt, auf sie zu warten. Denn nach der letzten Schlacht bestand meine Gruppe nur noch aus fünf Personen, mich eingeschlossen. Wir würden keine entscheidende Rolle in einem Kampf spielen.

Als ich im Hauptquartier ankam, traf ich auf Ratnik, der gerade eine heftige Auseinandersetzung mit dem Stabschef Dunai (»Donau«) führte und vor Wut schäumte. Ich hatte Ratnik noch nie zuvor so in Rage gesehen, obwohl ich ihn schon in den verschiedensten Situationen erlebt hatte. Einer der Fahrer der URALs hatte sich eine Flasche Wodka genehmigt, die er in einem Laden in der Nähe des Lagers gekauft hatte. Danach war er in die Fahrerkabine gestiegen und hatte das Gaspedal durchgetreten. Alles war sehr schnell gegangen. Der schwere Lkw hatte zwei von Ratniks Pick-ups mit voller Kraft gerammt, die danach nur noch ein Haufen Schrott waren. Wir hatten auf einen Schlag ein Transportmittel verloren, das für einen Angriffstrupp unerlässlich ist. Ratnik wurde von dem Lärm aufgeschreckt und sah sich das Ausmaß der Zerstörung an. Er verlor die Beherrschung, zerrte den völlig verwirrten Fahrer aus seiner Kabine und prügelte ihn buchstäblich kurz und klein. Nur das Eingreifen der Umstehenden bewahrte den Mann vor dem sicheren Tod durch Ratniks Hände, der in den Spezialeinheiten der GRU ausgebildet worden war. In den Anfangsjahren hatte Wagner viele ehemalige GRU-Kämpfer rekrutiert. Auch Beethoven selbst gehörte zu dieser Gruppe. Die Veteranen des russischen Militärgeheimdiensts bildeten die Elite der »Kompanie«.

Der Vorfall war außergewöhnlich. Es kann durchaus vorkommen, dass man ein Fahrzeug im Kampf verliert. Aber dass der Verantwortliche ein betrunkener Kamerad war, der sich im Basislager danebenbenommen hatte ... Unsere Verträge verboten den Konsum von Alkohol während der Einsätze. Hin und wieder gehörte es aber dazu, in Maßen Alkohol zu trinken. Niemand störte sich daran. Die Privatarmee beschäftigte erwachsene Männer, von denen erwartet wurde, dass sie für ihre Taten die Verantwortung übernehmen. Leider drehten einige von ihnen unter Alkoholeinfluss durch. Niemand kann wissen, welche Abgründe in einem Menschen stecken und welche Schattenseiten seiner Persönlichkeit er eines Tages offenbaren wird.

Noch unter Schock wohnten alle einem Treffen bei, das von zwei Anführern gleichzeitig geleitet wurde – ein äußerst seltenes Ereignis. Einer von ihnen war der große Beethoven persönlich, der Furcht einflößende Kommandeur der »Kompanie«. Der andere war eine wichtige Person, die auf den Spitznamen Blondin (»der Blonde«) hörte. Niemand wusste genau, welche Funktion dieser Blondin innehatte, aber seine Macht war ungefähr so umfassend wie die von Beethoven. Es waren zwei Veteranen, erfahrene Soldaten, die viele Schlachten und Kriege überstanden hatten. In ihrem früheren Leben hatten sie als Offiziere in der Berufsarmee gedient.

Beethoven begann uns unter tausenderlei Vorwänden den Kopf zu waschen: Hier hätten wir seine Befehle schlecht ausgeführt, dort hätten wir sie missverstanden. Der Erste, der seinen Zorn zu spüren bekam, war der stellvertretende Techniker, der für die gepanzerten Fahrzeuge zuständig war. Mit zusammengekniffenen Augen und scharfen Handbewegungen hielt Beethoven ihm in bissigem Tonfall eine ätzende Predigt. Er habe versäumt, die Reparatur und Wartung des Kampfgeräts ordnungsgemäß durchzuführen. Meiner Meinung nach war der stellvertretende Techniker kein schlechter Mensch, nur war seine Aufgabe in den Reihen der Söldner überhaupt nichts für ihn. In der Armee wird jedes Problem durch einen Befehl gelöst, egal, was der gesunde Menschenverstand fordert. In einer Söldnerarmee muss man seine Vorstellungskraft und Kreativität viel stärker einsetzen. Auch ist hier noch mehr Eigeninitiative gefordert. Um sich zu rechtfertigen, behauptete der stellvertretende Techniker unsinnigerweise, die Fahrzeuge des Späherregiments hätten alle einen kompletten Satz Schlüssel, während es bei allen anderen Fahrzeugen an Schlüsseln fehle. Dieses seltsame Argument machte mich sprachlos. Was hatte die Zuverlässigkeit der Fahrer meines Regiments, die es geschafft hatten, die Schlüssel zusammenzubekommen, mit den anderen zu tun? Es war Dunai, der die Stimmung etwas auflockerte: Er drohte denjenigen, die beim Diebstahl von Material erwischt würden, sie an Ratnik auszuliefern. Ein zustimmendes Lachen erfüllte den Raum.

Dann ergriff Blondin das Wort. In seinem blumigen Stil, in dem sich militärische Folklore, Schimpfwörter und zotige Sprüche mischten, erläuterte er uns die gegenwärtige Lage und die Pläne für die Zukunft. Er genoss es, seine Reden mit bösen Witzen und vulgären Ausdrücken zu spicken, die seinen Sinn für Humor beweisen sollten. Blondin mochte mich nicht, offensichtlich, weil er mir den Vorfall mit dem Serben Wolk nicht verziehen hatte. Wolk war sein Schützling. Er ergriff die Gelegenheit beim Schopf und biss sich an mir fest: Er beschuldigte mich, den Verlust einer Quadrocopter-Drohne verschleiern zu wollen. Er behauptete, sie sei nicht während eines Kampfs unschädlich gemacht worden, sondern auf dem Stützpunkt kaputtgegangen. Tatsächlich war die Drohne aber in den Bergen durch eine Maschinengewehrsalve zerstört worden. Eine zweite, die bei einem Flug beschädigt worden war, hatten sie bereits fast wieder repariert. Diese beleidigenden Anschuldigungen waren konstruiert. Blondin unterbrach mich, als ich mich erklären wollte. So war es üblich unter Söldnern: Die Anführer versuchten gar nicht erst, den Problemen auf den Grund zu gehen. Sie nahmen die erste Version, die man ihnen vorsetzte, für bare Münze und ergingen sich in Anschuldigungen. Jeglicher Protest zur Selbstverteidigung konnte als Vorwand zur Entlassung dienen. Ich knirschte mit den Zähnen und ballte innerlich die Fäuste. Am liebsten hätte ich ihm die Nase zwischen seinen grauen Augenbrauen gebrochen. Ich konnte mich aber gerade noch beherrschen, denn ich wollte meinen Job nicht so schnell wieder verlieren. Später sollte sich meine Beziehung zu Blondin zwar normalisieren, aber für immer mit einem gewissen Vorbehalt behaftet bleiben.

Dunai wandte sich als Chef des Generalstabs an die Logistiker im Hintergrund: »Es gibt diejenigen, die mit Waffen in die Einsätze gehen. Und es gibt diejenigen, die sie mit allem Notwendigen versorgen, aber nicht an den Kämpfen beteiligt sind. Eure harte Arbeit, eure Müdigkeit, eure schlaflosen

Nächte – das ist nun mal der Preis dafür, dass ihr dabei seid. Denn ihr geht nicht das Risiko ein, getötet oder verletzt zu werden. Ihr verdient nicht viel weniger und manchmal sogar mehr als ein einfacher Soldat, deshalb verlange ich von euch völlige Opferbereitschaft. Mich interessiert weder euer Schlafmangel noch euer Hunger. Und darin werde ich gnadenlos sein.«

Eine klare Ansage. Der Techniker soll einfach seine Arbeit machen. Es ist nicht nötig, ihm zusätzliche Kampftage zu verschaffen. Richtig, er verdient weniger, aber dafür ist er nicht in Gefahr. Und wenn er es verdient, wird er später eine Prämie erhalten.

Als die Besprechung zu Ende war, ging jeder zu seinem Schlafplatz und durchbrach den dunklen Vorhang der Nacht mit dem Licht seiner Taschenlampe. Zu dieser Zeit war der Strom auf dem Stützpunkt abgeschaltet. Nur die Beleuchtungstechnik, die von einem brummenden Generator versorgt wurde, funktionierte. Am nächsten Morgen erhielt Ratnik neue Pick-ups. Als ich den Techniker jedoch fragte, ob auch mir eines Tages ein Fahrzeug zur Verfügung stehen werde, konnte er mir keine Antwort geben. Unser Kurzurlaub neigte sich dem Ende zu. Es war Zeit, zu packen und zurück in die Berge zu fahren.

13

EIN TAG IN DER REGION KINSABBA

In diesem endlosen Stellungskrieg begann jeder Tag für die Söldner, die in einem kleinen Dorf in der Nähe von Kinsabba im Nordosten Latakias stationiert waren, auf die gleiche Weise: Waschen mit kaltem Wasser, Zubereitung des Frühstücks und heißer Tee. Das Wasser kam aus einer Quelle in den Bergen, die sich einst einen Weg durch den Felsen gebahnt hatte. Die umtriebigen Bewohner dieser Gegend hatten sie später mit Granitplatten zu einem kleinen Brunnen umgestaltet.

Es war zwar erst Februar, aber die Sonne wärmte wie im Frühling, und nach einer kalten Nacht genossen wir die Wärme und das Licht des Morgens. Wir machten uns keine großen Gedanken darüber, dass wir an der Front standen. In Reichweite der Raketen und schweren Maschinengewehre des Feindes zu sein – das war Routine.

Die Nacht war unruhig gewesen. Die Späher hatten ständig Alarm geschlagen, wenn sie Bewegungen auf der Straße nach Kinsabba bemerkten. Diese war seit zwei Wochen unentwegt durch Syrer bevölkert. Mehrmals hatten sie erfolglos versucht, die Straße einzunehmen. Wir hatten mehrfach Mörser einsetzen müssen, und dem dichten schwarzen Rauch nach zu urteilen, der in den Himmel stieg, hatten die Granaten ihr Ziel erreicht. Nur ein vollgetanktes Fahrzeug konnte derart in Flammen aufgehen.

Mit einer Tasse Kaffee in der Hand stand ich auf der Türschwelle eines halb zerstörten Hauses, in dem sich Zodschys Soldaten einquartiert hatten. Über Funk verfolgte ich die Meldungen der Späher, die den angrenzenden Abschnitt überwachten. Tschubs Gruppe begleitete die Falken bei ihrem langsamen Vormarsch auf die feindlichen Stellungen.

Plötzlich hörte ich das Knirschen von Metall auf Glas, das typisch für einen Schuss mit einem selbstgebauten Mörser war. In einem kriegsgewohnten Reflex wich ich automatisch zurück und suchte Deckung unter dem betonierten Unterstand. Das mit TNT gefüllte Aluminiumgeschoss schlug etwa 15 Meter vor mir ein. Kaum hatte sich der weiße Pilz der Explosion wieder gelegt, knallte es erneut. Die Granate war direkt in das Dach des Gebäudes eingeschlagen, in dem sich der Beobachtungsposten befand. Nach einem Abprall an dem Unterstand steckte sie nun im Fels, nicht weit von der Einschlagstelle der ersten Granate entfernt.

Dass wir unter Beschuss eines mobilen Mörsers standen, war nichts Außergewöhnliches, und zunächst beunruhigte das niemanden. Vorsichtshalber befahl ich den Spähern, ihre Position vorübergehend zu verlassen. Kaum aber hatte ich einen Schritt in Richtung des Raumes gemacht, in dem ich meine Ausrüstung und mein Gewehr aufbewahrte, hörte ich etwas näher zwei weitere Explosionen. Jetzt wurde es beunruhigend, denn normalerweise blieben die mobilen Mörser nicht an einer Stelle. Anhand der Häufigkeit der Schüsse war klar, dass es mehrere Mörser sein mussten. Die *Duchi* lagen offenbar im Hinterhalt ganz in der Nähe.

Ich stieß ein »Zu den Waffen!« aus, aber meine Männer waren bereits alarmiert. Ein erfahrener Soldat hat ein ausgezeichnetes Gespür. Er ist in der Lage, nahende Gefahren anhand scheinbar harmloser Details zu erkennen. Auch der Kommandant spielt eine wichtige Rolle. Seine präzisen, lauten Befehle wecken die notwendige Motivation in jedem einzelnen Mann, vor allem im Kampf. Also brüllte ich weiterhin kurze Befehle, obwohl ich wusste, dass es in meinen Reihen keine Weicheier gab. Denn die sind unter Söldnern bekanntlich nicht gerade beliebt.

Zodschy schickte die Späher auf ihre Posten. Der Artillerist holte die Zenit-Flugabwehrkanone am Heck eines GAZ-Geländewagens aus ihrem Versteck, um sie im richtigen Moment in Feuerstellung zu bringen. Die Syrer, die sich in der Gegend aufhielten, wurden ebenfalls vor dem möglichen Auftauchen ungebetener Gäste gewarnt.

Kurz darauf meldete einer der Späher, dass er das Ziel mit dem Fernglas ausgemacht habe. Auf der gegenüberliegenden Seite der Schlucht drängten sich dunkle Gestalten in der Nähe eines Panzerabwehrraketenwerfers. Eine tödliche Waffe, die ein mittelgroßes Gebäude zerstören, einen Panzer in eine glühende Eisenmasse verwandeln und natürlich Truppentransportfahrzeuge in Stücke reißen kann. In solchen Situationen ist der sofortige Angriff angesagt. Die Gefahrenquelle ist zu zerstören, bevor die tödliche Rakete einschlagen kann.

Die Zenit-Artilleristen nahmen schnell ihre Positionen ein und zielten. Sekundenbruchteile später zerrissen Raketenspuren die Luft. Genau an der Stelle, an der sich der Raketenwerfer befunden hatte, brach ein Feuersturm los. Zwischen Rauch und Explosionen gab es keine Chance zu entkommen. Die Söldner grölten euphorisch, die aufgestaute Anspannung löste sich.

Doch im selben Moment explodierten aus einer zweiten Abschussvorrichtung, die niemand bemerkt hatte, Sprengladungen über unseren Köpfen, und ein Schrapnellregen ging auf uns nieder. Die Schützen der *Duchi* setzten auf eine bewährte Methode, um auf sehr große Entfernungen zu treffen. Beim sogenannten »fliegenden Schuss« explodiert das Schrapnell in der Luft durch Selbstaktivierung des Zünders. Die ungeschützten Söldner retteten sich in ein halb zerstörtes Haus. Schütze und Fahrer der Zenit ließen ihre Waffen zurück und stürmten den anderen hinterher.

Die Panik war nur von kurzer Dauer. Mit dem ersten Befehl beruhigten sich alle wieder. Einer der Späher, Mrak (»die Finsternis«), sprang aus dem Unterstand, setzte sich auf den Fahrersitz und steuerte den GAZ mit der Zenit weiter runter auf die Straße, weg aus der Reichweite des Feindes. Die anderen Soldaten kehrten zu ihren Stellungen zurück und entluden auf meinen Befehl hin einen heftigen Feuerstoß direkt vor ihnen ins Gebüsch. Nachdem wir unsere Magazine geleert hatten, gingen wir erneut in Deckung. Jetzt waren die Späher an der Reihe.

Einige Augenblicke später meldete sich die feindliche Zenit erneut, doch nun berechneten Britys Mörser schnell die Position und beschossen sie im Gegenzug. Der Feind versuchte mit der Zenit die Stellung zu wechseln, wurde jedoch von allen Seiten unter Feuer genommen. Schon bald stieg eine gigantische schwarze Rauchsäule hinter dem Felsen auf, der den Pick-up der *Duchi* verbarg.

Die Nerven lagen noch immer blank. Die Söldner suchten das Gebüsch vor ihnen ab, weil sie mit einem Angriff rechneten. Der Feind begann erneut, seine selbstgebauten Mörser abzufeuern. Doch zum Glück explodierten die Granaten hinter uns, richteten keinen Schaden an und erzeugten nur eine gewisse Anspannung.

Allmählich ließ der gegnerische Beschuss nach. Ihr Plan war offensichtlich gescheitert. Ein Teil ihrer Panzerabwehrsysteme war zerstört, und ihr Mörserbeschuss hatte nicht die erhoffte Wirkung gezeigt.

Doch die Syrer, die die Ereignisse bis dahin aus ihren behaglichen Zufluchtsorten heraus beobachtet hatten, wurden unruhig. Die Falken beeilten sich, ihre schweren DSchK-Maschinengewehre und die Panzerabwehrraketenwerfer auf einen großen Ford zu laden. Von einem syrischen Soldaten, der ein paar Worte Englisch sprach, erfuhr ich, dass die *Sadiqs* den Befehl zum Rückzug erhalten hatten. Die *Duchi* bedrängten immer noch unsere rechte Flanke, wodurch die Einkesselung der mit der Verteidigung beauftragten Einheiten drohte.

Seine panische Schilderung verwies auch auf die Flucht der syrischen Soldaten von der Anhöhe auf der rechten Seite des Dorfes. Ich setzte mich sofort mit Ratnik in Verbindung und erstattete ihm Bericht. Er gab mir den Befehl, an Ort und Stelle zu bleiben und die Verbündeten zurückzuhalten. Wir mussten erneut mit den *Sadiqs* sprechen und ihnen versichern, dass keine Gefahr einer Umzingelung bestand.

Es war schwierig, die in Panik geratenen Falken zu beruhigen und gleichzeitig herauszufinden, was in der Ferne vor sich ging, ohne die Kontrolle über die Situation zu verlieren. Ich wusste nicht weiter und fragte Ratnik erneut nach seiner Meinung. Er antwortete mir mit der Stimme eines kampfbereiten Kommandanten, der sich seiner Stärken absolut sicher war: »Wir gehen in eine kreisförmige Verteidigungsformation. Und wir bleiben in Position. Die sollen sich verpissen, wir haben vor niemandem Angst.«

Von nun an sprach ich die *Sadiqs* noch unerbittlicher und nachdrücklicher an. Das zahlte sich schließlich aus. Nach einigen Beratungen rückten die Verbündeten ihre Pick-ups näher zusammen, entluden sie schnell und nahmen ihre alten Positionen wieder ein. Der Kommandant der Falken, der offensichtlich nicht ganz überzeugt war, kam auf mich zu. Nachdem er jedoch vom russischen »Djeneral« die Zusicherung erhalten hatte, dass wir uns nicht bewegen würden, kehrte er sichtlich beruhigt zu seinen Soldaten zurück.

In der Zwischenzeit hatte sich Britys Gruppe zu uns gesellt. Sie war bis zur Frontlinie vorgedrungen, um das Feuer ihrer Batterien zu korrigieren. Ohne mich zu fragen oder mit weiteren Hiobsbotschaften zu belasten, hatte Brity seinen Funker und seine Späher hinter einem Erdwall nahe der Straße positioniert. Als erfahrene Soldaten warteten sie nicht auf einen Befehl, um sich vorzubereiten. Sie füllten ihre leeren Magazine auf, überprüften Waffen sowie Nachtsichtgeräte und sicherten ihre Verteidigungspositionen.

Die Nacht brach herein. Nach einer gründlichen Überprüfung der Umgebung stellte ich fest, dass nicht alle Falken ihre Stellungen an der rechten Flanke des Dorfes aufgegeben hatten. Das war eine gute Nachricht. Zumindest war die Frage, wer diese Flanke decken würde, geklärt. Andernfalls hätten wir unsere kleine Garnison in Gruppen aufteilen müssen, die viel zu weit voneinander entfernt gewesen wären, was die Gesamtverteidigung geschwächt hätte.

In der Nacht war alles ruhig, aber wir blieben angespannt. Offensichtlich hatte der Feind tagsüber seine Energie verbraucht und nicht mehr die Kraft, in der Dunkelheit zu entscheidenden Aktionen anzusetzen. Ich schlief ein paar Stunden, war aber schon vor Sonnenaufgang auf den Beinen. Ich wusste genau, dass die *Duchi* gerne kurz vor Sonnenaufgang angriffen.

Die Jungs aus Tschubs Gruppe meldeten sich bald per Walkie-Talkie. Es gab wieder Bewegung im angrenzenden Gebiet. Wie schon am Vortag erhielten sie keine Unterstützung von den *Sadiqs*. Meiner Meinung nach waren die unkoordinierten Aktionen der Falken einzig und allein durch die interne Uneinigkeit der syrischen PMC zu erklären, als Folge der Konkurrenz zwischen den Gründungsbrüdern um die Gunst von Präsident Baschar al-Assad. Wenn also einige syrische Brigaden zum Angriff übergingen, blieben andere in den benachbarten Sektoren demonstrativ untätig oder begnügten sich damit, den Eindruck von Aktivität vorzutäuschen. Die arabischen Offiziere machten keinen Hehl aus diesem Zwist. Sie hatten aber auch nicht die Absicht, etwas dagegen zu unternehmen. Vielleicht war das der Grund dafür, dass sich der Krieg endlos hinzog, Menschen starben und die Rebellen Assads Soldaten immer wieder Städte und Dörfer abnahmen, die von der Luftwaffe, Spezialeinheiten und russischen Söldnern hart erkämpft worden waren.

Ich wechselte ein paar Worte mit meinen Jungs und ging dann wieder auf die Frequenz von Tschubs Gruppe. Das Erste, was ich hörte, machte mich fassungslos: »Tschub ist tot.«

Seine Truppe war mit einem Mörser beschossen worden, und ein Granatsplitter hatte den alten Haudegen getötet. Ich hatte nicht nur einen Zugführer verloren, sondern auch einen Mann, vor dem ich großen Respekt hatte. Wenn eine Einheit unter Beschuss gerät, hat der Anführer die Aufgabe, alle seine Männer in Sicherheit zu bringen. Er darf aber nicht wie ein Verrückter an die Front vorstoßen. Wenn er einen bestimmten Befehl gegeben hat, muss er dafür sorgen, dass alle Untergebenen ihn ausführen und niemand zurückbleibt. Das hatte der Veteran Tschub getan, und als alle seine Leute in Deckung gegangen waren, war er energisch auf die Deckungsmöglichkeit zugestürmt, die er ausgemacht hatte. Doch es war zu spät. Eine Granate war explodiert und hatte ihm einen großen Splitter in den Schädel gejagt. Riaba (»der Pockennarbige«), der bei der nächsten Explosion selbst verletzt werden sollte, war zu ihm gestürzt und hatte ihn hochgerissen. Doch Tschub hatte schon aufgehört zu atmen.

Tschub war ein hartgesottener Krieger gewesen. Er hatte auf den Bergpfaden Afghanistans und in den Ruinen von Grosny gekämpft, hatte Piraten vor der Küste Somalias gejagt und den Donbass von ukrainischen Nationalisten befreit. Als kampferprobter Soldat hatte er in Extremsituationen stets die besten Entscheidungen getroffen. Er hatte es in kurzer Zeit geschafft, einen effizienten und furchtlosen Zug zu formen, der als einer der besten des Regiments galt. Sein oberstes Gebot bestand aus wenigen Worten: »Macht es wie ich.« Wie jeder wahre Krieger hatte dieser russische Offizier sein Ende auf dem Schlachtfeld gefunden.

Im Krieg gehört der Tod zum Alltag. Als die Söldner nach Syrien aufbrachen, wussten sie, dass sie ihre Waffenbrüder oder sogar ihr Leben verlieren könnten. Und doch war jeder Tod ein neuer Schock. Weder der Verstand noch die Seele konnten sich damit abfinden. Deshalb hat dieser normale Tag in Kinsabba einen so tiefen und schmerzhaften Eindruck in meinem Gedächtnis hinterlassen.

14

DER ANGRIFF, DER NICHT STATTFAND

Unsere Offensive begann genau zum geplanten Zeitpunkt. Die Moral war gut und wir hatten uns ausruhen können, soweit das während eines Militäreinsatzes möglich war. Der Tag vor der Schlacht war reibungslos verlaufen. Ein Routinetag, an dem wir genug Zeit gehabt hatten, um uns in Ruhe vorzubereiten, ohne Stress oder Hektik. Meine Jungs waren zum Kampf bereit. Eine unzerstört gebliebene Asphaltstraße führte zur Frontlinie, aber wir kamen nur langsam voran: Unsere Ausrüstung und die Wasservorräte – die einzigen Dinge, die wir mitnahmen – wogen schwer, und wir mussten bei Kräften bleiben. Es waren noch sechs Stunden bis zum Morgengrauen. Eine undurchdringliche Dunkelheit hatte die umliegenden Felsvorsprünge und Hügel verschluckt und ließ nur noch die fernen Bergkämme vor dem Hintergrund eines sternenklaren Himmels erkennen. Nur die verschwommenen Umrisse von Gebäuden, die aus der Dunkelheit auftauchten, ließen erahnen, dass die Gegend bewohnt war.

Wir hatten die Hauptstraße erreicht, die zu einem verfallenen Dorf führte. Seine Umgebung bildete den Ausgangspunkt für unsere Offensive auf Kinsabba. Wir wurden wieder einmal mit dem eigenartigen Verhalten der Verbündeten konfrontiert. Die »Wüstenfalken« zeichneten sich durch zwei für Berufssoldaten unerklärliche Charaktereigenschaften aus. Zum einen war es die Unfähigkeit der Kommandanten, ihre Männer zu führen und deren Aktionen zu koordinieren. Zum anderen war es aber auch die Weigerung der einfachen Soldaten, sich an die Grundregeln des Kriegs zu halten. Es war wie bei Lenin: Die Anführer konnten nicht, und das »Volk« wollte nicht.

Die Straße war mit Fahrzeugen verstopft, die alle mit eingeschalteten Scheinwerfern unterwegs waren und damit die einfachsten Regeln der Tarnung ignorierten. Im Dorf wärmten sich Trauben von Soldaten an Feuerstellen. Offenbar kümmerte es niemanden, dass sie damit ihre Position preisgaben. Die Kommandanten mischten sich nicht in die Angelegenheiten ihrer Untergebenen ein. Mit der Forderung nach Geheimhaltung bei der Vorbereitung einer Offensive waren sie völlig überfordert.

Ich führte meine Gruppe bis zum Dorfrand, wo wir uns etwas abseits vom Lärm der *Sadiqs* einrichteten. Wir waren allerdings kaum eingetroffen, als die Artillerie der *Duchi* in Aktion trat. Die erste Granate schlug etwa 30 Meter von der Straße entfernt ein, andere folgten mit lautem Pfeifen, aber etwas weiter entfernt. Zum Glück explodierten viele von ihnen in der Luft.

Die Falken starrten wie betäubt auf die letzte Explosion. Mustafa, einer unserer Späher, fluchte und befahl ihnen, ihre Feuer zu löschen. Alle versteckten sich in den Ruinen. Ich musste innerlich grinsen. Hätte die Freie Syrische Armee eine bessere Artillerie zur Verfügung gehabt, wären nur wenige Soldaten von diesem kleinen Ausflug zurückgekehrt.

Die *Sadiqs* begannen, sich in Kolonnen für die Offensive zu formieren. Wie üblich unter lautem Geschrei, Beschimpfungen und Gedränge. Unser Auftrag war klar: Wir mussten den Verbündeten folgen, sie bei Bedarf unterstützen und das Feuer unserer Artillerie korrigieren. Dabei wussten wir genau, dass die Anordnung der Formationen jederzeit unerwartet geändert werden konnte.

Die ungeordneten Kolonnen der Syrer rückten schließlich vor. Die Unteroffiziere der Falken, die Motorräder besaßen, um ihre Trupps zu begleiten, blieben jedoch zurück. Sie wollten wahrscheinlich zu ihren Männern stoßen, sobald diese die Stellungen erreicht hatten.

Im Osten klarte der Himmel auf und die Morgendämmerung stand kurz bevor. Die Angreifer müssten zunächst abwärts gehen und dann auf einen Bergkamm hochsteigen. Dort befand sich ein kleines Dorf, das vom Feind besetzt war. Eine Art Außenposten in der Nähe von Kinsabba. In der ersten Phase unserer Offensive wären alle Einheiten ungeschützt und dem gegnerischen Beschuss ausgeliefert. Aber was für eine idiotische Bande! Während die Syrer sich vorbereiteten, war die Sonne aufgegangen. Dabei hätten wir die Dunkelheit nutzen können, um bis zum Ende der Talschlucht vorzudringen. Vielleicht hätten wir sogar rechtzeitig auf der anderen Seite des Dorfs hinaufklettern können. Der Optimismus der ersten Stunden war der Nervosität gewichen.

Wir gingen weiter, in größeren Abständen als üblich. Immer wieder hielten wir auch an, warfen uns auf den Boden und suchten nach der kleinsten Vertiefung und dem kleinsten Busch, um uns zu verstecken. Inzwischen tauchten die Berge aus der Dämmerung auf. Man konnte die Bäume,

Felsbrocken, Dornbüsche und natürlich die Kolonne bewaffneter Männer, die die Schlucht durchquerte, immer besser erkennen.

Der Anstieg war steil. Die Syrer, die ihre Munition nicht bei sich trugen, kletterten viel schneller als wir. Von oben knallten bereits vereinzelte Schüsse und Feuerstöße. Die Falken mussten den Kampf aufgenommen haben.

Als wir das Haus am Rande der Schlucht erreichten, hatten die Verbündeten bereits alle Räume besetzt. Ich beschloss, mich umzusehen, um die Situation einzuschätzen, aber vergeblich! Es war unmöglich, verständliche Informationen von den Syrern zu erhalten. Sie waren nicht imstande, irgendetwas zu erklären, nicht einmal durch Gesten. Die Unteroffiziere, die über die asphaltierte Straße gekommen waren, wussten noch weniger als ich, wo sich ihre Männer befanden. Und während ich weiter durch das Haus irrte, waren die Kommandanten der Falken auf ihren Motorrädern in Richtung Dorf entschwunden. Die Soldaten waren nun ohne Vorgesetzte und auf sich allein gestellt.

Ein Scharfschütze schoss von einer unbekannten Position aus auf uns und hatte bereits einen Syrer erschossen. Wir mussten ihn unbedingt ausschalten. Zodschy rückte mit einer kleinen Gruppe von drei Männern bis zur Moschee vor und durchquerte in einem Zug das offene Gelände, wo gerade ein weiterer syrischer Soldat am Bein verwundet worden war. Die anderen verharrten in Deckung.

Das Haus am Rande der Schlucht war geräumig, zweistöckig erbaut und besaß einige Nebengebäude. Die Verbündeten, die sich im Erdgeschoss einquartiert hatten, hatten reichlich Zeit gehabt, alles zu erbeuten, was herumlag. Im ersten Stock versuchten Moriak (»der Seemann«) und der leichtfüßige Bjely (»der Weiße«), den Scharfschützen zu lokalisieren. Der Rest der Späher hatte sich zwischen zwei Nebengebäuden versammelt. Jeder stellte seine Vermutungen über die Position des Schützen an. Die von den Verbündeten angegebene Richtung schien nicht zu stimmen.

Er schoss weiter aus seinem unentdeckten Versteck heraus. Moriak meldete, dass er auf dem Bergkamm, der zum Dorf führte, eine Bewegung wahrgenommen habe. Er eröffnete mit seinem SVD[18] das Feuer auf die schwarzen Gestalten, die sporadisch zwischen den Felsen auftauchten. Die Entfernung war zu groß, um ihn mit den Maschinengewehren zu unterstützen, und die anderen zogen es vor, Munition zu sparen – der Tag hatte gerade erst begonnen, wir würden sie noch brauchen.

Nach uns kletterten Ratnik und seine Truppe den Berg hinauf. Für sie, die kugelsichere Westen trugen, war der Anstieg schwieriger als für meine Späher. Sie legten die Westen auch bei ihren mobilen Einsätzen, bei denen es auf Beweglichkeit und Schnelligkeit ankommt, nie ab.

Während ihres Aufstiegs erhielten die Panzer, die die Offensive unterstützen sollten, den Befehl, das Feuer zu eröffnen. Sie befanden sich in geschützten Stellungen auf der anderen Seite der Schlucht, und ihre automatischen Geschütze feuerten auf den Kamm der nahe gelegenen Anhöhe.

Die Syrer, die sich in den Häusern am Rande des Dorfes niedergelassen hatten, waren nicht weiter vorgerückt. Das war verständlich, denn ihre Anführer hatten sie im Stich ge-

18 *Snajperskaja Vintovka Dragounova*, ein russisches
Scharfschützengewehr, entworfen von Jewgeni Dragunow in den
Sechzigerjahren.

lassen. Es gab niemanden mehr, der ihnen den Befehl zum Vorrücken hätte geben können. Sie hatten ihre knappen Munitionsvorräte durch wahllose Angriffe auf die Anhöhen verschleudert und mussten bereits zwei Verwundete und einen Toten in ihren Reihen beklagen. Es war nicht mehr damit zu rechnen, dass sie sich an der Offensive beteiligen würden.

Um zu Zodschy zu gelangen, durchquerte ich mit angehaltenem Atem das Gebiet, das der Scharfschütze abdeckte. Ich rannte auf das Betonfundament einer langen Mauer zu. Als ich sie fast erreicht hatte, hörte ich plötzlich das laute Knallen eines einzelnen Schusses, der zu laut für eine automatische Waffe war. Ich holte Schwung, ging in die Knie und rollte mich zusammengekrümmt über den Boden, um die letzten Meter zu bewältigen. Wenn man den Schuss hört, ist es für akrobatische Einlagen eigentlich schon zu spät, aber egal. Ohne Zeit zu verlieren, kroch ich auf allen vieren an der Mauer entlang. Ich war in Sicherheit und betrat das Haus, in dem Zodschy auf mich wartete.

In der Zwischenzeit hatten Ratnik und seine Gruppe ihren Aufstieg beendet, eine kurze Verschnaufpause eingelegt und sich dann in Richtung des Hauses neben der Moschee begeben. Wie wir später erfahren sollten, hatte sich in dieser Gegend eine Einheit iranischer Freiwilliger niedergelassen. Ihr Kriegseifer war stärker als jener der syrischen Falken.

Am Haus angekommen, wies Ratnik seinen Soldaten Positionen zu und erklärte, wie es weiterging: »Solange die Syrer sich nicht bewegen, werden wir uns selbst schützen. Niemand macht auch nur einen Schritt weiter als sie.«

Die syrischen Söldner waren derweil mehr damit beschäftigt, in den leeren Häusern nach Wertsachen zu suchen, als ihren Auftrag zu erfüllen. Die Bewohner waren offensichtlich

138

fluchtartig abgereist. Zur Freude der Falken gab es genug, um sich die Taschen zu füllen. Für uns waren diese Alltagsgegenstände nicht interessant. Als jedoch in einem der Räume ein Tresor gefunden wurde, war die Versuchung unwiderstehlich. Zolotoi, Experte für gepanzerte Dinge, meldete sich freiwillig und machte sich an die Arbeit. Ein Schuss mit einem Maschinengewehr ins Schlüsselloch brachte nichts, also wandte Zolotoi eine gröbere Methode an: Er ließ eine Handgranate unter dem Tresor explodieren. Doch die Enttäuschung war groß. In einem Bündel von Notizen und Formularen befanden sich nur 700 Syrische Lira. Für den Besitzer waren diese Dokumente sicher wertvoll, aber für uns russische Söldner war es nur wertloses Papier.

Die Minuten und Stunden vergingen zäh. Das vergebliche Warten darauf, dass die *Sadiqs* zur Tat schritten, wurde immer ermüdender. Ratnik erkundigte sich oft über Funk bei der Kommandozentrale nach Neuigkeiten. Die anderen, die auf mehrere Gebäude verteilt waren, schlugen die Zeit mit wüsten Diskussionen tot. Über Dinge, die manchmal überhaupt nichts mit dem Krieg zu tun hatten.

Wir fanden Wasser, was uns gerade recht kam, denn unsere Vorräte waren erschöpft. Der Aufstieg und die sengende Sonne hatten unsere Körper ausgetrocknet. Wir waren ständig durstig. Nun konnten wir Essen zubereiten und Kaffee kochen, indem wir unsere spärlichen Lebensmittelvorräte teilten.

Während wir aßen und uns unterhielten, behielt Ratnik die Späher und Wachen im Auge. Er konnte die Stimmung mit Witzen und ironischen Bemerkungen zwar auflockern, hatte aber trotzdem die Lage immer im Blick und vergaß keinen Moment, dass er sich im Krieg befand.

Schon in den ersten Tagen, nachdem wir uns kennengelernt hatten, erkannte ich, wie glücklich ich mich schätzen konnte: Ich stand unter dem Kommando eines erfahrenen, unerschrockenen Offiziers, der alle Vorzüge eines guten Kommandanten besaß. Ratnik war Absolvent des Militärinstituts und hatte in Tschetschenien bei den GRU-Spezialkräften »seine Ausbildung« absolviert, bevor er sich den Reihen der Söldner anschloss. Er verfügte über ein phänomenales militärisches Wissen, das er bei Einsätzen anzuwenden wusste. Selbst als Neuling erkannte ich in ihm sofort einen erstklassigen Berufssoldaten.

Was unterscheidet einen echten Kommandanten von einem Dilettanten? Der unerfahrene Anführer wird, wenn ihm mitgeteilt wird, dass sich der Feind nähert oder seine Männer vorrücken, seine Untergebenen anweisen, ihm die Richtung mit einer einzigen Handbewegung anzugeben. Wenn er eine Einheit in einen anderen Sektor verlegen muss, wird er seinen Männern nur zeigen, welche Fahrzeuge auf sie warten. Und ein Kampfbefehl sieht für ihn in etwa so aus: »Leute, wir nehmen diese Brücke ein. Auf zum Angriff, hurra!« Ein solcher Kommandant ist weder in der Lage, die Situation vollständig zu erfassen, noch kann er seiner Artillerie die Koordinaten des Ziels nennen. Seine Männer hingegen sind zu einer unkontrollierbaren Horde mutiert. Sie stürmen zur Brücke, geraten unter Beschuss und kehren unter gewaltigen Verlusten zurück. Zuweilen kommt es vor, dass sie sich sogar gegenseitig erschießen.

Ein Profi hingegen verlangt von Anfang an, dass man ihm den Ort auf der Karte zeigt. Er berechnet selbst die Position und verteilt die Soldaten auf die Fahrzeuge. In seinen Anweisungen ist festgelegt, wer wohin zu gehen hat, wo die

Grenzen liegen, in welche Richtung es gehen soll und wie die Vorgehensweise ist. Er tut alles dafür, dass jeder sein Ziel kennt und nicht am falschen Ort landet.

Ratnik stürzte sich nicht kopfüber in einen Angriff oder lieferte sich wilde Verfolgungsjagden. Er sicherte Offensiven durch den Beschuss aus schweren Waffen ab und behielt stets die Kontrolle über die Situation. Während des Kampfes suchte er sich einen Platz, von dem aus er die gesamte Lage überblicken konnte. Er war körperlich robust, konnte schwere Lasten tragen und legte, wenn es die Umstände erforderten, mit seinen Männern große Entfernungen zu Fuß zurück.

Mit einem Mann zusammenzuarbeiten, der seinen Realitätssinn nicht von seinem Kriegseifer überschatten ließ, war für mich von unschätzbarem Wert. Dabei versuchte ich immer, mich von seiner Abgeklärtheit inspirieren zu lassen. Kluges Kämpfen lernt man nur, wenn man einem guten Beispiel folgt. Seit dem Abzug aus Talla wollte ich unter seinem Kommando stehen.

Ich nahm einige Späher mit und machte mich auf den Weg zur Moschee. Das Innere war von den Kämpfen verwüstet. Eine dicke Schicht aus Putz, Steinsplittern und Glasscherben bedeckte den Boden. Die Wände waren von Granatsplittern verunstaltet und die Fenster rußgeschwärzt. Doch all diese Zerstörungen hatten der majestätischen Schönheit dieses geistlichen Gebäudes nichts anhaben können. Als ich im Inneren war, überfiel mich eine große Beklommenheit. Trotz allem fühlte ich mich als Moslem. Ganz so, als wäre es mir durch meine aus Baschkirien stammenden Vorfahren in die Wiege gelegt worden, die ihren Glauben an die Größe und Güte Allahs von Generation zu Generation weitergegeben hatten. Der Krieg hatte diese Moschee gezeichnet, und das machte mich krank. Plötzlich wurde mir an diesem heiligen Ort völlig unerwartet und auf ergreifende Weise das ganze Elend und die Schäbigkeit dessen bewusst, was in Syrien vor sich ging. Einem Land, wo die Konfliktparteien brutal gegeneinander kämpften, um sich Teile des Volksvermögens zu sichern: Macht, Öl, Gas, geopolitischer Einfluss oder auch ein paar bescheidene Besitztümer, für die ihre Landsleute so hart gearbeitet hatten. Ich hielt es für viel ehrlicher, ein Söldner zu sein als ein Pseudopatriot, ein Verteidiger nationaler Interessen, ein Rebell gegen ein »blutiges Regime« oder ein »Eiferer« für mehr soziale Gerechtigkeit. Diese blieb immer nur leeres Geschwätz, egal, was behauptet wurde.

Draußen amüsierte sich eine kleine Gruppe von *Sadiqs*, die zufällig anwesend waren. Abwechselnd feuerten sie eine Salve in Richtung des Feindes ab. Diese absurde Demonstration von Tapferkeit endete, als einer der Angeber, der sein Magazin fast leer geschossen hatte, zusammenbrach. Als seine Kameraden ihn in den Schutz der Hofmauern gezogen hatten, war er bereits tot. Der Scharfschütze der *Duchi* hatte ruhig auf sein Opfer gewartet, sich alle Zeit der Welt zum Zielen gelassen und ihn dann mit einer einzigen Kugel erledigt.

Plötzlich war das Brüllen einer Lenkrakete aus den Stellungen des Feindes zu hören. Sekunden später verwandelte eine Explosion den wuchtigen Pick-up mit dem großkalibrigen Maschinengewehr in einen unförmigen Haufen Metall. Die Syrer hatten einfach beschlossen, ihr Fahrzeug nicht in Sicherheit zu bringen, da sie davon ausgingen, dass die Soldaten der Freien Armee sich um andere Dinge kümmerten. Wann würden diese Vollidioten endlich lernen, ernsthaft Krieg zu führen? Waren in den fünf Jahren des Kriegs etwa alle vernünftigen Syrer getötet worden?

Am Ende des Tages war klar, dass die Falken den Angriff nicht starten würden. Es gab also keinen Grund für uns, hierzubleiben. Wenn die *Duchi*, die jeden Stein in diesem Labyrinth aus Gebäuden kannten, im Schutze der Nacht vorrückten, würden viele von uns den nächsten Sonnenaufgang nicht mehr erleben. Offensichtlich hatte das Kommando nur die Vorwärtsbewegung geplant und nicht daran gedacht, wie es weitergehen sollte, weshalb für unsere Gruppe weder Munitionsnachschub noch die Evakuierung von Verwundeten vorgesehen waren.

Daher fasste Ratnik einen Entschluss: »Sobald es dunkler wird, steigen wir wieder in die Schlucht hinab.« Dafür gab es einen guten Grund. Die gesamte Bewaffnung, die wir an unseren Ausgangspositionen zurückgelassen hatten, war auf das Dorf gerichtet und sicherte unseren Rückzug ab. Außerdem blieben die Falken und die Iraner zurück. So abscheulich das klingt: Sie konnten uns als Ablenkung dienen.

Unser Vorankommen war so geplant, dass die Dunkelheit der Schlucht uns etwa bis zur Hälfte der Strecke verbarg. Dann mussten wir einen anderen Weg finden. Durch Dornengestrüpp, das sich an unserer Kleidung verfing, tasteten wir uns inmitten der Felsvorsprünge voran. Mehrmals mussten wir umkehren, da der Weg, dem wir folgten, in einer Sackgasse endete.

Nach einem langen und riskanten Abstieg in der zunehmenden Dunkelheit, übersät mit Kratzern und mit schmerzenden Knöcheln, näherten wir uns unserem Ausgangspunkt vom Morgen. Am Ende der Schlucht legten wir eine kurze Rast ein. Es konnte jedoch gefährlich sein, zu lange an einer Stelle zu verweilen. So machten wir uns auf den Rückweg, ohne uns wirklich ausgeruht zu haben.

Ratnik schimpfte auf seine erschöpften und hungrigen Soldaten. Der letzte Anstieg war hart. Am Ende ihrer Kräfte und voller Wut pfiffen die Jungs buchstäblich aus allen Löchern. Sie waren kurz davor, vor Verzweiflung zu schreien.

Dann kam es zu einem unangenehmen Zwischenfall. Taiga, ein einfacher Soldat, schrie plötzlich: »Bewegt euch!« Ich fuhr ihm sofort über den Mund und erinnerte ihn daran, dass die Truppe einem Kommandanten unterstand. Aber mehrere Jungs unterstützten ihn und schleuderten ihren Hass all »diesen Offizieren« entgegen, denen es nicht gelang, Einsätze vernünftig zu planen.

Ich war wie erstarrt. Meine Männer, die von ihrem Groll auf die Kommandanten mitgerissen wurden, hatten völlig vergessen, dass der Feind nah war und uns jederzeit angreifen konnte. Wir waren ungeschützt und verwundbar. So schnell wie möglich mussten wir diesen Hang verlassen, um unser Leben zu retten. In solchen Situationen muss man sich überwinden und weitergehen, koste es, was es wolle. Ohne mich auf unnötige Belehrungen einzulassen, gab ich den Marschbefehl. Den Rest des Weges, bis wir außer Reichweite der gegnerischen Maschinengewehre waren, erinnerte ich meine Männer wieder und wieder an die Gefahr. Trotzdem mussten wir immer häufiger Pausen einlegen, da die Jungs völlig erschöpft waren und ohne etwas Ruhe einfach nicht hätten weitergehen können.

Es war bereits dunkel, als wir unsere Unterkunft erreichten. Das letzte Stück des Wegs hatten wir mit dem KamAZ zurückgelegt. Er hatte dort auf uns gewartet, wo wir ihn am frühen Morgen zurückgelassen hatten. Das Ausladen dauerte eine Ewigkeit. Alle waren angeschlagen und nutzten die wenigen verbleibenden Kräfte. Zu viel davon hatten sie an diesem langen und anstrengenden Tag sinnlos vergeudet.

Eine letzte Nachricht gab uns den Rest: Artjomka Tma war bei der Explosion einer Splittergranate aus einer automatischen Kanone getötet worden. Es war ein zum Schreien dummer Vorfall. Der Artillerist hatte gegen elementare Sicherheitsregeln verstoßen. Bei einer Störung muss das Kanonenrohr senkrecht gestellt und das Begleitfahrzeug zurückgesetzt werden. Doch er war nur ein paar Meter zurückgefahren und hatte das Rohr nicht angehoben, bevor er ausstieg, um zu sehen, warum nichts passierte. Plötzlich ging der Schuss los und beförderte die Granate in eine niedrige Flugbahn. Kurz darauf schlug sie in ein Haus aus Stahlbeton ein und explodierte. Tma stand genau daneben, und sein Schädel wurde von einem Splitter zerschmettert. Es war ein ebenso tragisches wie simples Ereignis, das aber nicht in die Logik des Kriegs zu passen schien: Alle, die beim Angriff dabei waren, kehrten lebend zurück. Nur der Kerl, der am Ausgangspunkt verharrte, war tot.

Der Tag, der sich so lange hingezogen und uns durch diese körperliche und emotionale Belastung völlig erschöpft hatte, ging endlich zu Ende. Für den tapferen Artjomka Tma war es der letzte gewesen. Doch für alle anderen war es nur eine von vielen absurden Begebenheiten, die dieser Krieg noch mit sich bringen sollte.

15

DIE EROBERUNG VON KINSABBA

Wir hatten ein vages Gefühl von Déjà-vu, als wir den vertrauten Weg hinab in die Schlucht nahmen. Es waren erst wenige Tage vergangen, seit wir zum ersten Mal versucht hatten, Kinsabba einzunehmen. Dieses Mal ließen wir die »Wüstenfalken« vorneweg gehen. Wir hatten uns entschieden, nicht den steilen Hang zu erklimmen, um den Gebirgskamm zu erreichen, sondern lieber die kurvenreiche Asphaltstraße zu nehmen.

Die erste Granate landete wenige Meter von der Fahrbahn entfernt in einem dornigen Gestrüpp. Von meinem Standpunkt aus konnte ich die Explosion perfekt beobachten. Ein mächtiger Donnerschlag begleitete den weißen Pilz.

Unsere Kolonne, die sich entlang des Hangs bis fast zu der Stelle zog, wo der Weg die Straße kreuzte, erstarrte. Wir warfen uns flach auf den Boden und versuchten zu begreifen, was das war. Eine Granate, die sich verirrt hatte? Ein unsichtbares Mörsergeschütz auf der Suche nach einem Ziel? Der zweiten Explosion ungefähr an der gleichen Stelle folgte eine dritte.

Es war offensichtlich: Die *Duchi* schossen entlang einer zuvor errechneten Linie, um die Angriffstruppen vom Zugang zur Straße abzuschneiden. Eine Frage blieb: Warum hatten sie das Feuer erst eröffnet, nachdem unsere Verbündeten ungehindert durchgekommen waren? Vielleicht hatte ihr Wachposten den Voraustrupp übersehen und gerade eben erst den Befehl zum Schießen erteilt. Oder war es ein Schuss ins Blaue, der Zufallstreffer landen sollte? Zum Rätselraten blieb keine Zeit. Die Kolonne war direkt in den Wirkungsbereich der Granaten marschiert.

Es gab zwei weitere Explosionen, und Ratnik rief mit heiserer Stimme: »Laufschritt Marsch!« Wir stürzten in Richtung Straße davon, um die Gefahrenzone so schnell wie möglich zu durchqueren. Dabei kamen wir ganz außer Atem, weil wir unsere schweren Waffen und die Munition mit uns herumschleppen mussten.

Ab und zu trafen wir auf kleine Gruppen von *Sadiqs*, die in die entgegengesetzte Richtung unterwegs waren. Das überraschte uns mittlerweile nicht mehr. Anfangs hatten wir angesichts solcher Szenen noch empört reagiert. Nach einer Reihe gemeinsamer Operationen im Gebirge um Latakia waren wir allerdings daran gewöhnt, dass die »Falken« oder »Tiger« sich zu Dutzenden von der Front zurückzogen, sobald sie die Lust zu kämpfen verloren.

Die Straße teilte sich, um rechts und links an einer hübschen kleinen Pagode vorbeizuführen, die heil geblieben war. Das eigentümlich geformte Ziegeldach leuchtete rot vor dem Hintergrund des felsigen Berghangs. Gott allein mochte wissen, wie sie in ein arabisches Land gekommen war, schien sie doch ihre Herkunft einer völlig fremden Kultur zu verdanken. Das Bauwerk wirkte exotisch und bot einen erfreulichen Anblick.

An der Gabelung mussten wir halten, um zu entscheiden, welche Richtung wir einschlagen sollten. Zodschy versuchte uns über Funk zu erklären, welchen Weg seine Einheit genommen hatte. Wir verstanden ihn schlecht und begriffen nur, dass wir uns an der Pagode rechts halten sollten. Dieses Mal war ich gemeinsam mit Ratnik Teil der Führungsgruppe. Ein paar Meter weiter teilte der Weg sich erneut. Welchen der drei Abzweige wir nehmen mussten, hatten wir Zodschys Beschreibung nicht entnehmen können.

Ratnik beklagte die Unfähigkeit der Aufklärer, uns eine brauchbare Wegbeschreibung zu liefern. Ich zuckte mit den Schultern. Was konnte ich dafür? Kein Söldner wäre je so gut wie die Absolventen einer Militärakademie. Da halfen auch sorgfältige Vorbereitung und intensives Training nicht viel. Angehende Offiziere lernten von Anfang an, präzise Lageberichte anzufertigen. Man brachte ihnen den Wortschatz und alle Wendungen bei, die notwendig waren, um eine Situation vollständig zu beschreiben. Einfachen Wehrpflichtigen erklärte niemand, wie das geht. Deshalb waren selbst die besten Jungs, die sich den Söldnern anschlossen, nicht in der Lage, einen exakten Bericht zu liefern.

Wir zögerten kurz und beschlossen dann, durch den kleinen Garten zu gehen, der sich an die Pagode anschloss. Dann wandten wir uns dem Gipfel zu. Die Baumkronen boten uns Deckung. Hinter zahlreichen Vorsprüngen und Vertiefungen fanden wir nötigenfalls Schutz vor Kugeln.

Als wir oben waren, konnten wir die Umgebung überblicken. Schnell fanden wir die richtige Richtung. Etwa eine Stunde später trafen wir wieder auf eine Gabelung. Dieses Mal wies uns aber ein Schild den Weg nach Kinsabba. Nicht weit entfernt von uns, es mögen etwa 500 Meter Luftlinie gewesen sein, zeichneten sich schon die kleinen Häuser der Vorstadt ab. Überall waren Leute, und in der Nähe standen

Pick-ups. Es war unmöglich zu sagen, ob es sich um unsere Verbündeten oder um unsere Feinde handelte. Vorsichtshalber waren wir auf einen Kampf eingestellt.

Ratnik hatte über Funk mit dem russischen General gesprochen, der die Mission leitete, und erklärte nun: »Unsere Verbündeten sind in Kinsabba einmarschiert. Da keine Schüsse zu hören sind, gibt es hier wohl auch keine *Duchi* mehr.«

Wie immer in diesem Krieg hatte keiner der alliierten Kommandanten es für notwendig erachtet, die russischen Söldner über den Stand der Dinge zu informieren. Wir waren nicht auf dem Laufenden. Die syrischen Generäle betrachteten Infanterieeinheiten als Verfügungsmasse, die man nach Belieben in den Kampf schicken konnte, ohne sich weiter um ihre Sicherheit zu sorgen. Respekt hatten sie nur vor der russischen Luftwaffe und Artillerie, weil diese den Ausgang jeder Schlacht zu ihren Gunsten entscheiden konnten. Nachdem Bomben die gegnerischen Streitkräfte fast völlig aufgerieben hatten, blieb der Infanterie nur noch die Aufräumarbeit. Darüber hinaus bemühten sie sich nicht, ihre Kontingente mit den Söldnertruppen zu koordinieren. Ihnen war es völlig egal, wenn die Söldner von zuverlässigen Informationen abgeschnitten waren und bewaffneten Kräften der Gegenseite über den Weg liefen.

Ratnik beschloss, in die Stadt hineinzufahren. Zodschys Bericht zufolge wurden die Hügel um Kinsabba von libanesischen Islamisten kontrolliert, die zur Hisbollah gehörten. Zodschy hatte ebenfalls auf erhöhtem Gelände Posten bezogen und überwachte die Außenbezirke und die Straßen der Stadt.

Die Bewohner hatten das von Kämpfen zerstörte Kinsabba verlassen. Der Anblick wirkte bedrückend. Von den hübschen Bauten mit ihren Verzierungen aus Marmor waren nur Ruinen geblieben.

Die *Sadiqs* waren damit beschäftigt, die Häuser zu plündern. Weitere Einheiten der Regierungsarmee kamen an, und die Straßen füllten sich mit Männern in Tarnkleidung. Die syrischen Soldaten bildeten kleine Gruppen. Sie skandierten Siegesparolen und schwenkten dabei Fahnen. Immer mehr Autos tauchten auf. Journalisten mischten sich mit Kameras und Mikrofonen unter die Militärangehörigen. Sie begannen sofort damit, jeden zu interviewen, der ihnen zu nahe kam. Wer gefilmt wurde, warf sich mit seiner Waffe in Pose und schloss seinen Kommentar mit dem unvermeidlichen Appell ans Volk ab. Die Medienvertreter waren nie allein unterwegs. Sie wurden immer von einem syrischen Kommandanten begleitet. Der hielt das Gesicht in die Kamera und schwang heroische Reden. Man filmte ihn aus einer möglichst schmeichelhaften Perspektive und blendete dann über zu einem einfachen Soldaten, der vor Freude ganz außer sich zu sein schien.

Es war nicht einfach, sich einen Weg durch die jubelnde Menge zu bahnen. Wir suchten nach Positionen, die leicht zu verteidigen wären. Immerhin bestand die Möglichkeit, dass der Feind die Stadt nur verlassen hatte, um eine überraschende Gegenoffensive zu starten. Türkische Offiziere, die Einheiten der Freien Syrischen Armee kommandierten, griffen oft auf diese Strategie zurück. Außerdem mussten wir um jeden Preis den Kameras aus dem Weg gehen. Der Mythos, dass die syrischen Regierungstruppen allein handelten, sollte aufrechterhalten werden.

Die feierliche Atmosphäre wurde von einer Maschinengewehrsalve zerrissen. Ein zweites Gewehr folgte, und schließlich feuerten sämtliche Waffen für einen Salut, um den Sieg mit ungeheurem Getöse zu begehen. Inmitten dieser Kakofonie konnte man deutlich das mächtige Heulen einer Zenit hören, die ihre Munition vergeudete. Im selben Moment bemerkten wir eine Säule aus weißem Rauch, die zwischen den zerstörten Häusern auf der anderen Straßenseite aufstieg.

Es folgte eine Explosion. Das Feuer hielt ein paar Minuten an. Zu unserem Glück schien der Gegner anhand präziser Koordinaten auf ein zuvor festgelegtes Ziel zu schießen. Allerdings hatten sich Windrichtung und Temperatur geändert. Die Granaten gingen neben der Straße und den Gebäuden nieder, und niemand konnte die Zieleinstellung korrigieren.

Der Beschuss hatte die Stimmung ein wenig abgekühlt. Aber sobald keine Granaten mehr herunterkamen, sammelte sich die Menge erneut in den Straßen. Ohne Unterlass trafen Fahrzeuge ein, und überall gab es Staus. Der Freudentaumel der Syrer war uns gleichgültig. Nahe einer Straße, von der aus man ganz Kinsabba überblicken konnte, bezogen wir Stellung. Auf Ratniks Befehl hin bauten wir unsere schweren Maschinengewehre und die Raketenwerfer auf. Wir wollten sofort einsatzbereit sein. Außerdem schickte Ratnik mich zum Ortseingang, damit ich dort weitere schwere Waffen in Empfang nahm. Die Kämpfe und das Terrain hatten den alten GAZ ziemlich ramponiert. Er stöhnte und ächzte, als er die Steigung nahm. Nachdem er sich einen Weg durch die Menge gebahnt hatte, kam er am Treffpunkt an. Unverzüglich entluden wir die zusätzlichen Waffen und die Munition. Ich bat Ratnik um einen Pick-up, um Zodschys Aufklärungstruppe Essen und warme Kleidung zu bringen. Sie würden mitten im Februar eine kalte Nacht hoch im Gebirge verbringen müssen. Anstatt zu warten, wollte ich zu dem Fahrzeug stoßen, das ich per Funk angefordert hatte. Auch zu Fuß war es nicht einfach, einen Weg durch die Menge von *Sadiqs* zu finden. Als ich die Straße erreichte, sah ich Panzer, die sich langsam den Hügel hinaufschlängelten. Sie schienen vor Anstrengung zu brüllen, und ihre Ketten heulten. Eine gute Neuigkeit. Jemand hatte daran gedacht, unseren Verbündeten, die sich in der Stadt amüsierten, Verstärkung zu schicken. Wie die Panzer auf dem Weg zu ihren Stellungen durch die Menschenmenge auf der Straße kommen sollten, war mir allerdings schleierhaft. Den Syrern fiel es schwer, zu verstehen, warum es so wichtig war, die Zugangswege zur Front nicht zu blockieren. In ihrer Armee gab es keine Dienststelle, die für Kommunikation zuständig war. Gelegentlich verwandelten sich die syrischen Straßen deshalb in einen lärmenden Basar, wo sogar Teppichhändler ihre Waren feilboten. Sollten die *Duchi* ihren Gegenangriff ausgerechnet jetzt starten, dann würden Assads Truppen arg dezimiert. Bei einer Attacke konnte sich die Siegesfeier innerhalb von Sekunden in ein Blutbad verwandeln. Nichts wäre leichter, als ein paar Panzer mit Raketen in die Luft zu jagen. Um das zu begreifen, musste man wahrlich kein Stratege sein. Im Augenblick waren wir die einzigen Soldaten, die sich kampfbereit hielten.

Kinsabba war gefallen. Wir hatten aber zwei Männer verloren: den jungen Artjomka Tma und unseren Veteranen Tschub. Die *Sadiqs* feierten ausgelassen, ich aber spürte, wie die Leere in meinem Herzen wuchs. Der Preis für diesen Sieg war viel zu hoch ...

16

ZUSAMMENSTOSS MIT ISLAMISTEN

In der Provinz Hama gab es eine Ortschaft nicht weit von der Front. Wegen der Überfälle, die von verschiedenen bewaffneten Gruppen unaufhörlich verübt wurden, hatten die Bewohner sie verlassen. Schon bei den ersten Militäreinsätzen war sie verwüstet worden, und bei unserer Ankunft herrschte Totenstille. Die Nacht brach an, und unsere Kolonne strömte in die dunklen Straßen. Zur Kampfgruppe gehörte der Aufklärungstrupp. Zaliv hatte den Oberbefehl, und als Chef aller Aufklärer, die zu unserer Truppe gehörten, war Biker persönlich mit dabei. Vor ihrer Ankunft hier waren die Aufklärer in der Provinz al-Hasaka östlich des Euphrat ganz schön herumgekommen.

Dieses Gebiet war von der Kontrolle durch die Regierungstruppen nahezu abgeschnitten. Unsere Leute hatte man dorthin geschickt, um die Offensive der Einheiten zu unterstützen, die den örtlichen Scheichs unterstanden. Die wiederum hatten ausdauernd um Waffen und Munition gefeilscht. Als die Lieferung schließlich bei ihnen eingetroffen war, stellte sich aber heraus, dass es von einer kleinen Gruppe, von Schmugglern und desertierten Armeeangehörigen abgesehen, gar keine

Volksmiliz gab. Kampfeinheiten konnten die Scheichs nicht aufbieten. Jemand aus der Führungsetage des russischen Kontingents in Syrien hatte eine geistreiche Idee: Wir sollten die lokalen Stämme für eine globale Medienoperation anlocken. Als das Scheitern dieser geopolitischen List für alle offensichtlich war, wurden die Aufklärer eilig in die Provinz Hama verfrachtet. Dort hatte sich der dramatische erste Zusammenstoß mit den Streitkräften des Islamischen Staats abgespielt.

Die Söldnertruppe, die für diesen Einsatz vorgesehen war, bestand aus verschiedenen Einheiten. Zur ersten Kolonne gehörten Aufklärer, Schützen und Panzer. Sie rückten entlang der verlassenen Straßen bis zur Ruine einer alten Fabrik vor. Dieser Abschnitt unterstand einem General, der zu den föderalen Streitkräften gehörte, mit eigener Artillerie, einem Kommandotrupp und einem Zug Marineinfanteristen. Der General zeigte uns, wo wir hinmussten. Er befahl außerdem, dass ein Panzer einen der Hügel überwachen sollte, von denen die Stadt umgeben war. Ansonsten beschränkte er sich auf eine höchst knappe Erklärung: »Das da drüben ist der IS, und das da ist Al-Nusra. Bezieht Stellung, organisiert die Verteidigung, und morgen früh sehen wir dann weiter.« Baltik, Stabsoffizier und Söldnerveteran, wagte nicht, weitere Fragen zu stellen.

Wir luden eilig ab, weil wir die Fahrzeuge zurückbringen mussten, um den Rest der Gruppe abzuholen. An einem Ende des langgestreckten Fabrikgebäudes lagerten wir die Munition, am anderen unseren Proviant und die ganze Ausrüstung. Ein Panzer bezog an der genannten Stelle Position, der andere blieb in der Nähe der Ruine. Das Grad-Geschütz[19]

19 Das Grad ist ein Mehrfachraketenwerfersystem.

wurde vor dem letzten intakten Gebäude so aufgebaut, dass es die Stellung wechseln konnte, um in Richtung der beiden Ziele zu feuern, die der General uns genannt hatte. In einer Senke nicht weit davon ließen sich die Mörserschützen nieder. Wir stellten Wachposten auf und richteten uns mehr schlecht als recht für die Nacht ein. Wir brauchten die Ruhepause, um uns zu erholen.

Bei Anbruch der Dämmerung ging im Bereich der Fabrik eine mächtige Salve von Granaten nieder. Auch anderswo in der Stadt gab es Explosionen. Die *Duchi* nahmen uns von zwei Seiten gleichzeitig unter Trommelfeuer, um die in der Stadt stationierten Truppen vom Gros der anderen Streitkräfte abzuschneiden. Ein Kontrollpunkt der syrischen Armee stand im Mittelpunkt des Schusswechsels. In diesem Sektor ging eine Autobombe hoch. Das »Dschihad-Mobil« explodierte in einer gigantischen Säule aus Staub und Asche. Teile der Panzerung wurden nach allen Seiten davongeschleudert. Ein zweites mit Sprengstoff vollgestopftes Auto raste in die entstandene Bresche. Es versuchte, die Umfassungsmauer des Fabrikgeländes zu erreichen, wo wir uns befanden. Im allgemeinen Chaos hatte niemand versucht, es zu stoppen. Der Fahrer im Pick-up der Panzerabwehrschützen hatte dem ganzen Durcheinander zum Trotz die Motorhaube des präparierten Fahrzeugs erkannt, das zwischen den Spurrillen auf und ab hüpfte. Er zögerte nicht und trat das Gaspedal durch. Dann warf er sich aus der Tür. Die Massenträgheit trieb das Fahrzeug weiter. Der vordere Teil des Fahrgestells überwand das, was von der Betoneinfassung übrig war. Schließlich blieb der Pick-up liegen und blockierte den Weg vollständig. Die Explosion löste eine Druckwelle aus, und als der Fahrer versuchte, sich in Sicherheit zu bringen, wurde er von ihr erfasst. Im hohen Bogen flog er durch die Luft und landete schließlich in einem Bombentrichter. Die Islamisten, die sich auf uns stürzten, wurden von den föderalen Streitkräften und der Hisbollah unter Feuer genommen und gestoppt. Der russische General verließ seinen Posten und konzentrierte sich vollständig auf die Marineinfanterie. Darüber vergaß er alle anderen. Allerdings bewies er Mut, indem er die Verteidigung des Zugs organisierte und den ersten Angriff des Gegners von seiner Position aus zurückschlug.

Biker begriff rasch, dass er vom General keine Order zu erwarten hatte. Jeder war in Sachen Verteidigung auf sich selbst gestellt. Während Baltik so aussah, als würde er gleich in Panik ausbrechen, behielt Biker die Fassung und ordnete den Rückzug an. Bei einem Hügel nahe der Fabrik sollten wir uns neu formieren. Baltik schlug vor, innerhalb der Stadt zu kämpfen, aber der Chef des Aufklärungstrupps erteilte ihm sofort eine Abfuhr:

»Wir sind für den Häuserkampf nicht gerüstet. Sie würden uns plattmachen, eine Gruppe nach der anderen.«

Biker rief nach Zaliv und begab sich im Laufschritt zu den Schützen. Diese waren gerade dabei, das Grad-Geschütz durch eine Bresche in der Umfassungsmauer zu schieben, die das Fabrikgelände einschloss. Die Panzerfahrer baten Biker um die Erlaubnis, einen zweiten Panzer auf das Plateau zu bringen, wo sich schon der T-90 befand.

»Wozu?« Biker begriff nicht.

»Weil wir den, der oben ist, runterbekommen müssen.« Die Batterie war leer. Der General hatte befohlen, die Gegend mit dem Nachtsichtgerät zu überwachen. Allerdings ohne laufenden Motor.

Der mutige, hoch dekorierte Herr General hatte in der Militärakademie wohl nicht aufgepasst, als Nachtsichtgeräte behandelt worden waren. Sie brauchten viel Strom und konnten die Batterie innerhalb weniger Stunden leeren. Die Besatzung des Panzers hatte sich strikt an ihre Befehle gehalten und gehorsam die Umgebung beobachtet. Jetzt war die Batterie erschöpft. Als der zweite Panzer eintraf, nahmen die *Duchi* uns mit ihren Zenits sofort von allen Seiten unter Beschuss. Die Panzerbesatzung ging hinter einer Brüstung in Deckung. Es war nicht mehr möglich, den Panzer abzuschleppen und in das Tal zu bringen. Wir kamen nicht an das Fahrzeug heran, weil uns die Splittergranaten der *Duchi* daran hinderten. Der Fahrer des zweiten Panzers fuhr zurück zum Fuß des Bergs. Staubwolken stiegen auf, als unser Grad-Geschütz zum Leben erwachte und in Richtung des Feindes feuerte. Der Lärm war ohrenbetäubend.

Unterdessen führten die Söldner Bikers Befehl aus und bezogen an erhöhten Punkten Stellung. Sie hatten mitgenommen, was sie retten konnten. Der Panzer, die Mörser, die Panzerabwehrraketen. Alles war einsatzbereit. Gleichzeitig richtete der Aufklärungstrupp die Verteidigungspositionen ein. Der knappe Austausch mit Kommandanten der anderen Divisionen bestätigte, dass wir keine Verluste zu beklagen hatten. Alle waren am Leben geblieben. Abgesehen vom Fahrer des Pick-ups, der eine starke Gehirnerschütterung erlitten hatte, gab es auch keine Verletzten. Biker und Zaliv klapperten die Stellungen ab, um Befehle zu erteilen. Dabei trafen sie unerwartet auf eine Gruppe von einfachen Soldaten aus dem Libanon, die von ihren Kommandanten zurückgelassen worden waren. Ohne zu zögern, ordneten sie sich dem russischen Kommando unter. Anschließend kümmerte sich Biker um das Problem mit dem Panzer, der auf dem Hügel festsaß. Das brandneue russische Fahrzeug konnten wir den *Duchi* auf keinen Fall überlassen. Schlimmstenfalls müssten wir es in die Luft jagen. Die Panzerabwehrbatterie wurde rasch auf den Hügel ausgerichtet. Kaum war das Ziel im Visier, brüllte der Schütze:

»Verdammt, der Geschützturm ist voller *Duchi*!«

»Mach mir diesen Panzer unschädlich!«, rief Biker.

Das erste Geschoss flog davon, und es gab einen beeindruckenden Knall. Die Rakete hatte einen direkten Treffer gelandet. Allerdings waren selbst mit dem Fernglas keine Schäden auszumachen. Zweites Geschoss. Wieder mitten ins Schwarze, aber ohne Effekt. Die *Duchi* verteilten sich in einiger Entfernung vom Panzer, weil sie fürchteten, dass die Munition im Inneren des Fahrzeugs explodieren könnte. Vom Hügel aus ließ sich die Fabrik gut mit den Maschinengewehren abdecken. Es gelang uns, die Dschihadisten aus der Ruine zu vertreiben, ohne Munition zu verschwenden. Die *Duchi* versuchten uns über die andere Flanke anzugreifen, aber der Kugelhagel, mit dem wir sie eindeckten, war dicht genug, um sie aufzuhalten. Die Islamisten unternahmen im Laufe des Tages noch mehrere Versuche, zum Angriff überzugehen. Unter dem Druck der Allianz und der als Unterstützung hinzugezogenen Luftstreitkräfte verwandelten sich ihre Attacken in Rückzugsgefechte.

Die Schlacht war vorüber. Erschöpfte Söldner schoben fluchend Unmengen von abgefeuerten Granaten beiseite. Sie trennten das, was noch brauchbar war, vom Schrott. Gott sei Dank, alle waren am Leben. Dem Kugelhagel der Maschinengewehre und dem Bombardement mit Granaten zum Trotz. Das war ein großer Erfolg. Wir nahmen den Panzer in Augenschein, dem wie durch ein Wunder nichts geschehen war. Der Anblick erfüllte uns mit Stolz auf die Militärindustrie unse-

res Landes. Der Geschützturm hatte natürlich Treffer abbekommen, aber sie waren unbedeutend: Risse im Kanonen-
verschluss, alles rußverschmiert, Löcher gab es keine. Eine
halbe Stunde später war die Batterie ausgetauscht. Unter Ju-
belrufen setzte sich der Panzer in Bewegung. Dank gemein-
schaftlicher Anstrengung konnte der Angriff abgeschmettert
werden. Jedenfalls war jetzt ein Zug Marineinfanteristen bei
den russischen Streitkräften, der eine wahre Feuertaufe bestanden hatte. Die Soldaten durften zu Hause mit Fug und
Recht von sich behaupten: »Wir haben wirklich gekämpft.«

17

DIE KOPEKE

Es war Anfang März 2016, im dritten Monat der Mission. Auf höchster Ebene, bei der syrischen Regierung und beim russischen Kommando, war schließlich die Entscheidung gefallen: Eine groß angelegte Militäroperation zur Befreiung Palmyras sollte durchgeführt werden. Eine der blühendsten Metropolen der antiken Welt, die einstige Perle des hurritischen Königreichs. Sie verdankte den Beinamen »Braut der Wüste« ihrer majestätischen Schönheit. Die Rückeroberung der symbolischen Stätte Palmyra vom Feind war für Assad Ehrensache. Für die Operation wurden die meisten Truppen der syrischen Armee und der örtlichen Privatmilizen, aber auch die russische Luftwaffe und Spezialeinheiten zusammengezogen. Die aus allen anderen Sektoren zurückbeorderten und neu gruppierten Söldner wurden ebenfalls vollzählig versammelt.

Wir mussten abseits der Verbündeten operieren, was uns sehr gelegen kam. Unsere früheren Erfahrungen mit den *Sadiqs* hatten uns gezeigt, dass wir nicht dieselben Werte teilten. In einer realen Schlacht würden sie uns die Arbeit eher erschweren. In unseren Reihen war jedem klar, vom einfachen Soldaten bis zum Oberbefehlshaber, dass wir es mit einem äußerst bedrohlichen Feind zu tun hatten. Das Rückgrat des IS bestand aus ehemaligen Berufssoldaten der irakischen Armee und eifrigen Fanatikern aus der ganzen Welt, die alle beträchtliche Kampferfahrung vorweisen konnten. Der sogenannte Islamische Staat verfügte über Panzer, militärische Artillerievorrichtungen, Standardmörser und schnelle Pick-ups mit Maschinengewehren. Außerdem kamen Granatwerfer, Schusswaffen und unerschöpfliche Munitionsvorräte zum Einsatz, die der IS von den Armeen im Irak und in Syrien erhalten hatte. Während des gesamten Kriegs versiegten die geheimen Versorgungskanäle nie. Sie erlaubten den Tausch von Waffen und Munition gegen Erdöl, das in den von den Dschihadisten besetzten Gebieten gefördert wurde. Die gesamte Bewaffnung der Dschihadisten stammte aus Militärlagern und war in Fabriken produziert worden. Im Gegensatz zu den syrischen Rebellen brauchten sie ihre Ausrüstung nicht selbst herzustellen.

Der IS hatte jahrelang die gesamte hügelige Ebene und darüber hinaus die Bergketten östlich von Homs kontrolliert. Er hatte die örtlichen Gegebenheiten optimal genutzt und sich gewissenhaft auf die Möglichkeit einer Belagerung vorbereitet. In die Felsen gegrabene Nischen und Tunnel, Gräben und Befestigungen aus Stahlbeton boten Menschen und Material ausreichend Schutz vor Luftangriffen und Beschuss. Die Kenntnis des Geländes verschaffte den Terroristen einen strategischen Vorteil, während der Fanatismus ihre defensiven Fähigkeiten stärkte.

An diesem Tag waren wir zum vereinbarten Zeitpunkt aufgebrochen. Unsere Aufgabe war es, die geplante Route für die Truppenbewegung auszukundschaften. Am Morgen ging ich nach einem kräftigen Frühstück, wie gewohnt mit Kaffee und Zigarette, zu meinen Aufklärern. Sie waren einsatzbereit und warteten darauf, in den KamAZ zu steigen. Ich winkte ihnen zu und ging zum Pick-up, den mir das Kommando nach langem Bitten und Flehen endlich zugestanden hatte. Die Fahrzeuge setzten sich hinter dem Panzerwagen in Bewegung und fuhren auf eine Bergkette zu, die am Horizont kaum zu erkennen war.

Der alte BTR-Panzerwagen hatte schon bessere Tage gesehen und kam nur langsam voran. Wir hatten Zeit, die Landschaften zu erkunden, die sich auf beiden Seiten erstreckten. Sie erinnerten mich an das Usbekistan meiner Kindheit, mit denselben menschenleeren Weiten und den blauen Konturen der Bergkämme in der Ferne. In meinen Erinnerungen kamen allerdings keine Checkpoints entlang der Straße und auch keine Kanonen oder schweren Maschinengewehre vor, die aus Befestigungen ragten.

Entlang der Frontstraße verlief eine Ölpipeline, und gelegentlich kamen wir an Pumpstationen vorbei. Wir befanden uns in einem Gebiet mit Ölfeldern, und im Kampf um deren Kontrolle war seit einigen Jahren viel Blut geflossen. Zum tausendsten Mal ging mir durch den Kopf, dass das Erdöl einer der Hauptgründe für diesen endlosen Krieg war. Das Erdöl, oder vielmehr der damit verbundene Profit, zog eine Vielzahl von Menschen an. Darunter waren Möchtegern-Abenteurer und schäbige Geschäftsleute. Die Großmächte hatten ebenfalls Interesse daran, aber sie versteckten ihre wahren Motive hinter Slogans über Demokratie und das Recht der Staaten auf Souveränität und Selbstbestimmung.

Jeder braucht Geld. Einige, um ihr Haus zu bauen, ihre Kinder großzuziehen und die Liebe ihrer Frauen zu festigen. Andere streben nach Macht sowie sinnlosen Reichtümern und wollen ihren niederen Instinkten freien Lauf lassen. Die einen verdienen ihr Brot im Schweiße ihres Angesichts und riskieren jeden Tag ihr Leben. Die Mächtigen, die sie ausbeuten, »schreiben Geschichte« in ihren bequemen, sicheren Büros.

Nach einer 40-minütigen Fahrt erreichten wir unser Ziel. Nachdem wir die Fahrzeuge versteckt hatten – der Feind war schließlich nur vier Kilometer entfernt –, setzten wir uns entlang der festgelegten Route in Bewegung. Die Frontlinie verlief nicht durchgehend. Während wir langsam hinter den Pionieren vorankamen, suchten wir die Umgebung ab. Wir versuchten, uns mit der unbekannten Gegend vertraut zu machen. Nach einer Kreuzung begann die Sperrzone. Fünfhundert Meter vor uns wurde die Straße durch einen Schützengraben unterbrochen. Dahinter erstreckten sich die Stellungen der *Duchi*. Die Aufklärer stoppten, riefen das Kommando an und warteten auf Befehle. Dann kam einer der Pioniere zu seinem Anführer und zeigte ihm, was er gefunden hatte.

Der Minendetektor hatte auf einen flachen und runden Gegenstand reagiert. Die Nahestehenden, die ihn begutachteten, konnten einen erstaunten Seufzer nicht unterdrücken: »Na so was!« Hätte uns der Pionier das Relikt einer in Vergessenheit geratenen Zivilisation gezeigt, wäre unser Erstaunen nicht größer gewesen: Er hielt eine sowjetische Zehn-Kopeken-Münze in der Hand, die 1957 geprägt worden war. Wahrscheinlich hatte sie ein Militärberater oder ein ziviler Experte bei einem Einsatz in Syrien zu Zeiten der UdSSR verloren. Und heute, viele Jahre später, hatte ein russischer Söldner sie gefunden. Die Bestimmung dieser Münze war es, nach Hause zurückzukehren.

Der Fund wurde minutenlang von Hand zu Hand weitergereicht. Die Jungs betrachteten die Münze, als hätten sie einen guten Freund wiedergefunden, den sie schon lange aus den Augen verloren hatten. Es war, als würde das Geldstück uns die guten Wünsche unserer Väter und Großväter übermitteln, die vor uns hier gestanden hatten. Die Kopeke schien zu strahlen und unsere unrasierten Gesichter zu beleuchten. Ja, Geld ist ein Monster, das die Seele verschlingt, aber manchmal kann es sie auch wärmen.

Plötzlich kam über Funk der Befehl zum Rückzug, und wir machten uns schnell auf den Rückweg. Zurück am Stützpunkt spürte ich sofort die Niedergeschlagenheit und den seltsamen Zorn, der alle Söldner erfasst hatte. Der Grund dafür war ein russischer Jagdbomber, der unerschrockene Yastreb (»Der Habicht«). Er war über unsere Stellungen geflogen und hatte eine Bombe abgeworfen, die nach Murphys Gesetz natürlich genau ins Schwarze getroffen hatte. Das Flugzeug war dann umgekehrt, um erneut zu attackieren. Der bei den Söldnern zuständige Fluglotse hatte vergeblich versucht, den Piloten zu erreichen. Er war zusammen mit anderen Söldnern umgekommen, als die Bombe explodierte. Ihre Überreste waren nicht einmal gefunden worden. Eine ganze Kolonne von Verletzten mit abgerissenen Gliedmaßen und heraushängenden Gedärmen war eilig evakuiert worden, in der Hoffnung, wenigstens einige von ihnen retten zu können. Die Söldner waren fest entschlossen, den Piloten in Stücke zu reißen. Sie stürmten in ihrer Wut den nahe gelegenen Luftwaffenstützpunkt Tiyas (T-4), auf dem ein russisches Luftwaffenkontingent stationiert war. Die Piloten distanzierten sich sofort von ihrem Kameraden und erklärten, dass er sicher dem Hauptstützpunkt Hmeimim unterstellt sei. In

Wirklichkeit hatte das Divisionskommando den Idioten in Sicherheit gebracht, außerhalb unserer Reichweite. Er blieb ungestraft. Vielleicht berichtet er gerade irgendwo in Russland von seinen Heldentaten am Himmel über Syrien.

18

EINE VERLORENE SCHLACHT

Im Frühjahr 2015 hatte der IS den größten Teil der Provinz Homs erobert und beanspruchte die alleinige Herrschaft darüber. Anschließend nutzten die Islamisten die nahe gelegene riesige Bergkette, um Palmyra mit einem dichten Verteidigungsnetz, bestehend aus Befestigungen, Minenfeldern und befahrbaren Straßen, zu umgeben. Auf diese Weise wollten sie sich gegen jeden Rückeroberungsversuch der syrischen Regierung schützen. Unser Ziel war es, die Verteidigung der *Duchi* zu durchbrechen und dann ihre Stellungen bis hin zur Straße nach Deir ez-Zor zu erobern. Die russischen Söldnerregimente waren bis zur Frontlinie vorgerückt und verharrten dort. Sie waren bereit, die Befestigungen der syrischen Armee zu durchbrechen und auf den Feind vorzurücken. Die Vorposten der *Sadiqs* liefen entlang einer natürlichen Grenze aus Hügeln. An deren Fuß befand sich ein verlassener Steinbruch, der mit Felsbrocken übersät war. Die Dschihadisten hatten genug Zeit gehabt, sich auf eine Offensive der Regierungstruppen vorzubereiten. Von ihrer erhöhten Position aus konnten sie alles überblicken. In der Wüste, wo die vorbeifahrenden Fahrzeuge dicke Staubwolken aufwirbelten, waren alle Bewegungen in der umliegenden Ebene sofort zu sehen.

Nach kurzem Artilleriebeschuss griffen die Alliierten zuerst an. Doch als sie die Ausläufer der Berge erreichten, wurden sie von Maschinengewehrsalven empfangen. Sie traten den Rückzug an, mussten jedoch einige Tote zurücklassen. Die Artillerie feuerte erneut los. Eine Gruppe von Söldnern versuchte nun vorzurücken, wurde aber durch schweres Gewehrfeuer und Granatenexplosionen gestoppt. Zum Rattern der Maschinengewehre hatte sich das Röhren einer feindlichen Zenit-Flugabwehrkanone gesellt. Die zu Hilfe gerufene Suchoi bombardierte die angegebene Stelle präzise, aber ohne Erfolg. Die schweren Maschinengewehre und die Zenits schienen immer noch aus dem Nichts zu feuern.

Die Söldner verfügten über keine modernen Ortungsgeräte, mit denen sie die feindlichen Verteidigungsstellungen hätten zerstören können. Das russische Kontingent in Syrien besaß solche Geräte natürlich, nutzte sie aber so gut wie nie für seine Einsätze. In der Armee herrscht die unsinnige Angewohnheit, jede neue und teure Ausrüstung zu schonen. Es gilt um jeden Preis zu vermeiden, dass sie versehentlich kaputt- oder im Kampf verloren geht, und so dem Zorn der Vorgesetzten zu entgehen. Seit jeher sind die russischen Generäle der Ansicht, dass das Leben eines Soldaten nichts wert ist, während man für die Ausrüstung zur Rechenschaft gezogen wird. Ich meinerseits wurde eine gewisse Nervosität nicht los. Die extreme Hektik des Regimentschefs, dem meine Aufklärungsgruppe unterstellt war, machte es mir fast unmöglich, seinen Ausführungen zu folgen. Ich musste ihn immer wieder an meine Anwesenheit erinnern, aber er war mit der Planung der Offensive beschäftigt. Er erfuhr erst im allerletzten Moment von unserem Einsatz und hatte keine Zeit für uns.

Der Kommandant der Angriffstruppen hatte sein eigenes, bewährtes Vorgehensmuster, das Aufklärer völlig ausschloss. Für uns einen Platz in seiner Formation zu finden und zu entscheiden, wann wir eingesetzt werden sollten, war für ihn nur ein weiteres Ärgernis. Ein Dutzend zusätzlicher, nur leicht bewaffneter Kämpfer, die für ganz andere Ziele ausgebildet waren, brachten ihm nicht viel. »Ihr könnt die zweite Staffel übernehmen«, entschied er schließlich, bevor er uns allein ließ. Gerassim, dem ich diesmal unterstellt war, sorgte plötzlich für zusätzliche Anspannung und Nervosität. Er empörte sich darüber, dass die Aufklärer wieder einmal eine Aufgabe erfüllen mussten, die weit von ihrer eigentlichen Spezialisierung entfernt war. Ich war seiner Meinung. Unsere eigentliche Aufgabe war es, Ziele und Routen zu erkunden. Koordinierte Angriffe in der zweiten Staffel eines unbekannten Regiments durchzuführen, konnte eine Menge Probleme mit sich bringen. Ich wusste aber auch, dass es keinen Sinn machte, kurz vor einem Angriff mit einem Vorgesetzten zu diskutieren. Er hätte uns möglicherweise verdächtigt, dem Kampf ausweichen zu wollen. Ich versprach, dass wir uns im Einsatz anpassen und bei Bedarf Unterstützung leisten würden. Ansonsten übernahmen wir unsere Rolle als Aufklärer. Das Ziel stand fest. Nun lag es an uns, es zu erreichen.

Wir waren in miserabler Stimmung, sollten wir doch die Stellungen des IS stürmen, ohne etwas darüber zu wissen. Außerdem mussten wir völlig ungeschützte Hänge hochlaufen, ohne eine einzige Böschung, die uns Schutz geboten hätte. Ein Mörser feuerte ununterbrochen von einer unbekannten Position aus, als ob er sich über uns lustig machen wollte. Jedes Mal, wenn eine Bombe vom Himmel fiel oder eine Granate explodierte, begann er, unsere Stellungen erneut zu beschießen.

Nach vergeblichen Versuchen, den Mörser aus der Luft und vom Boden aus verstummen zu lassen, holten die Syrer einen Panzer aus seinem Unterstand und eröffneten das Feuer auf alle umliegenden Anhöhen. Dabei wirbelten sie eine Säule aus Staub auf und veranstalteten ein ohrenbetäubendes Getöse. Doch der Panzer feuerte wahllos und versuchte nur intuitiv, die Position des Mörsers zu bestimmen. Es wirkte eher wie ein Akt der Verzweiflung als ein geplantes Vorgehen. Für die *Duchi* wäre es ein Kinderspiel gewesen, eine Panzerabwehrrakete auf den Panzer abzufeuern.

Max hat seine Drohne vorbereitet. Der Kommandant des Angriffsregiments staunte nicht schlecht, als er den Quadrocopter sah. Er hatte sich nicht einmal die Mühe gemacht, sich nach unserer Ausrüstung zu erkundigen. Die Daten, die unsere »Libelle« mitbrachte, gaben uns noch mehr zu denken. Auf dem Bildschirm des Laptops war deutlich zu erkennen, dass die durch unterirdische Gänge verbundenen Stellungen sowohl für einzelne Soldaten als auch für die Unterbringung verschiedener Arten von Waffen ausgelegt waren. Dunkle Gestalten bewegten sich in den Gräben. In den Stellungen konnten jederzeit die Maschinengewehre von Pick-ups oder sogar Panzer aufgestellt werden, die irgendwo in den Bergen versteckt waren. Niemand konnte mit Sicherheit sagen, über wie viele Kampffahrzeuge der IS in diesem Frontabschnitt verfügte. Ihre Verteidigung war sorgfältig organisiert. Diesen Abschnitt ohne weitere Vorbereitungen zu stürmen, erschien mir unvernünftig und übereilt.

Während wir herauszufinden versuchten, wie ihre Streitkräfte positioniert waren, vergaßen wir völlig, dass die *Duchi*
uns ebenfalls beobachteten und auf den richtigen Moment
für einen Gegenangriff warteten.

Die erste Explosion ereignete sich direkt vor der Felswand,
die den Söldnern als Schutz diente. Die zweite Explosion war
weit dahinter. Alle anderen zielten mitten in die Angriffstruppen. Die Soldaten, die nahe am Einschlagpunkt der Granaten
standen und unverletzt geblieben waren, trugen die Verwundeten und Toten in die Fahrzeuge und leisteten Erste Hilfe bei
denen, die noch atmeten. Die anderen erhielten den Befehl,
sich bis in den Steinbruch zurückzuziehen. Dort waren sie
von großen Granitblöcken geschützt.

Zum Zeitpunkt der Explosion befand ich mich auf dem
Kamm der Befestigungsanlage und beobachtete mit einem
Fernglas das Gelände vor mir. Ich spürte, wie etwas Hartes und
Schweres gegen meinen Helm schlug. Benommen rutschte
ich den Hang hinunter und kämpfte gegen Übelkeit und Ohn-
macht an. Schließlich stützte ich mich an ein Stück Mauer in
der Nähe eines Bunkers. Einige Minuten lang beobachtete ich,
was um mich herum geschah, aber alles schien weit weg zu
sein. Es gelang mir nicht, meine Gedanken zu ordnen. Max
kam mir zu Hilfe und hielt mir Riechsalz unter die Nase. Dann
gab ich meiner Gruppe den Befehl zum Rückzug. Eine weitere
Granate explodierte. Über das Walkie-Talkie hörte ich, dass
drei Aufklärer verletzt worden waren, zu meiner Beruhigung
jedoch nur leicht.

Nachdem der Schreck endgültig vorbei war, rief ich meinen Pick-up, um evakuiert zu werden. Der Beschuss ging weiter, die *Duchi* hatten alle ihre schweren Waffen im Einsatz.
Nach den Explosionen hörten wir das unheimliche Zischen

eines Düsentriebwerks und das Abfeuern von SPG-9-Granaten.

»Das ist keine Artillerie mit großer Reichweite, nicht einmal ein Granatwerfer, den man für Tiefschüsse verstecken kann. Sie sind irgendwo in der Nähe, aber wir können sie immer noch nicht ausmachen«, raunte mir Boot zu.

Wir hatten es gründlich verbockt.

Es hatte keine ordentliche Aufklärung gegeben, keinen klaren Schlachtplan. Wir hatten zu viele Männer an der Frontlinie konzentriert und bekamen nur, was wir verdient hatten. Das musste man anerkennen, auch wenn die Niederlage bitter war. Die erste Runde der Schlacht um Palmyra ging an die Dschihadisten.

19

AUF DEM WEG NACH PALMYRA

In der Umgebung von Palmyra wurde erbittert gekämpft. Die Dschihadisten klammerten sich mit aller Kraft an jeden einzelnen Hügel und taten ihr Bestes, um dem Vorstoß der russischen Söldner zu widerstehen. Der Islamische Staat war weder mit der Armee von Baschar al-Assad zu vergleichen noch mit der Freien Syrischen Armee oder selbst Al-Nusra. Dieser Gegner war stark, organisiert, diszipliniert und gut bewaffnet. Er war gnadenlos bis zum Sadismus und kannte keine Furcht vor dem Tod. Eine große Zahl von Männern war dem Ruf gefolgt und hatte sich dem Heiligen Krieg für das universelle Kalifat angeschlossen. Gemäß den Lehren dieser Ideologie mussten sie Ungläubige ohne Mitleid töten und jederzeit bereit sein, ihr eigenes Leben zu opfern. Sie griffen mutig und entschlossen an, aber ohne sich auf die Offensive zu versteifen. Zuerst warfen sie ihre Selbstmordattentäter ins Feuer. In die Defensive gedrängt, hörten sie auf, bevor sie ihre letzte Patrone verschossen hatten. Es machte ihnen nichts aus, sich zurückzuziehen. Wir mussten allerdings jederzeit mit einem Gegenangriff rechnen, der von mehreren Seiten gleichzeitig auf uns zukam.

Wir hatten unsere Position an der Front schon ziemlich lange gehalten. Die Sonne brannte auf uns herab. Wir wollten einen Stützpunkt der *Duchi* einnehmen, aber das Warten ging uns auf die Nerven und drohte, unsere Entschlossenheit zunichtezumachen. Der Befehl von Beethoven machte allen Diskussionen über das Wann und Wie ein Ende. Wir sollten unverzüglich und von beiden Seiten gleichzeitig angreifen. Ratnik und seine Leute würden von rechts kommen, Nikolas Truppe von links.

Um den Bergkamm zu erklimmen, bildeten die Sturmtruppen und die Aufklärer rasch eine Kolonne. Auf Ratniks Signal hin setzten sie sich in Bewegung. Die Granaten von Brity deckten jeden Meter, den wir gutmachten, und vertrieben die *Duchi* von der anderen Seite des Grats. Auf diese Weise wurde jeder ihrer Versuche, uns von der Seite her anzugreifen, vereitelt. Wir machten uns bereit für den Kampf. Die einen bekreuzigten sich, die anderen richteten ein Gebet an Allah, manche waren zufrieden damit, dem Feind Verwünschungen entgegenzuschleudern. Wir waren alle völlig verschieden, aber in diesem Augenblick waren wir eins, eine Bruderschaft.

Eine halbe Stunde später standen wir am Fuß des Gebirges. Wir begannen unverzüglich mit dem Aufstieg zu den Befestigungsanlagen des Feindes. Der Gipfel, den wir erreichen sollten, verschwand zeitweise hinter dem Rauch der Explosionen, die von Granaten aus den automatischen Geschützen verursacht wurden. Tschorny und Zet waren unten geblieben, um uns beim Aufstieg Deckung zu geben. Sie zielten genau und drängten die Verteidiger zurück in ihre Höhlen.

Kaum hatten wir den ersten Höhenzug erreicht, teilte Ratnik seine Kolonne. Links befanden sich seine Aufklärer, die Inostranets unterstanden, einem erfahrenen jungen

Mann. Meine Gruppe hielt sich rechts. Der Aufstieg war anstrengend. Es bestand außerdem das Risiko, eine Kugel abzubekommen oder auf eine Mine zu treten. Deshalb machten wir weite Schritte und gerieten außer Atem. Der Überlebensinstinkt macht sich durch Furcht bemerkbar. Wirklich niemand möchte getötet oder zum Krüppel geschossen werden. Wir ziehen in den Kampf und hoffen dabei, mit dem Leben davonzukommen und nicht verletzt zu werden. Angst und Anspannung erzeugen den unbändigen Wunsch, sich flach auf den Boden zu werfen, sich in einem Loch zu verkriechen und sich nicht mehr zu rühren. Die Pflicht, das festgelegte Ziel zu erreichen, kostet Überwindung. Man muss da hochkriechen, diese verdammte Festung einnehmen und alle töten, die sie verteidigen, ohne selbst getötet zu werden.

Auf halber Strecke warteten wir, bis die Nachzügler zu uns aufgeschlossen hatten. Wir trafen eine Entscheidung und ließen unsere kugelsicheren Westen zurück, weil ihr Gewicht eher hinderlich war. Ich verzichtete auch darauf, die Schützen für Maschinengewehr und Granatwerfer mitzunehmen. Von hier aus konnten sie den Rest des Berghangs und die 400 Meter unter Beschuss nehmen, die uns noch vom Gegner trennten.

Je näher du demjenigen kommst, der deinen Tod will, desto schärfer werden deine Sinne. Du suchst nach dem Feind, und dein Gehirn reagiert sofort auf das, was du siehst. Aber in den unzugänglichen Höhlen des Unbewussten lauert die Furcht. Die Vorstellung, dem Feind Auge in Auge gegenüberzustehen, bringt deinen Körper auf Hochtouren. Der Gegner kann dich nicht länger aus der Distanz erschießen, und sein Schlupfwinkel hat keinen Nutzen mehr für ihn. Wie ein Raubtier, das alle Muskeln anspannt, um sich auf seine

Beute zu stürzen, wirfst du dich in den Sturmangriff. Nichts macht dir mehr Angst, weder das Heulen der Kugeln, die über deinen Kopf hinwegfliegen, noch die Splitter, die sie von den Felsen schlagen und die gegen deine Beine prasseln.

Jetzt begann die kritische Phase des Angriffs. Wir erreichten den Gipfel und machten die *Duchi*, die in ihren vorbereiteten Verstecken hockten, unschädlich. Unsere Artillerie hatte einen lebensgefährlichen Job. Wir befanden uns in der Schusslinie und liefen Gefahr, getroffen zu werden. Inostranets kam die wohl schwierigste Aufgabe zu. Er musste die Befestigungsanlagen frontal angreifen und war dabei den Schüssen der *Duchi* direkt über ihm ausgesetzt. Lediglich ein paar unbedeutende Felsvorsprünge boten ihm Schutz. Die Männer, die zu meiner Einheit gehörten, hatten den Gipfel noch gar nicht erreicht, waren aber schon erschöpft. Das fand ich sehr ärgerlich. Den Druck durch mehr Feuerkraft zu erhöhen war unerlässlich. Ich hatte niemanden bei mir, der diese Aufgabe übernehmen konnte. Mir standen nur drei Männer und der Arzt Andriucha zur Verfügung. Er war von Anfang an derart erpicht darauf, endlich loszulegen, dass ich ihn mehrmals hatte anschreien müssen, um ihn zu bremsen.

Ich erreichte das Hochplateau, das sich vor den Ausläufern der Felsen ausbreitete. Unsere Schützen deckten es mit ihrem Feuer ein. Hinter einem großen Felsblock ging ich in Deckung, um mich zu orientieren. Meine Jungs hatten sich ein wenig weiter auf der linken Seite verkrochen. Ich betrachtete die Kieselsteine, die vor mir lagen. Von meiner Position aus konnte ich einen Teil der internen Kommunikationsanlagen erkennen, die zur befestigten Stellung des IS gehörten. Ich bemerkte eine Bewegung. Der Feind trug für den Wüsteneinsatz vorgesehene Tarnkleidung, die ihn mit dem felsigen Hintergrund verschmelzen ließ. Ich drückte den Abzug. Ein Schuss löste sich, dann eine Salve. Mir blieb gerade noch genug Zeit, um mich wieder hinter meinem Felsen zu verstecken. Mein linker Fuß ragte ein wenig aus der Deckung. Zwanzig Zentimeter davon entfernt ließen Projektile kleine Fontänen aus Kieselsteinen aufsteigen. Meine Beine zogen sich ganz von selbst aus der Schusslinie zurück. Die Schüsse kamen von der Seite. Ich schwenkte den Lauf meiner Waffe in diese Richtung und feuerte eine Salve ab. Die anderen schossen ebenfalls. Sie zielten auf einen Typen in Tarnkleidung, der sich dorthin bewegte, wo die Kugeln herkamen. Eine Mörsergranate traf die *Duchi*. Ihr folgte zwei Sekunden später noch eine weitere, nur wenige Schritte von meinem Felsen entfernt. Die stammten nicht von uns. Sicherlich eine ängstliche Attacke unserer Feinde. Rechts von mir warf sich Ioschik (»der Igel«) auf den Boden und stemmte den Kolben seines Sturmgewehrs gegen die Schulter. Seine Augen funkelten aufgeregt. Er lag ohne Deckung auf dem Felsplateau, kroch auf den Gegner zu und nahm ihn unter Beschuss.

Der Mut dieses Kämpfers, der zur Verstärkung mit dabei war, imponierte mir. Ich wandte mich um und schaute nach meinen Jungs. Keiner fehlte, sie waren alle gesund und munter. Ich fühlte mich seltsam heiter. Für die *Duchi* war die Sache gelaufen. Der Trupp auf der linken Seite würde den Job zu Ende bringen.

Bald hatten wir den Gipfel eingenommen. Nach einer Pause verteilten wir uns entlang der Frontlinie. Wir nahmen die Islamisten fröhlich unter Beschuss und zwangen sie mit kurzen Feuerstößen, sich hinter ihre Befestigungsanlagen zurückzuziehen. Jeder Versuch, einen Gegenschlag

176

zu unternehmen, wurde durch Sperrfeuer im Keim erstickt. Die Dschihadisten konnten nichts mehr tun. Wir waren zu nahe, und mit gezielten Treffern schossen wir ihre Verteidigung zu Klump. Wir hatten sie festgenagelt und konnten uns noch weiter nähern, um ihnen eine Granate zu verpassen. In diesem Moment bemerkten wir einen Pick-up, der zum IS auf der anderen Seite des Grats gehörte. Anscheinend waren die *Duchi* damit beschäftigt, ihre Verwundeten zu evakuieren, vielleicht bekamen sie aber auch Verstärkung. Gerassim übernahm den Platz am Maschinengewehr und feuerte mit dem Petscheneg ein paar kurze Salven ab. Kleine Geysire aus Sand stoben um das Allradfahrzeug herum auf und bewiesen, wie gut er trotz der Entfernung gezielt hatte. Die Insassen sprangen heraus und rannten in alle Richtungen davon.

In der Zwischenzeit war auch die Sturmtruppe, die sich links gehalten hatte und Nikolas Befehl unterstand, auf dem Gipfel angekommen. Die Söldner nahmen die *Duchi* aus drei Richtungen in die Zange. Sie konnten sich also nicht länger in ihrer uneinnehmbaren Festung verschanzen und machten sich aus dem Staub.

Das war der Augenblick der Wahrheit. Von meiner Position aus konnte ich gut beobachten, wie die bärtigen Männer flohen. Sie ließen ihre Waffen fallen, ihre Bomben und alles, was sie dabei behindert hätte, so viel Abstand wie möglich zwischen sich und die russischen Kugeln zu bringen. Sobald sie offenes Gelände erreichten, fielen sie im Feuer des Aufklärungstrupps. Trotz der Entfernung zielten die Söldner genau, und sie waren gnadenlos. Dass sie einen mühsamen Aufstieg und ein anstrengendes Gefecht hinter sich hatten, hinderte sie nicht. Die *Duchi* durchquerten einzeln, in gleichmäßigen Abständen und ohne Deckung den Bereich.

Es wirkte beinahe, als wollten sie uns ausdrücklich dazu ermuntern, an ihnen Rache zu nehmen. Man sah die Silhouette eines Mannes zu Boden stürzen, der dann ein wenig weiter kroch. Sobald er sich nicht mehr rührte, tauchte ein neuer auf, dem dasselbe widerfuhr. So ging es endlos weiter.

Die Rollen waren vertauscht worden. Vorläufig befanden wir uns in Sicherheit, und jetzt waren wir die Raubtiere. Der Jagdeifer hatte uns gepackt. Vor uns lag die Kammlinie. Wir töteten diejenigen, die versuchten, sie zu erreichen. Dass der Gegner jetzt wehrlos war, hielt niemanden zurück. Die nervliche Anspannung, die sich während des Kampfes aufgebaut hatte, löste sich und forderte ihren Tribut.

Die Schlacht war vorbei. Die Söldner waren vom Kampf noch wie benebelt. Müde und mit schmerzenden Muskeln schickten sie sich an, die gegnerischen Stellungen zu überrennen, um Trophäen zu erbeuten. Sie durchsuchten die erkaltenden Leichen nach Dokumenten und elektronischen Geräten. Die Verteidiger des IS wurden noch im Tod mit wüsten Beschimpfungen bedacht und ihre Taschen geleert. Darüber hinaus mussten wir für den Fall eines Gegenangriffs die Verteidigung organisieren.

Ich stand nicht weit vom Gipfel entfernt und blickte zum Fuß des Bergs, wo die Wüste begann. Aus dieser Perspektive hoben sich Klüfte und Senken, die wir beim Aufstieg noch für eine gute Deckung gehalten hatten, deutlich vom Rest des Plateaus ab. Man konnte tatsächlich alles genau sehen. Wären wir nicht mit der vollen Schlagkraft unserer Waffen gegen sie vorgerückt, hätten die *Duchi* uns ganz einfach abgeknallt wie Hasen. Die Wüste mit den Ausläufern des Gebirges wirkte auf einmal surreal. Möglicherweise lag das an meiner körperlichen Erschöpfung und den Nachwirkungen des Adrenalins. Das Panorama sah aus wie in einem Traum. Maschinen bewegten sich und glichen dabei bizarren Kreaturen, die sich ihren Weg durch die Landschaft bahnten.

Ich war wirklich völlig fertig. Das Knie tat mir weh. Ich hätte am liebsten die Augen für eine halbe Stunde zugemacht und mich ausgeruht. Das ging natürlich nicht, denn ich hatte zu tun. Obwohl er ein erfahrener und kompetenter Soldat war, enthob mich Gerassims Anwesenheit nicht meiner Pflichten als Kommandant. Verdammt, dieses Land laugte mich vollkommen aus!

Meine Erschöpfung war nicht nur körperlich bedingt – mir setzten auch die Auseinandersetzungen mit meinen Untergebenen zu. Diese führten sich manchmal schlimmer auf als launische Kinder. Dazu kam der schwierige Umgang mit meinen Vorgesetzten. Sie konnten beispielsweise vergessen, warum sie überhaupt eine Aufklärungstruppe zusammengestellt hatten, und wussten plötzlich nicht mehr, was sie damit anstellen sollten. Der Hauptgrund für meine moralische Erschöpfung war aber, dass meine Kameraden und ich in diesem Land für ein korruptes Regime kämpften, das von der eigenen Bevölkerung verachtet wurde. Wir unterstützten die unfähigen Streitkräfte eines Volkes, das seine Souveränität verloren hatte. Das war mir bewusst. Für mich war der Krieg nicht bloß ein Job. Ich musste wissen, auf welcher Seite ich stand und welche Werte ich dabei verteidigte. Ich wollte für die gerechte Sache kämpfen. Es passte mir nicht, im Dienst von Dreckskerlen andere Dreckskerle plattzumachen, selbst wenn letztere noch grausamer und unmenschlicher waren als die erstgenannten. All das machte mir zu schaffen.

Während mein Aufklärungstrupp damit beschäftigt war, die Stellungen zu sichern, versuchte ich, auf andere Gedanken zu kommen. Also zog ich los und schaute mir das eroberte Terrain genauer an. Für den Bau der befestigten Stellung war das zutage tretende Felsgestein ausgehöhlt worden. Leichen lagen in allen Felsnischen und Löchern. Einige *Duchi* waren bereits beim Feuergefecht umgekommen, andere erst später beim Beschuss mit Granaten. Hinter der ersten Linie, auf den Hängen jenseits des Grats, waren die Nischen und die schmalen Felsterrassen ebenfalls mit Leichen übersät. Überall lagen Patronenhülsen, Waffen und Munition. Ich stieg etwa zehn Meter tiefer hinunter. Neben einem bärtigen Mann, der offenbar soeben seinen Verletzungen erlegen war, blieb ich stehen. Er hatte keine Explosionswaffen bei sich und lag mit dem Rücken auf einer Kamelhaardecke. Die Leichenstarre hatte noch nicht eingesetzt. Ich konnte nicht sagen, woran er gestorben war, weil er keine sichtbaren Verletzungen aufwies. Als ich genug gesehen hatte, drehte ich mich um. Da bemerkte ich eine Reihe brandneuer Rucksäcke, die jemand unter einem Vorsprung deponiert hatte. Sie waren mit Felstrümmern bedeckt, und vom Gipfel aus konnte man sie nicht erkennen. Senkrecht an die Felswand gelehnt stand ein automatisches Gewehr, daneben ein Granatwerfer. Aufs Geratewohl griff ich mir einen Rucksack und öffnete ihn. Darin steckte eine komplette Dschihadistenuniform, die noch in Folie eingepackt war. Vor dem Aufstieg war mein eigener Rucksack kaputtgegangen. Für meine Zwecke würde der hier reichen. Mist aus China, aber egal. Jetzt hatte ich außerdem ein kleines Souvenir. Einer der Soldaten von Nikola kam vorbei. Ihm drückte ich ebenfalls einen Rucksack in die Hand. Danach stieg ich wieder nach oben zu meinen Männern. Das automatische Gewehr nahm ich mit. Es war funktionstüchtig, und auch fünf volle Magazine würden uns sicher von Nutzen sein. Ein oder zwei Kilometer entfernt befand sich die Stellung der *Duchi*, die wir morgen einnehmen würden. Aber jetzt erwachte dort ein großkalibriges Maschinengewehr zum Leben. Zeit, in Deckung zu gehen.

Gerassim erwartete mich zusammen mit dem Aufklärungstrupp:

»Altai und Varyag [»der Waräger«] sind noch einmal dort runtergegangen, wo wir die erschossen haben, die abhauen wollten. Anscheinend gibt es einen Überlebenden, aber der ist schwer verwundet. Ob es sich lohnt, ihn hierher zurückzubringen?«

Während er mit mir sprach, nahm er neugierig das Gewehr in Augenschein, das ich mitgebracht hatte.

»Eher nicht. Er wird auf jeden Fall krepieren.«

Man konnte ihm hier auf dem Gipfel nicht die Hilfe angedeihen lassen, die er brauchte. Es gab bei mir auch niemanden, der ihn bis ganz nach unten hätte bringen können, weil wir selbst alle am Limit waren.

Gerassim nickte zustimmend und übermittelte den Befehl per Funk:

»Altai. Lass ihn, wo er ist.«

Kurze Zeit später ertönte in der Ferne ein Schuss. Der Söldner hatte seinem Feind eine letzte Gnade erwiesen. Altai und Varyag kamen bald bei uns an. Zu unserer großen Freude hatten sie jede Menge Essen dabei. Das Versteck der *Duchi* unten war voll mit Proviant. Die Jungs schleppten stapelweise Plastikdosen voller gefüllter Weinblätter an. Wir waren allesamt erschöpft und ausgehungert. Niemand würde am Essen herummäkeln. Dass die *Duchi* ihren Proviant vergiftet hatten, hielten wir für ausgeschlossen. Wir hatten sie überrascht, und sie hatten keineswegs vorgehabt, ihre Stellung aufzugeben. Bald traf ein Versorgungstrupp ein. Er brachte Wasser, Proviant und Munition.

Ratnik teilte uns über Funk mit, dass Beethoven höchstpersönlich hier an der befestigten Stellung auftauchen würde, um sich uns anzuschließen. Die Erstürmung des Gipfels war nur die erste Etappe einer groß angelegten Operation. Wir mussten noch eine Bergkette überwinden, erst dann wären wir am Ziel: Palmyra. Der Feind war immer noch stark und begierig auf den Kampf. Er war weit davon entfernt, sich geschlagen zu geben. Unten, wo sich unsere Ausrüstung befand, explodierte ein Geschoss. Eine dicke Wolke hob sich träge, dann noch eine. Die Fahrzeuge brachen unverzüglich auf, um sich hinter die Front zurückzuziehen. Als sie sich außer Reichweite der feindlichen Artillerie brachten, folgten ihnen Schleier aus Staub.

20

WIR HABEN'S GESCHAFFT!

Wir verbrachten die Nacht zwischen den Gipfeln eines Bergrückens zehn Kilometer nördlich von Palmyra. Unmittelbar
nach Sonnenuntergang begann ein eisiger Wind zu wehen,
der gegen unsere schweren Rucksäcke mit der Ausrüstung
drückte. Das Warten auf die Morgendämmerung war sehr
unangenehm. Oben auf den Felsklippen machte uns der
Wind zu schaffen. Wir hatten weder Zelte noch einen Ofen,
um uns aufzuwärmen. Die einzige Möglichkeit war, sich mit
einem ordentlichen Anorak zuzudecken und von Zeit zu Zeit
aufzustehen, um sich durch körperliche Bewegung warm zu
halten.

Am Vortag hatte Beethoven seine beiden Sturmtruppen
mit den Aufklärern vereinigt, die auf dem Kamm stationiert
waren. Das nächste Ziel stand fest: »Wir überqueren den Grat
und gehen auf der anderen Seite runter, um die Offensive auf
Palmyra abzusichern.« Dieser Schritt war berechtigt, aber
wir konnten niemanden zurücklassen, um die Stellungen zu
bewachen, die wir den *Duchi* abgenommen hatten. Dadurch
hätten wir unsere Kampftruppen viel zu weit auseinander-
gezogen. Wir brauchten jedoch Rückendeckung, um gefahr-
los zur zweiten Kampflinie vorrücken zu können, welche die
Straße nach Damaskus kontrollierte.

Wir zählten auf die Hilfe der *Sadiqs*, und Ratnik erklärte sich sogar bereit, ihnen mehrere mit schweren Waffen ausgestattete Brigaden an die Seite zu stellen. Die soeben eingetroffene Einheit war 200 Mann stark. Anstatt mit ihren Chefs Stellung zu beziehen, nahmen sie lieber Selfies mit gefallenen Dschihadisten auf und posierten vor den Kameras der Journalisten. So viel Dreistigkeit machte uns sprachlos. Bilder von sich mit toten Feinden waren den Syrern nicht genug. Sie fielen über die starren Leichen her, traktierten sie mit Fußtritten und hackten mit ihren Bajonetten auf sie ein. Sie schlangen ein Seil um den Hals eines toten Gegners und schleiften ihn über die Felsen. Offenbar beabsichtigten sie, ihm den Kopf abzutrennen. Die Syrer waren außer Rand und Band. Wir hatten bald genug von ihren Exzessen und jagten sie ohne viel Federlesens davon. Verärgert traten sie den Rückzug an und dachten gar nicht daran, die Stellungen zu sichern, die wir Russen für sie erobert hatten.

Wir mussten uns wohl oder übel an die neue Situation anpassen. Also verstärkten wir die Verteidigung unseres Stützpunkts mit einem Angriffstrupp. Das Eisen soll man schmieden, solange es heiß ist. Wir konnten nicht warten, bis die *Sadiqs* es sich anders überlegten. So schnell wie möglich mussten wir den nächsten Grat einnehmen.

Schließlich brach der neue Tag an. Der Wind hatte sich gelegt, und die Sonne beleuchtete das Tal, das zwischen zwei Bergmassiven aufgespannt war. Wir schlangen eilig ein paar Konserven aus unserem Proviant hinunter, schulterten die Rucksäcke mit der Ausrüstung, prüften noch einmal die Marschroute und machten uns schließlich an den Abstieg ins Tal. Beide Kolonnen vereinigten sich bald zu einer einzigen und kamen gemeinsam am Fuß des zweiten Bergrückens an. Wir machten kurz Pause und setzten uns, um zu rauchen und über dieses oder jenes zu palavern. Der Weg schlängelte sich in Kehren zwischen den Klippen nach oben. Wir vermieden es tunlichst, darüber nachzudenken, was uns am Ende des beschwerlichen Aufstiegs erwartete. Ratnik rief uns ein letztes Mal die Marschordnung in Erinnerung.

In diesem Krieg fanden wir uns jeden Tag in derselben Situation wieder. Hatten wir Glück, konnten uns unsere syrischen Verbündeten wenigstens verraten, in welcher Richtung der Feind zu finden war. Mehr erfuhren wir meist aber nicht. Wir hatten weder die Möglichkeit noch genügend Zeit, unsere eigene Aufklärung einzusetzen. An die Vereinbarung waren die russischen Söldner trotzdem gebunden.

Der Aufstieg dauerte nicht lange. Am Fuß des Bergs ließen wir unsere Rucksäcke zurück. Wir teilten uns in drei Kolonnen auf und stiegen nach oben. Auf Widerstand stießen wir dabei nicht. Auf der anderen Seite erstreckte sich die Wüste und verlor sich in der Ferne. Mitten hindurch führte eine Autobahn, die sich deutlich vor dem Hintergrund der leblosen Einöde abhob. Links hing Dunst in der Luft. Man konnte die Gärten in den Außenbezirken von Palmyra erkennen. Wir richteten unsere Stellung ein und bewunderten das atemberaubende Panorama. Madrid bestimmte unseren Standort und übermittelte die Koordinaten an die Artillerie. Auf dem letzten Gipfel der Bergkette weiter im Norden explodierten schon die Granaten und wirbelten Staub auf. Am Himmel zogen Helikopter ihre Bahnen. Blitze zuckten, wenn sie Raketen auf die *Duchi* abschossen. Der Angriff auf die letzte Bastion des IS vor Palmyra wurde von Jakute angeführt. An der Flanke waren Ratniks Sturmtrupp und meine Aufklärer als Unterstützung dabei. Zuvor hatten wir die gegnerischen

Reservetruppen von jedem der Zugangswege abgeschnitten, die durch das Gebirgsmassiv verliefen. Die Dschihadisten verkrochen sich in ihren befestigten Stellungen. Sie waren gegen uns chancenlos.

Wir alle wussten, dass Palmyra bald in unseren Händen sein würde. Gütiger Himmel, die Söldner würden es erobern! Ein ganzes Jahr lang war es der syrischen Armee mit ihren Panzern, ihren Flugzeugen und ihrer Artillerie nicht gelungen, auch nur einen Meter vorzurücken und diesen Grat einzunehmen. Aber die russischen Söldner von Beethoven hatten es innerhalb von zwei Tagen und ohne Verluste geschafft, die befestigten Stellungen entlang der Hauptkampflinie zu erobern. Jetzt trafen sie an der nächsten Gefechtslinie ein und machten sich an den Abstieg. Sie waren ihr Geld wert und hatten ausgezeichnete Arbeit geleistet.

21

DIE VERLETZUNG

Im Krieg geschieht das Schlimmste immer dann, wenn der Feind geschlagen und der Sieg nahe zu sein scheint. Das Unterbewusstsein flüstert: »Entspann dich, alles ist in Ordnung. Die Feinde sind weg, mach dich locker und vergiss für einen Augenblick den Kampf.« Wer sich davon einlullen lässt, bekommt dafür die Quittung.

Die Aufklärer hatten beschlossen, die Straße unterhalb des Beobachtungspostens zu verminen. Als sie vom Berg heruntersteigen, kamen sie auf einem Pfad unter einer felsigen Erhebung vorbei. Dieser Bereich war aber nicht völlig sicher. Der Weg zwischen den Felsvorsprüngen mündete direkt in das Schussfeld eines Maschinengewehrs. Der Tag schien ruhig. Scharfschützen behielten die umliegenden Berge im Auge, konnten aber keine Bewegung ausmachen.

Den Dschihadisten war es jedoch gelungen, unbemerkt vorzurücken, und die Söldner liefen direkt in den Hinterhalt hinein, den sie gelegt hatten. Plötzlich tauchten die *Duchi* auf. Sie mähten die drei Aufklärer nieder, die an der Spitze gingen, und verletzten zwei weitere. Denen gelang es, sich zu wehren und hinter den Felsen in Deckung zu gehen. Die *Duchi* krabbelten den Berg hoch und eröffneten dabei das Feuer auf unseren Beobachtungsposten. Sie nagelten uns fest, und wir konnten praktisch nichts dagegen unternehmen. Jemand gab ihnen Feuerschutz, und die Dschihadisten näherten sich den drei Aufklärern, die zu Boden gegangen waren. An den Gurten ihrer Ausrüstung schleiften sie die Männer weg.

Ich war zum Stützpunkt in Tyias aufgebrochen, der nach der nahe gelegenen Pumpstation auch T-4 genannt wurde. Deshalb erfuhr ich erst später über Funk, dass ich Männer verloren hatte. Unser KamAZ verringerte das Tempo, um neben Männern zu halten, die den Bereich hinter uns sichern sollten. Ich sprang ab und erteilte dem näherkommenden Aufklärungstrupp Befehle. Dann rannte ich hinauf zu unserem Lager. Ich füllte die Magazine mit der Munition, die ich erbeutet hatte, und löcherte meine Männer mit Fragen. Ich wollte wissen, was passiert war. Die Chancen standen schlecht, aber noch gab es Hoffnung. Ich musste mich beeilen. Vielleicht hatten die *Duchi* bisher keine Zeit gehabt, ihre Gefangenen zu verschleppen, weil sie damit beschäftigt waren, unseren Schüssen auszuweichen. »Die kugelsichere Weste bleibt hier. Die ist viel zu schwer, um damit im Gebirge schnell voranzukommen.« – »Aber mein Helm. Wo ist mein Helm? Ach, egal.« – »Die Granaten? In den Taschen.« – »Auf ins Gefecht!«

Ich lief den Jungs über den Weg, die Gerassim abtransportierten. Er war Gott sei Dank am Leben, aber seine Verletzungen sahen schlimm aus. An der Stelle, wo die Aufklärer ihren Abstieg begonnen hatten, stolperte ich über Zaliv. Er lieferte einen konfusen Bericht ab, dem ich nur so viel entnehmen konnte, dass wir rein gar nichts über das Schicksal unserer gefangen genommenen Kameraden wussten. Ich folgte dem Lärm der Schüsse. Nahe bei den Felsen hatte Baikal seine Waffe an die Schulter gedrückt. Er feuerte verbissen und versuchte, ein feindliches Maschinengewehr zum Verstummen zu bringen. Auf der linken Seite hatte er eine Bewegung ausgemacht. Er zeigte mir, wo. Eine Gestalt bewegte sich verstohlen, und ich eröffnete das Feuer. Etwas weiter oben hielten sich Ratnik und seine Truppe ebenfalls bereit. Wir sollten vorrücken können. Mit etwas Glück waren unsere Jungs noch am Leben.

»Zaliv, du und deine Leute versucht, von links heranzukommen!«, schrie ich.

Baikal, Zloy (»der Bösewicht«), Skif (»der Skythe«) und ich gaben uns gegenseitig Deckung, als wir in das offene Gelände vordrangen.

Hinter einem Felsvorsprung entdeckten wir die Leiche des Schützen mit dem Maschinengewehr. Baikal hatte ihn erwischt. Ein Dutzend Schritte weiter stießen wir auf ein automatisches Gewehr und Munition. Ich hatte einen flüchtigen Schatten anvisiert und offenbar getroffen. Der Verwundete war den Hang hinuntergerannt und hatte alles stehen und liegen lassen. Wir stürmten vorwärts und brüllten die Namen unserer Kameraden: »Berthollet, Varyag, Altai!!!« Eine Salve schnitt uns den Weg ab. Der Bastard hatte uns gehört. Zum Glück war sein Schuss danebengegangen. Ich ging hinter einem Felsen in Deckung und warf eine Handgranate. Danach richtete ich noch ein paar kurze Salven auf den Unterschlupf des Dschihadisten. Andere Soldaten schleuderten ebenfalls Granaten dorthin.

Dann passierte etwas, an das ich mich noch oft erinnern sollte und das ich mir nie verzeihen werde. Ich zögerte nur einen Augenblick, nicht einmal zehn Sekunden. Die Folgen waren verheerend. Vier Soldaten, die hinter einem Felsen hockten und auf die Befehle ihres Kommandanten warteten, boten den Dschihadisten ein leichtes Ziel.

Ich hatte die Explosion nicht gehört. Ich begriff nicht, warum ich plötzlich auf dem Rücken lag, drei Meter entfernt von der Stelle, wo ich eben noch gewesen war. Rauch überall, meine Umgebung schien unwirklich. Es gelang mir, den Blick auf ein Objekt in meiner Nähe zu fokussieren. Es war ein großer Stein. In derselben Sekunde kam der Schmerz. Mein ganzer Körper tat weh. Die kleinste Bewegung bereitete mir höllische Qualen, selbst wenn ich nur Luft holen wollte. Um mich herum konnte ich nichts sehen. Von Zeit zu Zeit hörte ich aber meine Kameraden. Ihre Rufe schienen aus weiter Ferne zu kommen. Ich zwang mich, still liegen zu bleiben. Wenn ich mich nicht bewegte, war der Schmerz etwas erträglicher. Entsetzt begriff ich, wie hilflos ich war. Die Vorstellung, den Dschihadisten in die Hände zu fallen, drängte den Schmerz in den Hintergrund. Meine Kalaschnikow war in Reichweite. Es gelang mir, sie auf meinen Bauch zu heben. Das tat weh. Ich zielte zwischen meinen Füßen hindurch und feuerte einzelne Schüsse ins Nichts. Auf diese Weise konnte ich deutlich machen, dass ich am Leben war und durchaus in der Lage, mich zu verteidigen. Gleichzeitig befahl ich mir, dorthin zurückzukriechen, wo ich hergekommen war. Dort befanden sich auch die anderen. Sie würden gleich bei mir sein und mich retten. Ich schaffte es aber nicht einmal, mich aufzusetzen. Mein Körper gehorchte mir nicht mehr, und ich musste mich auf dem Rücken liegend über den Boden schieben. Alle Gedanken waren ausgelöscht. Es gab nur noch den Schmerz und den leidenschaftlichen Wunsch, zu meinen Leuten zurückzukommen.

Wie lange mochte diese Tortur gedauert haben? Mir kam es vor wie eine Ewigkeit. Jemand fühlte nach meinem Puls, befreite mich von der Ausrüstung und leistete Erste Hilfe.

Ich war nur noch ein verletzter Soldat und ließ alles über mich ergehen. Die Rufe meiner Kameraden und die Spritze mit dem Schmerzmittel brachten mich wieder zur Besinnung. Ratnik stand über mir. Er gab kurze Salven aus dem Maschinengewehr ab und brüllte denjenigen Befehle zu, die sich um die Verwundeten kümmerten. Schließlich gelang es mir, aufzustehen. Der Schmerz hielt unvermindert an, aber gestützt auf Taigas Schulter schaffte ich es, bis zu unserem Lager zu kommen. Er überließ mich der Obhut unseres Arztes und kehrte zu den anderen zurück. Die Schlacht war noch nicht vorbei. Andriucha untersuchte meine Verletzungen, verpasste mir noch eine Spritze und legte einen Verband an. Danach sorgte er dafür, dass ich als medizinischer Notfall fortgebracht werden konnte. Einer meiner Kameraden half mir dabei, bis zu dem Fahrzeug hinunterzukommen, das auf uns wartete. Sobald ich die ersten Schritte getan hatte, verlagerte sich der Schmerz in den unteren Teil meines Rumpfs. Es war, als würde ein Gewicht die Organe in meinem Unterbauch und im Becken derart heftig zusammendrücken, dass mir die Luft wegblieb. Ich konnte mich kaum bewegen. Für einen Moment kam mir zu Bewusstsein, dass man mich nicht zum Sterben zwischen den Felsen zurückgelassen, sondern gerettet hatte. Ich war bei meinen Leuten. Dann klappte ich wieder zusammen und war nicht mehr fähig, mich zu rühren. Ich atmete stoßweise und versuchte mit aller Kraft, auf die Beine zu kommen. Vergeblich. Mein Kamerad schaffte es irgendwie, mich zum Aufstehen zu bewegen. Der Schmerz war die Hölle, aber ich musste weiter. Da unten gab es ein Lazarett. Dort waren Ärzte … Und Natascha! Jawohl, Natascha wartete auf mich, und um ihretwillen musste ich jetzt einen Fuß vor den anderen setzen.

»Los, mach schon, kümmere dich um die Schwerverletzten. Ich kriege den Rest allein hin«, keuchte ich.

Ich machte noch einen Schritt auf das gepanzerte Fahrzeug zu, das am Fuß des Bergs parkte. Natascha wartete auf mich. Ich brauchte doch nur dort runterzulaufen. Ich musste überleben, und ich würde das auch schaffen!

22

KOMA

Völlig erschöpft setzte ich einen Fuß vor den anderen. Ich war am Ende meiner Kräfte. So erreichte ich ein kleines Gebäude, das als Eingang zu einem Bereich diente, der von einer hohen, fensterlosen Mauer umgeben war. Stumme Wächter standen davor. Als ich näher kam, sah ich, dass sie keine Gesichter hatten. Die Wachen traten beiseite und ließen mich passieren. Im nächsten Moment lief ich neben dem Oberhaupt eines Stammes her. Leibwächter schützten diesen Mann, und auch ich trug meine komplette Ausrüstung. Wir wanderten durch eine Abfolge endloser Flure, die von antiken handgefertigten Säulen flankiert wurden. An den Seiten erhoben sich Felswände, die in hohe Klippen ausliefen. Plötzlich tauchte vor uns eine Karawane auf. Riesige Elefanten schritten majestätisch einher, machten aber kein Geräusch dabei. Ihre Rücken waren mit Teppichen geschmückt. Sie trugen hübsch gestaltete Sänften, in denen der Stammesführer mit seinem Gefolge Platz fand. Ich lief vorneweg und behielt dabei die Umgebung aufmerksam im Auge. Aus meinem Gürtel wuchsen dicke, flexible Schläuche. Sie trugen Schuppen und erinnerten auch sonst an Schlangen. Mit ihrer Hilfe konnte ich jederzeit einen Verteidigungsring um mich bilden. Dahinter war ich in Sicherheit. Mein enormes automatisches Gewehr hielt ich schussbereit. Dann stand ich plötzlich einem Mann gegenüber, der mir bekannt vorkam. Die Abzeichen verrieten mir, dass es sich um einen sowjetischen General handelte. Ich fragte ihn, wie ich hierhergekommen sei und was ich hier solle. Der General überlegte einen Moment, dann sagte er: »Du bist an diesem Ort, weil du gerade stirbst. Du hast hier aber nichts verloren. Mach, dass du zu deinen Leuten kommst.«

Ich befand mich wieder in den endlosen Korridoren zwischen schnurgeraden Felswänden. Jetzt war ich aber nicht mehr Teil der Karawane und stand abseits. Ich schaute aus einiger Entfernung auf diese seltsame Prozession. Meine Ausrüstung war verschwunden, und ich konnte nicht einmal mehr den Arm heben, um mich an der Wand abzustützen. Die Knie gaben nach und ich sank zu Boden. Mich umgaben mystische, waffenstarrende Kreaturen, halb Mensch, halb Tier. Sie waren sehr stark und brachten mich auf Geheiß ihres Anführers fort. Das Ziel kannte ich nicht. Dann fand ich mich in einem Vehikel wieder, das von einem Propeller angetrieben wurde. Es handelte sich um eine Art Luftkissenfahrzeug, das die Grenze bewachte, hinter der sich die Armeen des Totenreichs sammelten. Die Besatzung suchte nach Eindringlingen. Ich war sowohl Pilot als auch Beobachter. Meine Ausrüstung bestand aus einem schweren Helm mit einem Sender und einem optischen Gerät, mit dem ich sehr weit sehen konnte. Ich erkannte Autos und Panzerfahrzeuge, die kreuz und quer in alle Richtungen fuhren. Je nach Fahrtrichtung änderte sich die Konfiguration der Fahrzeuge. War eine Kehrtwende nötig, drehte sich die Fahrerkabine um 180 Grad und glitt ein Stück zurück. Bei Bedarf erschienen aus dem Nichts Gelenkarme oder andere Ausrüstungsgegenstände, die Gott weiß welchem Zweck dienen mochten. Pick-ups transportierten auf ihrer Ladefläche Geschöpfe, die Maschinengewehre und Kalaschnikows in den Händen hielten. Sie sahen aus wie Urmenschen und waren alle mit einer altertümlichen Soldatentunika bekleidet. Ich fand sie abstoßend. Ihre Gesichter waren verzerrt vom Hass, die Gliedmaßen kurz und dick, der Körper bullig und die Schultern gebeugt. Trotzdem hatte ich keine Angst vor ihnen. In wildem, animalischem Zorn schlugen sie ständig aufeinander ein. Sie versuchten mit allen Mitteln, sich gegenseitig zu verstümmeln und umzubringen.

Der Anblick war mir zuwider. Ich wollte abhauen, aber das Luftkissenfahrzeug konnte die Grenze zum Reich der Toten nicht überwinden. Jedes Mal, wenn ich ihr zu nahe kam, drehte es wieder ab. Um gegen den Sog anzukämpfen, der das Fahrzeug gefangen hielt, fehlte mir die Kraft. Arme und Beine konnte ich nicht mehr bewegen, die Kontrolle über meinen Körper war mir entglitten. Der Helm presste meinen Schädel zusammen. Bohrende Schmerzen machen jeden Versuch zunichte, in die Welt zurückzukehren, wo Natascha, meine Mutter, mein Bruder und meine Freunde waren.

Dann befand ich mich in einem Raum. Bei mir waren zwei bärtige Soldaten mit breiten Schultern, die zur Armee der Toten gehörten. Sie drückten mich nieder, spreizten meine Arme und banden sie an eiserne Ringe. Diese waren in den Boden eingelassen, der aus Metall bestand. Über mir sah ich eine viereckige offene Luke. Sie gewährte den Blick auf einen Hubschrauber, der kurze Spieße aus Metall auf mich abfeuerte. Der Schreck fuhr mir in alle Glieder. Ich wollte mich in Sicherheit bringen, aber meine Arme waren festgebunden. Mit übermenschlicher Anstrengung gelang es mir schließlich, die Beine über den Kopf zu heben und nach hinten abzurollen. Ich war entwischt. Die bärtigen Männer waren außer sich vor Wut und setzten zur Verfolgung an, aber ich war schon weg. Grelles Licht blendete mich. Ich hatte wieder den Helm auf, und er saß fest. Ich schrie, ich flehte darum, von jemandem befreit zu werden, weil ich all das nicht mehr ertragen konnte. Ich wollte und konnte nicht länger ein Beobachtungsposten im Reich der Toten sein.

Dann fand ich mich auf einem harten Bett wieder. Der Raum war groß und hatte eine durchsichtige Decke. Um mich herum standen weitere Betten wie meines. Darin lagen verletzte Männer, die keine Arme und keine Beine mehr hatten. Sie jammerten und riefen um Hilfe. Da kam eine Gestalt in einer hellen Tracht. Sie erklärte, dass allein sie zu entscheiden hätte, was mit jedem von uns geschehen würde. Wir müssten ihr alle gehorchen. Sie fügte hinzu, dass nur die Lebenden hier wären. Tote dürften diesen Ort nicht betreten. Er sei außerdem von einem mächtigen Schutzschirm umgeben, den sie ohnehin nicht überwinden könnten. An der Tür nahm ich zahllose halb durchsichtige Schattenrisse wahr, die mich an Hologramme erinnerten. Sie schauten zu uns herein, aber sie mussten draußen bleiben. Ich begriff, dass es sich um die Seelen Verstorbener handelte, die bald als Soldaten im Totenreich wiederauferstehen würden.

Auf Geheiß der leuchtenden Gestalt unterzogen mich ihre Assistenten mehrfach seltsamen Prozeduren. Schonungslos wühlten sie in meinem Körper herum und rissen mir die Eingeweide heraus. Dann gossen sie eine azurblaue Flüssigkeit in mich hinein. Manchmal betrat eine größere Anzahl von Leuten in weißer Kleidung den Raum. Apostel, könnte man sagen. Sie schauten jedem von uns ins Gesicht und begannen, miteinander zu debattieren. Ihre Gesichter waren wie aus Wachs geschnitzt, ihre Züge nicht zu deuten. Nur die Lippen schienen sich zu bewegen. Bei einem ihrer Besuche verkündeten die Apostel, dass sie zu einer Einigung gelangt seien. Mit wem, das sagten sie allerdings nicht. Alle Anwesenden sollten aus dem Totenreich in die Welt der Lebenden zurückgebracht werden. Von diesem Tag an wurden die Leute im Raum einzeln in Kapseln gelegt und von hier fortgeschickt. Ich wartete und wartete, dass ich an die Reihe käme. Nichts geschah. Schließlich begriff ich, dass sich die Apostel in meinem Fall geirrt haben mussten. Nach einem langen Tauchgang in der Ewigkeit schlug ich die Augen auf. Mir war ungewöhnlich leicht ums Herz. Der Tod erschien mir nicht mehr so schrecklich zu sein. Ich würde die Entscheidung der allerhöchsten Instanz akzeptieren. Ich gab die Hoffnung auf, meine Angehörigen je wiederzusehen. Nur eine Bitte richtete ich an den obersten Richter. Er solle meine Mutter, Natascha und meine Tochter nicht im Stich lassen. Mehr verlangte ich nicht und rechnete mich schon zu den Toten.

Dann öffnete ich wieder einmal die Augen, aber alles um mich herum schien verändert. Die Linien des Gebäudes, die gläserne Decke, die Betten, der große Mann mit dem weißen Kittel und den klugen Augen, alles war schärfer. Er kam näher, schaute mir aufmerksam in die Augen, beugte sich über mich und sagte: »Morgen holen wir den Tubus aus deinem Hals, und dann kannst du wieder sprechen.« Allmählich erwachte ich aus dem Koma. Die Granate hatte mich nicht umgebracht, ich war am Leben. Ich sollte meine Familie bald wiedersehen und kam langsam auf die Beine. Zwei Monate musste ich noch im Krankenhaus verbringen und ebenso viele Operationen über mich ergehen lassen. Während des Frühlings waren die Ärzte mit den Granatsplittern beschäftigt, die aus meinem Muskelgewebe kamen. Das war ebenso schmerzhaft wie die Operationen. Die Nähte bluteten. Nach den ganzen chirurgischen Eingriffen war ich nicht imstande, aus eigener Kraft von meinem Rollstuhl aufzustehen, um mich auf das Krankenhausbett zu legen. Nach und nach kam ich zu Kräften. Meine Muskeln hatten wieder Spannung, und Natascha war immer bei mir. Als sie hörte, dass ich mich wieder in Russland befand und im Koma lag, kam sie so schnell wie möglich zu mir ins Krankenhaus. Sie wich nicht eine Sekunde lang von meiner Seite und benahm sich wie meine persönliche Krankenschwester. Sie gab mir zu essen, leerte die Beutel, in denen das Wundsekret aus meiner Bauchhöhle aufgefangen wurde, hielt mich bei Laune und war einfach nur da. Wenn ich einschlief, streichelte sie meinen Arm. Er war sehr dünn geworden. Nachdem ich das Bewusstsein wiedererlangt hatte, kam auch meine Tochter zu Besuch. Endlich hatten wir Gelegenheit, uns in Ruhe auszusprechen, um alle Schwierigkeiten aus der Welt zu schaffen, die unsere Beziehung belasteten. Während sie meinen Rollstuhl schob, vertraute ich ihr an, was ich dachte und fühlte. Nach einer kleinen Pause war die Reihe an ihr. Dann erzählte sie mir, was sie auf dem Herzen hatte, und zupfte meine Decke zurecht. Mein Leben war jetzt sehr ruhig und verlief in geregelten Bahnen.

Einige Tage nachdem ich die Intensivstation verlassen hatte, rief ich den Kommandanten meines Regiments am Militärinstitut an. Der Mann war als Held der Russischen Föderation ausgezeichnet worden und verkörperte für mich das Ideal des russischen Offiziers. Als er erfuhr, was mir passiert war, informierte er sofort meine Kameraden von früher, die in Moskau lebten. Der Reihe nach kamen sie, um mich zu besuchen. Aber nicht nur das. Sie halfen mir dabei, eine Therapie zu bekommen, die speziell auf meinen Fall zugeschnitten war. Waffenbrüder aus der »Kompanie«, die im selben Krankenhaus betreut wurden, besuchten mich ebenfalls. Sie hoben meine Moral und versorgten mich mit Neuigkeiten. Keiner von uns versank in Selbstmitleid oder verfluchte das Schicksal, weil er verstümmelt oder mit zerfetzten Eingeweiden hier gelandet war. Wir wussten sehr genau, dass so etwas zu den Bedingungen des Vertrags gehörte, den wir unterschrieben hatten. Sobald ich mich aus eigener Kraft mit meinem Rollstuhl fortbewegen konnte, suchte ich diejenigen von uns auf, die noch ans Bett gefesselt waren. Natascha half mir dabei, die zwei Stockwerke nach oben zu kommen, damit ich den Scharfschützen Mirny besuchen konnte. Im Umland von Palmyra hatte ich oft mit ihm zusammengearbeitet. Mirny war auf eine Mine getreten und hatte einen seiner Füße eingebüßt. Im Augenblick wartete er darauf, dass die tiefen Wunden heilten, die seine Beine verunstalteten. Er jammerte ebenso wenig wie wir und fand sich mit der Situation ab.

Ich würde wieder gesund werden, aber die Etappe, die vor mir lag, war langwierig und mühselig. Ich war nur zu gerne bereit, diesen Weg bis zum Ende zu gehen, und konnte es kaum erwarten, wieder als Söldner zu arbeiten. Ja, das war gefährlich, aber ein anderes Leben vermochte ich mir nicht vorzustellen.

23

DIE AUSZEICHNUNG

Ausbildungslager Krasnodar, Oktober 2016

In meiner Hand ruhte der Tapferkeitsorden[20]. Es handelte sich um ein schweres Kreuz aus Silber. Mit den Zähnen hatte ich es vom Boden eines Metallbechers geklaubt, der bis zum Rand mit Wodka gefüllt gewesen war. Den musste ich zuvor natürlich in einem Zug austrinken. Ich reichte den Orden an Ratnik weiter. Seit Kurzem unterstand ich seinem Kommando, was ihm das Recht gab, die Auszeichnung an das Revers meines SpezNaz-Anoraks zu heften.

Am Tisch, der ohne große Umstände gedeckt worden war, saßen fünf Söldner. Es gab Wurstscheiben auf Packpapier, Gläser mit eingelegten Gurken und eine ganze Batterie von Wodkaflaschen. Nachdem das Ritual, das zur Verleihung einer Auszeichnung gehört, vollzogen war, nahmen Madrid, Baikal, Passoch (»der Stab«), Bandit und ich die Glückwün-

---

20   Offizielle Auszeichnung des russischen Staats. Marat und seinen Kameraden wurde sie allerdings heimlich verliehen, nicht im prachtvollen Ambiente des Kreml. Der Orden beweist, dass zwischen der PMC und dem russischen Staat, der auf diese Weise seinen Dank für den Beitrag der Söldner zum Ausdruck bringt, eine Verbindung besteht.

sche unserer Kameraden entgegen, die sich im Raum versammelt hatten. Anschließend rissen wir ziemlich betrunken unsere derben Witze, die Außenstehende wahrscheinlich schockiert hätten, aber unter den Söldnern gang und gäbe waren. Unser freundschaftliches Gezänk wurde von brüllendem Gelächter begleitet, und die dünnen Sperrholzwände der Kaserne wackelten nur so. Die meisten von uns, die hier am Tisch saßen oder sich auf den Betten lümmelten, waren an die Verleihung von Orden gewöhnt, dennoch handelte es sich um einen bewegenden Moment, der sich gut anfühlte.

Militärische Auszeichnungen waren für jeden Profi selbst dann eine wichtige Angelegenheit, wenn es kein Geld dafür gab. Das mag seltsam erscheinen und verquer, aber so funktioniert das Gehirn eines Söldners nun einmal. Es ist nicht das Geld allein, das ihn antreibt. Er sucht Wertschätzung und braucht die Gewissheit, dass alles, was er für sein Land tut, gewürdigt wird. Es ist für die Söldner von Beethoven wichtig, bei einer großen Sache mitzumachen. Sie wissen, dass all ihre Mühen und jedes Opfer, das sie bringen, dazu beiträgt, die Macht und den Einfluss ihres Vaterlands zu stärken. Deshalb werden sie immer wieder auf das Schlachtfeld zurückkehren, selbst wenn sie den Winkel der Welt, aus dem sie stammen, bisweilen verfluchen mögen. Orden fördern die Selbstachtung von Söldnern, und jede Auszeichnung haben sie sich redlich verdient. Sie wird ihnen nicht einfach auf Befehl des Verteidigungsministeriums verliehen. Selbst wenn darin eine Spur von Hochmut liegen mag, so ist ihr Anspruch darauf völlig gerechtfertigt.

Viele von uns hatten beim Militär gedient und konnten den Wert einer Auszeichnung durchaus beurteilen. Wir wussten alle Bescheid über den florierenden Handel mit Orden und

Lametta. Bei einem privaten Militärunternehmen jedoch war der Kommandant ebenfalls ein Söldner. Er war den anderen Rechenschaft schuldig, selbst wenn diese einen niedrigeren Rang bekleiden mochten. Dann musste er erklären, warum jemandem ein Orden angeheftet worden war, obwohl derjenige gar nicht gekämpft hatte. Trotz alledem würde die Korruption auch bei den Söldnern bald einen Nährboden finden. Dies geschah mit dem Wissen der Chefs und unter den Augen des Sicherheitsdiensts.

Unsere kleine Party hatte den Höhepunkt überschritten, und nun kehrte Ruhe ein. Leute, die gut miteinander auskamen, bildeten kleine Gruppen. Wir redeten über alles Mögliche, auch über ausgesprochen private Angelegenheiten. Ratnik und Inostranets enthüllten Details der Schlacht, bei der ich verwundet und aus dem Rennen geworfen worden war. Der Schütze mit dem Maschinengewehr hatte Bedenken geäußert, die angegebene Position einzunehmen. Ratnik griff sich daraufhin das Petscheneg, um Inostranets, Madrid und den anderen, die mich schließlich retteten, Deckung zu geben. Inostranets zerrte Skif und mich aus der Schusslinie und riskierte dabei sein Leben. Er musste seinen Kopf einziehen, um den Kugeln auszuweichen, die kaum zwei Finger breit an ihm vorbeizischten, wie er sagte. Am nächsten Tag gelang es den *Duchi* mühelos, die syrischen Soldaten von dem Berggipfel zu vertreiben, den die Söldner für sie eingenommen hatten. Beim erneuten Angriff von der rückwärtigen Seite aus machten unsere Jungs aber Kleinholz aus den Dschihadisten und eroberten den Berg zurück. Später flanierten sie dann durch das antike Palmyra, das mir nicht aus dem Sinn gegangen war. Ich lauschte den Schilderungen meiner Waffenbrüder aufmerksam und fühlte, dass ich Teil dieser

Gemeinschaft, dieser Familie war. Höchst unterschiedliche Menschen gehörten ihr an. Der eine trug das Kreuz der orthodoxen Kirche am Hals, ein anderer war mit heidnischen Symbolen tätowiert, und wieder andere hatten den Koran oder die Thora dabei. Ohne diese Familie, ohne meine Kameraden, wäre ich jetzt nicht hier. Stattdessen würde meine Leiche irgendwo auf einem Bergrücken unweit von Palmyra verfaulen.

Die Erkenntnis traf mich wie ein Blitz. Diese Jungs hatten dem Tod nicht deshalb verächtlich ins Gesicht gelacht, weil es ihnen befohlen worden war. Sie gehorchten der inneren Stimme, die ihnen zurief, dass einer ihrer Waffenbrüder am Boden lag. In diesem Augenblick wurde mir bewusst, dass die »Bruderschaft der Söldner« kein Gerede war, sondern Realität, ein oft bewiesenes Faktum. Der Überlebensinstinkt lähmt den Willen und weckt den Wunsch, irgendwo in Deckung zu gehen. Unser Ehrenkodex verlangte dagegen, das eigene Leben aufs Spiel zu setzen, um das eines Kameraden zu retten.

Wer konnte schon sagen, was die Zukunft für uns bereithielt? Ich war eben erst zu meinen Leuten zurückgekehrt, in den Schoß unserer Familie. Natürlich konnte ich nicht sofort wieder an die Front. Das hatte aber auch keine Eile. Ich musste erst wieder auf die Beine kommen. Dann würde ich mich bei meinen Waffenbrüdern revanchieren, in deren Schuld ich stand. Jeder hat seinen Platz im Leben. Es gleicht tatsächlich dem Fluss, in den man ein zweites Mal steigen kann, wenn man es wirklich will.

24

ZURÜCK NACH SYRIEN

Stützpunkt T-4, unweit von Palmyra, Februar 2017

Erdöl, das in verschiedenen Regionen auf der ganzen Welt vorkommt, kennt der Mensch seit Jahrhunderten. Es handelt sich um eine brennbare schwarze Substanz, die vor vielen Millionen Jahren entstanden ist und sich in natürlichen Reservoirs unter der Erdoberfläche sammelt. Erst die industrielle Revolution machte daraus einen der wichtigsten fossilen Brennstoffe, wenn nicht den wichtigsten überhaupt. In zahllosen militärischen und politischen Konflikten weltweit geht es unmittelbar oder mittelbar um Erdöllagerstätten.

Derartige Tragödien spielten sich in den Staaten des Nahen Ostens besonders häufig ab. Lange Zeit galten diese Wüstenstaaten als rückständig, im Laufe der Jahre verwandelten sie sich aber in bedeutende Geschäftszentren und Touristenziele. Dass sie nun zu den reichsten Ländern der Welt zählen, verdanken sie dem Schwarzen Gold. Was die einen als Geschenk des Himmels betrachten, erwies sich für andere als Fluch. Während des gesamten 20. Jahrhunderts galt in der Weltpolitik eine stumme Übereinkunft: Das Öl, das in Syrien lagert, gehört nicht den Syrern.

Politische Souveränität hat das Land, das offiziell seit knapp 100 Jahren unabhängig ist, noch nicht erreicht. Die

Schwäche der Zentralregierung führte zu einem langen und blutigen Bürgerkrieg. Die Gründe dafür waren unmittelbar mit den Interessen der Großmächte verknüpft, die eine Kontrolle über das syrische Erdöl anstrebten. Der Krieg tobt seit 2011 und hat das Land völlig zerrissen. An ihm beteiligten sich neben den großen Akteuren auch eine Vielzahl nationalistischer und terroristischer Gruppierungen, die nicht nur politische Ziele verfolgten, sondern sich auch ihre Taschen füllen wollten. Dazu genügte es, ein oder zwei Ölfelder in die Finger zu bekommen, und sei es nur vorübergehend. Der syrische Staat, der seine Einnahmen größtenteils aus dem Ölgeschäft bezog, verlor am Ende praktisch alle Ölquellen.

Als der IS im Sommer 2015 Palmyra einnahm, lagen die Ölvorkommen des Landes fast vollständig in seiner Hand. Obwohl die Armee der Regierung größer war, konnte sie die Ölfelder nicht verteidigen. Bei ihren bemitleidenswerten Versuchen, das verlorene Eigentum zurückzuerobern, erlitt sie schwere Verluste. Das Regime von Baschar al-Assad war ohne Öl dem Bankrott sehr nahe. Dass er sich an der Macht halten konnte, verdankt er allein der russischen Militärintervention. Zusammen mit dem russischen Militärkontingent waren auch die Söldner von Beethoven nach Syrien gekommen. Ihre Rolle war keinesfalls unerheblich, weil sie das Machtgleichgewicht in der Bürgerkriegsregion verschoben. Die Schlacht von Palmyra markierte den Höhepunkt unserer Beteiligung an der Militäroperation. Dieser Sieg stieg den hohen Tieren bei der syrischen Regierung und bei der russischen Streitmacht zu Kopf. Sie glaubten, die Niederlage des IS wäre allein ihnen zu verdanken. Weil sie bereits an ihre Karriere und mögliche Prämien dachten, teilten sie der PMC mit, dass die Dienste von Söldnern in diesem Krieg nicht länger benötigt würden. Man gab ihnen »höflich« zu verstehen, dass sie gefälligst nach Hause zurückkehren sollten. Als die Streitkräfte des Kalifats überraschend zum Gegenangriff übergingen und Palmyra zurückeroberten, kam die große Ernüchterung. Bei der besiegten Armee herrschte großes Durcheinander. Sie zog sich ungeordnet zurück, und nicht einmal die russische Luftwaffe konnte das Blatt noch wenden. Über das immense Öl- und Gasvorkommen herrschten jetzt wieder die Dschihadisten.

Angesichts der militärischen Niederlage, die mit einem akuten Mangel an Energieträgern einherging, zeigte sich die syrische Führung enttäuscht von der mangelnden Befähigung ihrer eigenen Armee. Man erinnerte sich wieder an die Söldner von Beethoven, die nun zweierlei erreichen sollten. Es genügte offenbar nicht, die Lagerstätten zurückzugewinnen. Sie mussten auch gesichert werden.[21]

---

21 Nachdem man ihnen gedankt hatte, wurden die Söldner wieder in den Kampf geschickt. Der syrische Staat schloss mit dem privaten Militärunternehmen ein lukratives Geschäft ab: Bis zu 25 Prozent der Einnahmen, welche die Ausbeutung der Lagerstätten erzielten, die der Kontrolle des Daesch entzogen worden waren, sollten an die PMC fließen. Von diesem Vertrag wussten die Söldner zum damaligen Zeitpunkt nichts. Sie sollten vor allem Sorge dafür tragen, dass die Islamisten Palmyra und andere Gebiete, die ihnen nach Abzug der Söldner wieder in die Hände gefallen waren, nicht zurückeroberten.

25

BEQUEM AN DIE FRONT

Unsere Kolonne aus Bussen passierte den Kontrollposten, der mit Leuten besetzt war, die zu einer Einheit des Verteidigungsministeriums gehörten. Dann fuhren wir auf die Autobahn, die uns zum nächsten Flughafen bringen sollte. Wieder einmal würden wir unser Gepäck wiegen müssen, damit sichergestellt war, dass das zulässige Höchstgewicht nicht überschritten wurde. Wir bekamen auch unsere Pässe. Als ich meinen durchblätterte, bemerkte ich, dass auf keiner der Seiten ein Visum des syrischen Staats eingetragen war. Bei den letzten Einsätzen hatte ich eins bekommen. Offenbar war dieser Verwaltungsakt inzwischen überflüssig geworden.

An einer Autobahnraststätte konnten wir uns die Beine vertreten und bekamen etwas Warmes zu essen. Am Terminal wurden wir mitsamt unserem Kram eilig ausgeladen, dann ging es sofort weiter. Wir sollten kein unnötiges Aufsehen erregen. Kaum ausgestiegen, waren wir klatschnass. Es regnete Bindfäden, was Anfang Februar in Südrussland nicht ungewöhnlich ist. Einhundert große, kräftige Typen liefen durch das fast leere internationale Terminal auf den Zollbereich zu. Die Schlange bewegte sich langsam voran. Will man eine Grenze überqueren, sollte man sich auf einen

Hindernisparcours einstellen. Die Zollbeamten stellten sofort klar, dass wir weder unsere Beobachtungsgläser noch unsere Messer mit in die Kabine nehmen durften. Wir baten sie inständig, bei den Formalitäten das eine oder andere Auge zuzudrücken, weil wir ja eine außergewöhnliche Truppe wären, aber sie blieben unerbittlich. Ihnen war völlig egal, dass im Kampf unser Leben von Beobachtungsgläsern, Zielfernrohren und Messern abhing. Hier galten für alle dieselben Regeln.

»Das exakte Befolgen von Anweisungen ist wohl die raffinierteste Form von Sabotage«, presste Koldun (»der Zauberer«) zwischen den zusammengebissenen Zähnen hervor. Dabei bedachte er den pedantischen Beamten mit feindseligen Blicken.

Ich drehte dem Zollbeamten, der gerade dabei war, Messer aus einem Rucksack zu konfiszieren, den Rücken zu, um etwas auszuprobieren. Ich verschloss die Klappe an meinem Rucksack und schubste ihn auf das Laufband. »Mir egal, was die machen, mein Messer behalte ich!« Ich wandte mich von der Passkontrolle ab und ging einfach davon.

Obwohl fast keine Reisenden unterwegs waren, hatte der Duty-free-Shop geöffnet. Was für eine angenehme Überraschung. Die Männer mussten sich noch gedulden, bevor sie an Bord gehen durften. Also rannten sie hin und her, deckten sich mit Zigaretten und Alkohol ein und versuchten, die Flaschen so zu verstecken, dass ihre Vorgesetzten nichts davon mitbekamen. Einige kauften zum ersten Mal in einem Geschäft ein, das alle Währungen akzeptierte. Die Söldner stellten einen repräsentativen Querschnitt der Gesellschaft dar. Die meisten von ihnen hatten noch nie darüber nachgedacht, ins Ausland zu reisen. Einen Pass zu beantragen war für sie eine unvorstellbar komplizierte Angelegenheit. So ist das in Russland. Die vertraute Umgebung zu verlassen ist mit Aufwand verbunden und stellt die Betroffenen vor Schwierigkeiten.

Die Boeing war bereit für das Boarding. Im Scheinwerferlicht sah sie aus wie ein Geschenk unterm Weihnachtsbaum. Innen roch es frisch, alles war brandneu und sauber. Bequeme Sitze und hübsche Flugbegleiterinnen vermittelten den Söldnern für kurze Zeit das Gefühl, wie Touristen in den Süden zu fliegen, um dort Urlaub zu machen. Das Essen war ausgezeichnet. Es schien fast, als hätte das Management des privaten Militärunternehmens beschlossen, den Flug so angenehm wie möglich zu gestalten, bevor sich die Söldner wieder den Schrecken des Kriegs gegenübersahen. Ich lehnte mich auf meinem Sitz zurück und grinste. Genießt den Flug, Freunde. In ein paar Tagen würde eine Felsspalte, die Schutz vor dem eisigen Wind bot, oder ein Loch im Boden, das wegen des Regens mit einer Plane abgedeckt war, einen akzeptablen Unterschlupf darstellen.

In Damaskus umgingen wir die Pass- und Personenkontrolle, schnappten uns unser Gepäck und bestiegen in aller Ruhe die Busse, die bereits auf uns warteten. Wir hätten uns gerne ein bisschen in der ältesten Metropole der Welt umgeschaut, um uns mit ihren historischen Bauten und ihren Denkmälern vertraut zu machen, aber unser Konvoi umfuhr die Stadt. Als wir ankamen, war es schon Nacht.

26

HAJJAN

Der syrische Staat versuchte, die Kontrolle über die natürlichen Ressourcen zurückzugewinnen. Sein erstes Ziel war die Raffinerie von Hajjan, die das zugehörige Ölfeld ausbeutete. Dieses Mal wurden die Söldner in voll besetzten Chartermaschinen nach Syrien geflogen.

Als die ersten dort eintrafen, bekamen sie automatische Gewehre aus Korea, die wer weiß woher stammen mochten. Sogar Mosin-Nagant-Gewehre[22] von 1940 drückte man ihnen in die Hand. Warum rüstete man uns derart miserabel aus? Und wer trug beim Verteidigungsministerium die Verantwortung dafür, dass im Rahmen des Vertrags keine besseren Bedingungen für uns ausgehandelt wurden? Natürlich war die Eroberung der Ölfelder ein kommerzieller Auftrag, aber handelten die Söldner nicht im Sinne des Gemeinwohls, wenn sie die Dschihadisten von ihrer Haupteinnahmequelle abschnitten? Jedenfalls zogen die ersten Söldnertruppen mit Schrott aus Korea, viel zu wenig Munition und praktisch ohne schwere Waffen oder taktische Feuerunterstützung in den Kampf.

---

22 Militärisches Repetiergewehr, das manuell nachgeladen werden muss.

Wir hatten dagegen mehr Glück. Als wir in Syrien ankamen, lagerten in den Munitionsdepots passende Waffen in ausreichender Menge. Sie stammten aus den Beständen der *Sadiqs*, die sich nicht um ihre Instandhaltung gekümmert hatten. Die Qualität ließ deshalb zu wünschen übrig, anders als bei unserer letzten Mission. Die Maschinengewehre waren keine Petschenegs, die Waffen abgenutzt und auch die Panzer wirkten ziemlich mitgenommen. Als unser Trupp mehr schlecht als recht ausgerüstet war, zogen wir unter Ratniks Befehl in den Kampf.

Die Böschung war anderthalb Meter hoch und gab uns Deckung vor Maschinengewehren und der Zenit, die auf dem Dschihad-Fahrzeug thronte, das immer wieder aus seinem Versteck herausgefahren kam. Die Schlacht dauerte jetzt zwei Stunden. Es war, als ob wir vor einer undurchdringlichen Wand stünden. Die *Duchi* hatten sich hinter einem Minenfeld verschanzt. Sie feuerten auf uns mit allem, was sie hatten, damit wir hinter den Felsen und in den Bodensenken blieben, die uns als Deckung dienten. Wir sollten uns weder parallel zur Front noch im rechten Winkel dazu frei bewegen können.

Ratnik hockte hinter einem Felsbrocken. Als der Feuerstoß abbrach, lugte er vorsichtig hervor und versuchte, die Lage zu beurteilen. Er sondierte das Terrain und spulte vor seinem inneren Auge alle denkbaren Szenarien ab. Plötzlich erhob sich direkt neben der feindlichen Stellung eine imposante Säule aus Lehmstaub und stieg hoch in die Luft. Alle Blicke waren darauf gerichtet. Sekunden später hörten wir lautes Donnergrollen. Eine Fougasse[23] war hochgegangen.

---

23 Eine Fougasse ist eine improvisierte Landmine. Es handelt sich um eine Grube, die mit Sprengstoff und Steinen gefüllt ist.

Motor versuchte, die *Duchi* mit seinem Maschinengewehr im Bereich der Explosion zu erreichen. Jetzt legte er die Waffe beiseite und rief:»Unsere Jungs waren dort, glaube ich, bei der Stützmauer!« Wir hatten einen Moment Zeit, das Areal, wo der Staub sich schon legte, mit unseren Blicken abzusuchen. Wir hofften, eine Bewegung auszumachen, aber eine neue Salve aus der Zenit zwang uns, in Deckung zu gehen. Uns blieb ein wenig Hoffnung, dass unsere Jungs noch gar nicht dort gewesen waren. Vielleicht hatten die *Duchi* ihre Fougasse versehentlich selbst ausgelöst.

Das sah nicht gut für uns aus. Wir konnten den Gegner nicht von der Seite her angreifen und wurden von ihm festgenagelt. Es gelang uns gerade einmal, die Position zu halten, die wir erreicht hatten. Die Dschihadisten hatten an erhöhten Punkten Stellung bezogen und waren im Vorteil. Ihr Gegenangriff konnte die Russen teuer zu stehen kommen. Ratnik versuchte, das Kräfteverhältnis zu unseren Gunsten zu verschieben. Valun (»der Fels«) brachte die Bardaks in Schussposition. Dabei handelte es sich um große, plumpe Fahrzeuge mit leichter Panzerung, die einen automatischen Granatwerfer und ein Flak-Geschütz trugen. Damit sie Panzerabwehrraketen oder großkalibrigen Waffen entgehen konnten, verließen sie abwechselnd die Deckung, wo sie vor Geschossen relativ sicher waren, und nahmen ihrerseits die angegebenen Ziele unter Beschuss. Brity sagte den Schützen, worauf sie feuern sollten. Madrid stellte die Berechnungen an, korrigierte die Zielparameter und versuchte vorherzusehen, was die *Duchi* mit der Zenit anstellen würden. Unsere Scharfschützen machten sich ans Werk. Ihre Waffen sahen eher aus wie leichte Kanonen. Das war Routine, aber es gab ein ernstes Problem. Die Schützen hatten nicht genug Munition und mussten sparsam damit umgehen. Granaten fanden ihr Ziel und gingen innerhalb der befestigten Stellungen nieder, welche die Dschihadisten errichtet hatten. Die Treffer hatten allerdings keinerlei Auswirkungen auf die Feuerkraft des Feindes.

Sobald wir versuchten, näher an sie heranzukommen, schossen sie mit Maschinengewehren auf uns. Wir gewannen zunehmend den Eindruck, dass die *Duchi* unerbittlich und unbesiegbar waren. Sie ließen sich weder von den Granaten noch von den Druckwellen beeindrucken. Sie kamen aus der Deckung und fuchtelten mit ihren Maschinengewehren herum, als wollten sie uns verhöhnen.

Baikal brüllte unter Schmerzen: »Kommandant, ich bin verletzt!« Er gehörte zu denen, die etwas abbekommen hatten, als eine Granate explodiert war. Es handelte sich um das gleiche Modell, das beim letzten Mal mich außer Gefecht gesetzt hatte. Damals war er glimpflich davongekommen, aber jetzt hatte es ihn schlimm erwischt. Er fiel ins Koma und starb wenige Wochen später in einem russischen Krankenhaus. Nach einer kurzen Feuerpause hörten wir Mrak, der den Zug jetzt mit fester Stimme befehligte. Er kommandierte eigentlich den vierten Feuerunterstützungstrupp und hatte gar nicht den höchsten Rang inne. Allerdings bewies er einen kühlen Kopf. Auch unter extremen Bedingungen war er in der Lage, Operationen zu leiten, und übernahm deshalb ganz selbstverständlich die Führungsrolle. Er erfüllte seinen Auftrag, versammelte seine Leute ohne weitere Verluste um sich und gliederte sie wieder in die Schlachtordnung ein. Für mich war das keine Überraschung. Beim letzten Einsatz war uns Mrak mit seiner Hyperaktivität ziemlich auf die Nerven gegangen. In kritischen Situationen war er aber stets bereit, das Ruder zu übernehmen, um die Mission zum Erfolg zu führen. Ich erinnere mich sehr genau an den Tag, als dieses wendige und zähe Unikum eine Zenit rettete. Ohne sonderlich auf die Gefahr zu achten, war er bis zu einem Pick-up gerannt, dessen Insassen das Weite gesucht hatten. In solchen Augenblicken offenbart sich die wahre Natur eines Menschen, und Mrak besaß besondere Charakterstärke. Ja, er mochte seine Macken haben. Beispielsweise fehlte es ihm an Taktgefühl, weshalb er mit den anderen nicht besonders gut klarkam. Außerdem brachte er mit seiner groben Art alle gegen sich auf. Diese negativen Eigenschaften wurden aber von seinem Mut und seiner Rechtschaffenheit mehr als aufgewogen.

Zuerst beaufsichtigte Mrak die Evakuierung seines verwundeten Kommandanten, dann formierte er umgehend seine Männer neu. Ein Trupp hatte unterdessen den Ausfall nach vorn gewagt. Abgeschnitten von unserer Hauptstreitmacht und unter scharfem Beschuss musste er aber in Deckung gehen. Mrak konnte bestätigen, dass die linke Flanke unseres Zugs zu weit von der ursprünglichen Stoßrichtung abwich. Die Sprengfalle war nicht zufällig detoniert, sondern durch eine Gruppe ausgelöst worden, die sich dem Gegner zu früh gestellt hatte. Aber wer? Wie viele? Die Chance, eine derart heftige Explosion zu überleben, war gleich null. Die Ärzte hatten sich Baikal geschnappt und waren gerade so mit ihm davongekommen. Da sagte Mrak: »Kolian ist tot. Er hat die Fougasse ausgelöst.« Kolian war es gelungen, bis zum äußeren Befestigungswall vorzudringen. Dort sprang er wohl nach vorne, um eine Granate zu werfen. Die Falle bemerkte er nicht. Die Detonation hatte ihn zerrissen und direkt in das Mündungsfeuer der *Duchi* geschleudert. Seinen Kameraden war es nicht einmal gelungen, die sterblichen Überreste des Mannes zu bergen. Der Krieg ist ein gieriges Ungeheuer, das zuerst die Jungen und Mutigen verschlingt, die den alten Haudegen gegenüber unter Beweis stellen wollen, dass sie sich zu Recht Soldaten nennen. Dies war Kolians erste Mission. Zugleich sollte es auch seine letzte bleiben.

Die Schlacht dauerte an. Den Söldnern gelang es nicht, in gerader Linie vorzurücken. Bei der Einnahme von Palmyra waren den Dschihadisten Depots voller Waffen und Munition in die Hände gefallen, darunter auch eine beachtliche Zahl an Minen. Mit unserem wackeligen Grad machten wir schließlich ihrer Zenit den Garaus, die aber sofort durch eine andere ersetzt wurde. Die Dschihadisten zauberten eine halbautomatische Marinewaffe auf einer mobilen Plattform aus dem Hut. Das war die Krönung! Die Granaten flogen derart schnell, dass sie ihr Ziel praktisch schon getroffen hatten, wenn wir hörten, wie sie abgefeuert wurden. Sie schossen beängstigend regelmäßig, und der Geschützlärm grollte wie Donner. Manchmal trafen die Granaten auf die befestigte Mauer, manchmal detonierten sie direkt neben unseren Fahrzeugen, die unsere gesamte Munition enthielten. Wir mussten sie aus der Schusslinie bringen. Nikes Sturmtrupp begann mit dem Ausheben von Gräben. Er war früher Oberstleutnant bei den regulären russischen Streitkräften gewesen und hatte sich einen gesunden Geist bewahrt, der in einem gesunden Körper wohnte. Nicht einmal in kritischen Situationen ließ Nike Anzeichen von Nervosität oder Aufregung erkennen. Wir waren uns alle einig: Es schien nicht allzu klug, direkt gegen eine derart gut organisierte Abwehr vorzugehen. Außerdem würde das nichts bringen. Wir hatten seit Tagesbeginn zwei Männer verloren. Die *Duchi* würden nicht zulassen, dass wir ihnen zu nahe kamen. Darüber hinaus verfügten wir nicht über genügend Ressourcen, um es mit Flugabwehrkanonen und mobiler Artillerie aufzunehmen. Auf hoch mobile Pick-up-Trucks zu feuern wäre reine Verschwendung von wertvoller Munition. Ratnik traf eine Entscheidung: »Wir verschanzen uns hier, und im Morgengrauen gehen wir mit den zusätzlichen Streitkräften auf der anderen Seite rein. Hauptsache, wir verlieren das Gebiet nicht, das wir schon eingenommen haben. Für morgen früh bereiten wir einen Angriffsplan vor.«

Es wurde Abend, und die Sonne versank rasch hinter dem Horizont. Vor Einbruch der Dunkelheit musste die Umgruppierung abgeschlossen sein. Wir folgten genau den Routen, die im Laufe des Tages abgesteckt worden waren, um diejenigen mit Proviant und Munition zu versorgen, die an vorderster Front die Stellung hielten. Nachts konnte man nur zu leicht vom Weg abkommen und auf eine Mine treten. Sobald ich im Zelt der Ärzte, wo mein Schlafsack lag, angekommen war, fiel ich über das Essen her. Mir knurrte der Magen. Den ganzen Tag hatten wir nichts weiter als ein paar Tafeln Schokolade gegessen, die wir uns teilen mussten. Etwas anderes konnten wir uns nicht besorgen. Ich schlug das Logbuch auf. Meine Aufgabe als stellvertretender Stabschef in Ratniks Truppe bestand in erster Linie darin, mit Karten zu arbeiten und Berichte zu schreiben. Infolge meiner Verwundung konnte ich eigentlich nicht bei der kämpfenden Truppe bleiben. Ich hatte darum gebeten, einen Verwaltungsposten übernehmen zu dürfen, und hoffte durchzuhalten. Schon am ersten Tag hatte mich die Qualität der Waffen, die sie uns gaben, schwer enttäuscht. Die Lust aufs Kämpfen war mir vergangen, aber ich mochte es mir noch nicht so recht eingestehen. Meine Nerven streikten ab und zu. An diesem Tag beispielsweise fühlte ich mich angesichts der Geschehnisse sehr bedrückt.

Da hörte ich, wie Motor die Scharfschützen mit rauer Stimme anschnauzte. Der war vielleicht gut drauf! Ich hatte ihn nie deprimiert oder melancholisch erlebt. Er war immer voller Elan und zu allen möglichen Scherzen aufgelegt. Er schien nie traurig zu sein und hatte jederzeit gute Laune. Er war robust wie ein Maulesel, kam überall zurecht und wusste immer sofort, auf wen er schießen und wem er Deckung geben musste. Während der ersten Mission zum Beispiel tauchten Kämpfer von Al-Nusra auf. Eine Hundertschaft aus syrischen Soldaten, die zu Assads Armee gehörten, war einfach abgehauen, aber Motor hatte zusammen mit drei Kameraden die Stellung gehalten. Die Söldner konnten den Angriff abwehren. Eine ganze Nacht lang verhinderten sie, dass die *Duchi* an ihnen vorbeikamen. Motor schimpfte und fluchte fröhlich vor sich hin. Seine Lebhaftigkeit munterte mich wieder auf. Schluss mit den trüben Gedanken. Mich hatte schließlich niemand gezwungen, hierherzukommen.

27

DER PREIS DES ERFOLGS

Im Morgengrauen machten wir uns wie geplant auf den Weg. Dieses Mal würden wir den Feind von der Seite her angreifen. Dazu mussten wir seine Verteidigungslinien in östlicher Richtung weitläufig umgehen. So blieben wir auch den Minenfeldern fern und machten seinen Hauptvorteil zunichte. Wir marschierten dorthin, wo vermutlich der nächste Vorstoß geplant war. Der Zug von Mrak erwartete uns bereits. Seine Männer sollten zuerst die Lage sondieren und mehr über die Verteidigung der *Duchi* herausfinden.

Plötzlich wurde eine Salve abgefeuert. Das Maschinengewehr war sehr nahe. Die Kugeln trafen den Boden zwischen Ratnik und mir.

»Oh, verdammt!«, rief Ratnik. »Laufschritt Marsch! Los, hinter die Bergkuppe!« Die Truppe setzte sich in Bewegung und rannte wie ein einziger Mann auf die andere Seite des Hügels.

Wir kamen zu der Stelle, wo die Einheit von Satana einige Tage zuvor die Dschihadisten erfolgreich bekämpft hatte. Als diese versuchten, die Jungs von Satana aus ihren Stellungen an erhöhten Punkten zu locken, verließen sie sich auf das Überraschungsmoment. Hätte es der IS mit Syrern zu tun gehabt, wäre die Mission ein Spaziergang gewesen. Die Russen waren dagegen nicht einfach in Panik davongerannt. Die Söldner nahmen die *Duchi* mit Mörsern, Handgranaten und Gewehrfeuer in Empfang. Überall auf dem Hügel verteilt lagen die Leichen von etwa 40 bärtigen Männern, jungen und alten. Satana machte uns auf fünf Tote aufmerksam, als unsere Gruppe an der makabren Szenerie vorüberlief. Sie lagen so, wie sie gestorben waren. Darunter war ein Junge von vielleicht 14 Jahren. Er schmiegte sich an einen älteren Mann. Der Teenager trug eine taktische Weste, die Taschen waren prall gefüllt mit Magazinen für automatische Waffen. Sein Gewehr hatten die Söldner schon an sich genommen. Satana zufolge handelte es sich um Vater und Sohn. Ein Stück davon entfernt lagen drei erwachsene Kämpfer auf der Erde. Sie waren muskulös und trugen bequeme taktische Westen über ihren hochwertigen windabweisenden Uniformen. Offenbar hatten diese kräftigen Typen die beiden anderen vorgeschickt und bedenkenlos geopfert. Trotzdem waren sie gestorben.

Uns wurde allmählich warm, weil die Sonne schon ziemlich hoch am Himmel stand. Die Soldaten, die zu dem Sturmtrupp gehörten, der sich Satanas Einheit angeschlossen hatte, bewegten sich langsam voran und suchten aufmerksam den Boden zu ihren Füßen ab. Schritt für Schritt näherten sie sich der befestigten Stellung des Gegners. In zwei Kolonnen rückten wir vor. Die eine unterstand Mrak, die andere Bespaly (»der Fingerlose«). An den Hängen einer kleinen Bergkette auf der rechten Seite marschierte Satanas Einheit voran. Sie war im Begriff, die Dschihadisten vollständig einzukreisen. Den Aufklärern gelang es, unbemerkt bis zu der befestigten

Stellung vorzudringen. Drei Kämpfer aus dem gegnerischen Lager waren nicht wachsam genug. Nahschüsse setzten ihrem Leben ein Ende. Den Dschihadisten wurde keine Chance gegeben, Verstärkung zu rufen. Ein Stück entfernt rückten die Söldner wie geplant entlang einer gedachten Linie immer weiter vor, ohne auf Widerstand zu stoßen. Die *Duchi* fürchteten, eingekreist zu werden, und zogen sich zurück. Unterdessen hatte Mrak die befestigte Stellung erreicht und hielt genau dort an, wo Kolian am Vortag umgekommen war. Die Patrouille an der Spitze bemerkte eine getarnte Mine, die exakt auf dem Weg lag, den die Söldner nehmen mussten. Der Zug legte sich in Kampfformation flach auf den Boden, und die Minenräumer machten sich an die Arbeit. Rasch und äußerst vorsichtig zogen sie ein explosives Paket heraus, das an einem langen Stab hing. Dann setzten sie das darum herumgewickelte Zündkabel unter Strom. Als der Funke die Sprengkapsel zündete, gab es eine Explosion. Die Splitter flogen davon, aber niemand wurde verletzt. Nun war der Weg frei.

Die Dschihadisten gingen zum Rückzugsgefecht über, während wir in die befestigte Stellung vordrangen. Jetzt verstanden wir, warum sie uns unbesiegbar erschienen. In Wirklichkeit waren sie ziemlich verwundbar. Das ließ sich an Schleifspuren von Körpern und an den Blutlachen ablesen. Sobald ein Kämpfer fiel, wurde er von jemand anderem ersetzt, der immer weiter feuerte, um uns am Vormarsch zu hindern. Die Soldaten des IS sind gefährliche Feinde. Sie sind unflexibel, aber sie sind bereit, zu sterben.

Wir hörten eine Detonation, dann noch eine. Solche Geräusche klangen vertraut. Die Fougasse war von einem Fachmann angelegt worden. Sie zerfetzte einen von uns. Die Gruppe fiel auseinander, und demjenigen, der sich in der Mitte befunden hatte, wurde der Fuß abgerissen. Verluste, noch mehr Verluste. Der Preis für unsere Siege war zu hoch. Nach der zweiten Explosion zerfiel die Kampfordnung. »Alle Mann halt! Wir bleiben direkt hinter den Minenräumern.« Jeder Quadratmeter Boden war buchstäblich mit Minen gepflastert. Die Minenräumer entschärften sie, wenn es möglich war. Andernfalls jagten sie die Dinger einfach in die Luft. Diese bescheidenen Helden riskierten ihr Leben, um unseres zu retten. Ein Bild hat sich mir für immer tief ins Gedächtnis eingebrannt: Man brachte die sterblichen Überreste eines Minenräumers zurück, der zur dritten Einheit gehörte. Von ihm waren nur eine Hand und ein bisschen Ausrüstung übrig geblieben.

Während die Minenräumer vorankamen, sammelten wir Trophäen. In der eroberten Stellung gab es Waffen und Munition für uns. Zwischen den Maschinengewehren aus China entdeckten wir ein brandneues sowjetisches PK[24]. Um zu begreifen, wie der Feind in seinen Besitz gelangen konnte, mussten wir uns nicht lange den Kopf zerbrechen. Es war den Dschihadisten in die Hände gefallen, als unsere Verbündeten sich überstürzt aus Palmyra zurückgezogen hatten. Jetzt waren wir es, die im Fadenkreuz standen.

Ratnik schickte mich dorthin zurück, wo wir am Morgen aufgebrochen waren. Ich sollte auf das Auto warten, das Kolian zurückbringen würde. Wir hatten ihn endlich gefunden. Zema, ein Neuzugang wie Kolian, war ebenfalls in eine Sprengfalle geraten und jetzt in ein Stück Plane eingewickelt. Hatte das alles überhaupt irgendeinen Sinn? Ich wollte nur

---

24 *Pulemjot Kalaschnikowa*, Kalaschnikow-Maschinengewehr.

zu gerne glauben, dass diese beiden Jungs nicht umsonst fern der Heimat gestorben waren. Aber Russland opfert allzu oft seine Söhne für die Interessen gieriger Finanzmogule aus aller Welt. Kolian wurde aus dem URAL geladen, und dann begann die übliche Prozedur. Das, was vor ein paar Stunden noch ein lebender Organismus gewesen war, musste durchsucht werden. Auf einer Liste trug ich alle seine Habseligkeiten ein. Verkohlte Geldscheine, ein paar Münzen, Krimskrams, Spielmarken und ein Kreuz der orthodoxen Kirche landeten in einem Umschlag, der mit dem Vermerk »Fracht 200«[25] nach Russland geschickt wurde.

Ich inspizierte die Hinterlassenschaften des Mannes und deponierte sie in einem Leichensack. Danach gönnte ich mir einen Imbiss, den ich mit Tee vom Gaskocher hinunterspülte. Die Gefühle werden stumpf im Krieg, aber der Hunger stirbt nie.

Die Schlacht war noch nicht vorüber. Der Feind hatte seine Stellungen aufgegeben und sich in die hügelige Wüste zurückgezogen. Wir wussten aber genau, dass er ganz in der Nähe lauerte und sich bald wieder bemerkbar machen würde. Die Gruppe von Mrak war bereits auf den Hügel vorgedrungen und hatte beinahe die Zone erreicht, wo die Befestigungsanlagen begannen. Da hörten die Soldaten ein Geräusch, das vom Wind herangetragen wurde. Es klang wie der Motor eines großen Fahrzeugs, allerdings war es schwierig, die Quelle auszumachen. Die Söldner wurden misstrauisch,

---

25 Militärjargon für sterbliche Überreste: Ein Zinksarg mit einer Leiche wiegt 200 Kilogramm.

drangen aber weiter vor. Müdigkeit siegte über die Vorsicht, und alle hatten den Wunsch, so schnell wie möglich ans Ziel zu kommen und sich dann auszuruhen.

Eine Explosion zerstreute die Männer in alle Himmelsrichtungen. Sie feuerten auf den Panzer, aber ihre Reaktion kam viel zu spät. Das Gefährt brauste mit Vollgas in die Wüste davon. Höchste Priorität hatte jetzt die Versorgung unserer Verwundeten. Viele von ihnen waren schwer verletzt. Vor dem Abtransport wurden ihnen Schienen angelegt und Verbände, damit ihre Innereien an Ort und Stelle blieben. Abwechselnd hielten wir Infusionsbeutel. Dann verfrachteten wir die Verletzten in die KamAZ-Laster. Dieses Mal hatte sich der Tod Zak aus Ossetien geholt. Sein zerfetzter Körper konnte ihn nicht am Leben erhalten. Mögest du in Frieden ruhen, mein Bruder. Du hast dir deinen Platz im Himmel redlich verdient.

Der Tag ging zur Neige. Die Söldner sicherten die Stellung, bezogen ihre Posten und richteten sich für die Nacht ein. Es war kalt, und manchmal fiel Regen. Der Frühling hatte begonnen, aber noch ließen die warmen Tage auf sich warten.

28

DER ARZT

Manuk erlag seinen Verletzungen in einem syrischen Krankenhaus. Er war ein gutmütiger Riese, der auf dem Schlachtfeld schon viele Leben gerettet hatte. Diesmal aber war er in einen Schrapnellregen geraten, als er eine Anhöhe erreichte, die wir gerade den *Duchi* abgetrotzt hatten. Er hatte die waldbedeckten Bergschluchten von Latakia und die trockenen Wüstenfelsen von Palmyra durchquert. Er war immer im Einsatz und riskierte sein Leben ebenso wie die anderen Söldner. Er war allzeit bereit, seine Erste-Hilfe-Tasche abzulegen, um sich über einen Verwundeten zu beugen, ihn vor dem Tod zu bewahren und seine Schmerzen zu lindern.

Manuk hatte die ungeschriebenen Regeln der Kriegsmedizin bedingungslos verinnerlicht und hielt unerschütterlich an einer Regel fest, die er für allgemeingültig hielt: Das professionelle Handeln der Person, die vor Ort Erste Hilfe leistet, ist eine Überlebensgarantie. Selbst bei sehr schweren Verletzungen.

Bei meinem letzten Einsatz war ich oft mit Manuk in einer Einheit gewesen. Ich hatte gesehen, wie er Wunden verband und die Bergung der Verwundeten organisierte. Eigentlich übernahm er die Aufgaben eines Sanitäters, aber seine Kenntnisse und Fähigkeiten waren weitaus umfangreicher und glichen denen eines Militärarztes. Dank seiner Fürsorge blieben wir am Leben und in einem passablen Zustand, bis wir in ein Krankenhaus gebracht werden konnten.

Es ist seit Langem bekannt, dass im Krieg der Großteil der Todesfälle auf verspätete oder falsche Erste Hilfe zurückzuführen ist. Manuk hingegen tat alles, um diese Statistik zu verbessern. Ich erinnerte mich an Ausschnitte unserer kurzen Gespräche – in der Pause am Lagerfeuer, wo wir duftenden syrischen Kaffee tranken, und im Kampf, als wir vor feindlichen Kugeln Schutz suchten. Manuk hatte sich nie mit jemandem gestritten. Er hatte vielleicht ab und zu die Stimme erhoben, um seinen Standpunkt zu erläutern, aber nie einen echten Streit vom Zaun gebrochen.

Wie alle seine Kameraden hatte Manuk keine Angst davor, in den Kampf zu ziehen. In diesem Zusammenhang erinnerte ich mich an den Tag, an dem er den Sanitätshelfer Andriucha anbrüllte, der nur mit einer Pistole bewaffnet unter Beschuss bis zum ersten feindlichen Posten vorrückte. Oder an das andere Mal, als Terapevt (»der Therapeut«) auf offener Straße an die Stelle eilte, wo eine Granate eingeschlagen war, um seine Aufgabe zu erfüllen. Alle waren zweifellos wahre Helden.

29

DIE VERLEGUNG

Der Tag war dem Standortwechsel gewidmet – unsere Einheit war in die Fabrik in Hajjan verlegt worden. Die hatten wir selbst zurückerobert, und sie sollte für lange Zeit unser »Zuhause« auf syrischem Boden werden. Die Fabrik hatte als Festung eine wichtige strategische Funktion, nämlich die Sicherung der benachbarten Ölfelder. Diese waren gerade erst befreit worden. An Annehmlichkeiten mangelte es hier nicht. So gab es eine gut ausgestattete Kantine und sogar ein Schwimmbad in der Nähe eines der Wohnhäuser. Die Abgeschiedenheit der Fabrik, die mitten in der Wüste lag, erwies sich zudem als Vorteil. Sie hielt uns auf Abstand vom russischen Truppenkommando und von den syrischen Behörden. Hier konnten wir den militärischen Alltag ein wenig vergessen. Auch sollten die Einheimischen nicht wissen, was in dem Basislager der Söldner vor sich ging. Der einzige Nachteil war das unaufhörliche Fauchen der gigantischen Flammen, die aus dem eingestürzten Schornstein schlugen. Es klang wie das Dröhnen der Motoren eines startenden Flugzeugs. Nun mussten wir uns einfach schnell an Lärm und Flammen gewöhnen, bis wir sie nicht mehr bemerkten.

Wir falteten die Zelte zusammen, verstauten unsere Ausrüstung und bauten den improvisierten Duschkasten ab. Da nicht viele Fahrzeuge für die Verlegung zur Verfügung standen, waren mehrere Fahrten nötig, was bis in die frühen Morgenstunden andauerte. Als ich aus dem Kommandozelt trat, bemerkte ich sofort, dass sich unser guter alter URAL näherte. Aber wieso fuhr der Lkw nicht direkt auf unseren Standort zu, sondern machte erst eine Kurve und hielt bei den Funkerzelten an? Kurz darauf fuhr Chahid weiter und parkte direkt vor mir. Nach der üblichen Begrüßung fragte ich ihn beiläufig nach dem Grund für diesen Umweg. Ich stellte meine Frage einfach so, ohne Hintergedanken. Aber es schien mir, als hätte er sich während der Fahrt darauf vorbereitet. Sofort schimpfte er los:

»Was jetzt, hätte ich etwa den Krempel des verletzten Funkers mitbringen sollen? Ich habe seinen Rucksack dort abgesetzt, es lag auf dem Weg.«

»Aber niemand wirft dir was vor. Das hast du richtig gemacht. Natürlich wäre es Quatsch, den großen Rucksack hierher zu schaffen.«

Ich hatte nicht die geringste Lust, unsere Diskussion fortzusetzen, und ging in das Kommandozelt. Schon merkwürdig, diese Männer. Sie fassen alles falsch auf und denken ständig, dass man versucht, ihnen etwas anzuhängen. Sie fletschen die Zähne und rennen los wie Wachhunde an der Kette. Dabei versuchen sie nicht einmal zu verstehen, was man ihnen sagt. Waren wir hier alle so? War auch ich dabei keine Ausnahme? Ich musste aufpassen ...

Ich nahm Abkürzungen, um schneller zum Hauptquartier zu gelangen. Es wurde bald dunkel, und die Pfade durch das Lager waren im Abendlicht kaum zu sehen. Sie bargen zahllose Hindernisse, und ohne Taschenlampe konnte man sich hier leicht verletzen. Ich überquerte einen letzten kleinen

Erdwall und gelangte zu einer flachen Straße, die in der Nähe des Hauptquartiers lag. Dort blieb ich wie hypnotisiert stehen. In der Ferne, irgendwo über Palmyra, zerrissen Blitze den Nachthimmel. Dieses mal stärkere, mal schwächere Leuchten glich einem gigantischen bunten Panorama. Es erinnerte mich an das Nordlicht. Nur mit dem Unterschied, dass hier schnell aufeinanderfolgende Explosionen den Himmel durchzuckten und keine anmutig bewegten Lichtspiele. Doch es war Zeit für meinen Bericht. Nur widerwillig löste ich den Blick von diesem einzigartigen Schauspiel und betrat das spärlich beleuchtete Zelt.

Die Kommandozentrale war fast leer: Der Stab war bereits verlegt, sodass nur noch das Zelt abgebaut werden musste. Blondin saß an einem Kartenspiel. Seine Laune schien nicht besonders gut zu sein, denn er reichte mir nicht die Hand zur Begrüßung. Sein Posten brachte viel Ärger mit sich. Das Kommando der russischen Einheit gehorchte den Befehlen von oben. Es erhöhte den Druck auf die Söldner und schränkte unsere Munitionsversorgung ein. Allerdings brauchte die Armee wie schon während des vorherigen Feldzugs unsere Unterstützung, um ihre militärischen Ziele zu erreichen. Der Mangel an Granaten und Munition schwächte uns in den Augen des Feindes. Blondin war sich dessen bewusst. Die Syrer ihrerseits, die von den Söldnern die Übergabe der Ölfelder verlangt hatten, erhielten diese zwar zurück. Mit der Erfüllung ihrer vertraglichen Verpflichtungen hatten sie es jedoch nicht allzu eilig. Es war ihnen jedes Mittel recht, um unseren Anteil zu mindern, egal, ob offiziell oder inoffiziell.

Der Orient gehorcht seinen eigenen Regeln, und die Einhaltung von Vereinbarungen ist hier kein allzu populäres Prinzip. Im Gegenteil, es wird sogar als Schwäche betrachtet. Blondin befand sich inmitten dieser Gemengelage. Ich war nicht verärgert wegen seiner Grobheit, denn ich wusste, er war einfach erschöpft. Nachdem ich meinen Bericht über »wer, wo und wie viele« geschrieben hatte, ging ich zum Ausgang. Blondin oder VV, wie er hinter seinem Rücken genannt wurde, verlangte jedoch ohne Umschweife, dass ich ihm die Missstände im Regiment schildere. Nach seinen Informationen war ich es, der Mrak zum Zugführer gemacht hatte. Ich war es, der Ratnik dazu gebracht hatte, meinen ehemaligen Untergebenen auf diesen Posten zu befördern. Natürlich nicht umsonst, sondern »gegen ein paar Scheine«. Außerdem sei Mrak ein Orden in Aussicht gestellt worden. Blondin hatte nicht vor, sich diese Informationen von mir bestätigen zu lassen, sondern er beschuldigte mich direkt aus heiterem Himmel. Ich hielt mich zurück, um ihm nicht in die Parade zu fahren, und antwortete ruhig:

»Mrak hat in einem kritischen Moment Verantwortung übernommen, als sein Vorgesetzter verletzt am Boden lag. Er hat bewiesen, dass er unter diesen Umständen der Beste war und diese Führungsposition verdient hat. Was die Orden anbelangt, so weiß doch jeder, dass sich der Staat davor hütet, sie uns offiziell zu verleihen. Niemand würde sich von solchen leeren Versprechungen täuschen lassen.«

Blondin hörte sich meine Antwort an und entließ mich mit einem unausgesprochenen »Wir reden später drüber«. Da mir jedes weitere Gespräch sinnlos erschien, drehte ich mich um und ging hinaus. Leider wurden Gerüchte und üble Nachrede in der Truppe nicht gründlich untersucht. Die Anführer nahmen das Erstbeste, was sie hörten, für bare Münze und versuchten nicht einmal, herauszufinden, ob es sich um Verleumdung oder einen tatsächlichen Regelverstoß handelte. Offensichtlich hatte jemand Blondin oder einem anderen Vorgesetzten die Geschichte von Mrak in der Absicht erzählt, ihm zu schaden. So entstand die offizielle Version, und niemand hatte Zeit, sie zu überprüfen.

Es stimmt auch, dass Ratnik innerhalb der »Kompanie« eine besondere Stellung einnahm. Einer Reihe von »Chefs« (so nennen die Söldner untereinander diejenigen, die sie nur ungern als Kommandanten bezeichnen) war er ein Dorn im Auge. Seine militärische Expertise und seine Qualitäten als kampferprobter Offizier weckten hinter einer Fassade des Wohlwollens Neid und Missgunst. Jetzt steckte auch ich in Schwierigkeiten. Vielleicht erinnerte sich jemand an meine Begegnung mit dem Serben Wolk und meine unerwartete Beförderung. Was für eine Sauerei! Ich atmete tief ein, um mich zu beruhigen. Vor lauter Wut wollte ich am liebsten umkehren und Blondin die Meinung sagen, aber meine Vernunft siegte. Ratnik war ebenfalls vernünftig und entband Mrak schließlich von seiner Verantwortung. Er scheute Konflikte mit Vorgesetzten und tat alles, um sie zu vermeiden und ein gutes Arbeitsverhältnis aufrechtzuerhalten. Er kannte das menschliche Wesen gut.

Ich blickte wieder zum Himmel. Das Lichtspektakel dauerte noch einige Stunden an. Was für ein einzigartiges Land mit seinen antiken Städten und alten Zitadellen, seinen atemberaubenden Naturphänomenen, seinen Bergen und Wüsten von überwältigender Schönheit! Mit seinen bestellten Feldern, die zwei Ernten im Jahr bringen, seinen üppigen Obstgärten, seinen schattigen Olivenhainen, ganz zu schweigen von Öl und Gas. Und trotzdem, was für ein mieses Leben ...!

Meine Stimmung wurde nicht besser, als ich zu meiner Einheit zurückkehrte. Während meiner Abwesenheit hatten sich alle, die am Standortwechsel beteiligt waren, über irgendjemand anderen beschwert. Es herrschten Aufregung und die üblichen kleinen Streitereien. Das Basislager ist wie ein Ventil. Hier lässt man die Sau raus und bricht wegen jeder Kleinigkeit einen Streit vom Zaun. Und am nächsten Morgen gibt man sich die Hände, als wäre nichts geschehen. An der Front hingegen sind Streitigkeiten inakzeptabel. Der totale Einsatz im Kampf lässt keine Zeit mehr dafür.

30

PALMYRA, 2. AKT

Zurück in Palmyra. Anfang März war die Befreiung der Stadt – wie bereits ein Jahr zuvor – vorwiegend Aufgabe der Söldnertruppen. Die syrische Armee hatte die Stadt auf schmählichste Weise den IS-Kämpfern überlassen. Das war keine Überraschung. Palmyra war von einem gemischten Haufen der syrischen Armee und schlecht ausgebildeten Soldaten ohne jeglichen Kampfeswillen verteidigt worden. Ihre Kommandanten waren arrogante und geldgierige Dilettanten, die ihre mangelnden militärischen Fähigkeiten mit Streifen und großen Sternen überspielten. Die russischen Berater mussten sich damit abfinden. Es war ihnen nicht erlaubt, die Struktur der syrischen Streitkräfte zu verändern, zumal sie selbst den Angriff des IS auf Palmyra verpasst hatten.

Die Dschihadisten hatten die Offensive auf ihre übliche Art gestartet. Sie schickten mit Sprengstoff beladene Autos los und versetzten die syrischen Reihen in wilde Panik. Die meisten der syrischen Verteidiger hatten ohne das kleinste Anzeichen von Widerstand die Flucht ergriffen und wurden schließlich von IS-Kämpfern in ihren Pick-ups durch die Wüste gejagt. Es ist eine peinliche Tatsache, dass sich die Divisionen des russischen Kontingents in Palmyra auch nicht mit Ruhm bekleckerten. Sie versuchten gar nicht erst, ihre zurückgelassenen Waffendepots zu zerstören, sondern zogen sich hastig in ihre rückwärtige Basis zurück. Diese schmachvolle Niederlage würde um die Welt gehen, und um sie zu rechtfertigen, wurde später eine hübsche Legende erfunden. Sie erzählte von 4000 bis an die Zähne bewaffneten IS-Soldaten, vor denen sich die tapfere syrische Armee zurückziehen musste, nachdem sie jeden Meter Boden couragiert verteidigt hatte. In Wirklichkeit standen die Dschihadisten zu diesem Zeitpunkt von allen Seiten unter Druck, und ihre Truppenstärke war deutlich geschrumpft. Höchstens 400 oder 500 Mann waren auf Palmyra vorgerückt. Aber dafür ist Propaganda bekanntlich da: eine schmachvolle Niederlage in einen heroischen Sieg zu verwandeln.

Die russische Führung konnte sich nicht mehr auf eine wirksame Unterstützung seitens ihrer Verbündeten verlassen. Sie hütete sich davor, neue Strategien zu entwickeln, und griff stattdessen auf den Plan des Vorjahrs zurück, um Palmyra zurückzuerobern. Im Wesentlichen würden die Söldner erneut die Hauptstreitmacht bilden und die Kontrolle über den Bergkamm im Süden übernehmen. Die syrische Armee würde entlang der Straße in die Vororte vorrücken. Anschließend würden die Söldner an der Flanke angreifen und den Flughafen einnehmen, um den *Duchi* die Rückzugswege abzuschneiden. Die russischen Generäle waren überzeugt, dass dem Feind keine andere Wahl bleiben würde, als aus der Stadt zu fliehen und sich in den Irak und weiter nach Norden zurückzuziehen.

Als sich die Söldner den Vororten näherten, überrannten sie die schwachen Verteidigungslinien des IS und bereiteten sich auf den finalen Angriff vor. Sie warteten darauf, dass Nike und Inostranets von dem felsigen Bergrücken zurückkehrten. Der stets ruhige und vernünftige Nike und der impulsive Inostranets ergänzten sich ideal, und beide hatten den Tod hautnah erlebt. Am Vorabend hatten sie ihre Trupps entlang des Gebirgskamms geführt, um der Kolonne der *Sadiqs*, die auf der Straße vorrückte, Deckung zu geben. Nach einer Nacht, die sie bei Regen und Wind in den kalten Felsen verbracht hatten, waren die Söldner gereizt und hungrig. Sie stiegen in die Vororte von Palmyra hinab. Vor ihnen lagen einst bewohnte Gebäude, die von hohen Ziegelmauern umgeben waren. Die gefüllten Munitionslager wurden noch immer von den Dschihadisten kontrolliert. Sobald die Söldner auftauchten, begannen die Maschinengewehre von den Dächern zu feuern. Die Männer waren stinksauer – kein Wunder nach der anstrengenden Überquerung der Berge und der ungemütlichen Nacht. Sie hofften, sich endlich unter einem Dach aufwärmen zu können und wenigstens eine Stunde zu verschnaufen. Doch stattdessen mussten die Söldner jetzt schneller in Richtung der von den *Duchi* besetzten Gebäude vorrücken. Sie beantworteten das feindliche Feuer mit Schüssen aus Maschinengewehren und automatischen Granatwerfern. Grom (»der Donner«), aus der Gruppe von Nike und Inostranets, setzte den Feinden ordentlich mit Raketengeschossen zu. Die Dschihadisten waren nicht in der Lage, einem derart entschiedenen und beherzten Angriff standzuhalten. Sie ließen ihre schweren Maschinengewehre auf den Dächern stehen und verzogen sich eilig in ihren Pick-ups Richtung Stadt.

Bis die übrigen Söldner die vom IS besetzten Gebäude erreichten, hatten sich die Aufklärer von Inostranets und Nikes Einheit in der Sonne ausgeruht und getrocknet. Aber es galt keine Zeit zu verlieren, denn das Kommando forderte einen unmittelbaren Angriff. Alle weiteren Entscheidungen wurden überstürzt getroffen, um den Zeitplan einzuhalten.

Gebeugt unter der Last von Munition und Waffen, fluchend und schimpfend, bewegten wir uns in einer Kolonne auf den Flughafen zu. Wir umgingen die Gärten im Osten. Plötzlich tauchten rechts von uns zwei Fahrzeuge auf, vermutlich Dschihadisten. Sie rasten mit hoher Geschwindigkeit auf uns zu. Der Panzer, der unseren Vormarsch absicherte, feuerte mit einem Donnerschlag. Daneben. Ein zweiter Schuss, wieder daneben: Es ist nicht einfach, ein bewegliches Ziel zu treffen – vor allem mit veralteten Waffen, die ihre Einsatzzeit längst überschritten haben. Doch plötzlich forderte uns jemand über Funk auf, das Feuer einzustellen, denn es handelte sich um einen feindlichen Kriegsherrn, der kürzlich zu den Regierungstruppen übergelaufen war. Niemand fragte sich, was er so weit weg von der syrischen Armee verloren hatte. Oder warum wir nicht rechtzeitig über sein unverständliches Manöver informiert worden waren. Eigentlich schade, dass wir ihn verfehlt hatten. Dieser Schweinehund hatte bestimmt freies Geleit, um seine Männer zurückzubringen, bevor die Russen ihnen den Garaus machten!

Kaum am vereinbarten Ort angekommen, hatten wir eine weitere unerwartete Begegnung. Etwa 400 Meter vor uns rannten etwa 20 Männer in schwarzen und sandfarbenen Mänteln in Richtung Flughafen. Sie trugen Waffen mit sich. Wir eröffneten sofort das Feuer. Die Gestalten beeilten sich und sammelten eilig ihre am Boden liegenden Kameraden auf. Erneut erklang die Stimme des Dolmetschers aus dem Funkgerät: »Sie sind auf unsrer Seite!« Wir waren völlig verwirrt. Woher kamen diese *Sadiqs* und warum flohen sie? Als die Situation geklärt war, waren sie bereits verschwunden. Neue Nachricht: »Nein, sie waren doch nicht auf unsrer Seite, es waren Dschihadisten.« Da wurde uns klar: Auf Wunsch verschiedener verbündeter Kriegsherren sorgten die Syrer dafür, dass die IS-Kämpfer den russischen Söldnern entkamen. Mit uns konnte man ja keine Vereinbarungen oder Absprachen treffen. Wir mussten in diesem Krieg so tun, als gäbe es uns nicht.

Es waren noch knappe vier Kilometer bis zum Flughafen. Wir gingen voran und durchsuchten Gebäude und Umgebung nach möglichen Verstecken. Ratnik gab im Gehen Nike, Mrak und Inostranets detaillierte Anweisungen. Plötzlich rief er: »Wer ist denn das jetzt?« Die Söldner hatten sich auf die Rückendeckung durch die Syrer verlassen. Aufgrund des Motorenlärms hatten sie eine Kolonne aus drei Panzern und fünf Schützenpanzern auf der rechten Flanke nicht bemerkt. Sie war mit Männern in Uniformen der Regierungstruppen besetzt. Von Gnom, unserem Funker, erfuhren wir den Hintergrund: Ein links von uns vorrückender Trupp der *Sadiqs* hatte vor uns eine feuerbereite Einheit der *Duchi* ausgemacht. Nach der Devise »Allen Mut zusammennehmen und nichts wie weg hier!« hatte der Kommandant unvermittelt beschlossen, an die rechte Flanke der Söldner zu rücken. Unauffällig hatte er sich mit seinen Männern in eine weniger gefährliche Position begeben und sich mit russischen Einheiten vermischt, die es tatenlos geschehen ließen. Von nun an würden die Söldner ohne jegliche Kenntnis darüber agieren, was linkerhand oder hinter ihnen vor sich ging. Sie konnten nicht darauf zählen, dass die Syrer sich an den ursprünglichen Operationsplan halten würden.

Der Söldnertrupp drang immer tiefer in die Vegetation ein und näherte sich allmählich seinem Ziel. Die dichten Blätter der Olivenbäume behinderten die Sicht, Bewässerungskanäle und unwegsames Gelände erschwerten das Vorankommen. Neben vereinzelten Hütten und Gebäuden stießen wir auch auf unterirdische Unterstände und Zufluchtsorte, die sich unter den Blättern versteckten.

Bei der Überquerung eines Grabens brach einer der Panzer plötzlich ein. Er diente uns als mobiler Erste-Hilfe-Posten und zur Evakuierung. Seine linke Raupenkette war offensichtlich beschädigt. Er war in eine Art Holzunterstand eingesunken und lag blockiert auf der Seite. Die Sanitäter unter der Leitung von Terapevt machten sich daran, den Panzer auszugraben.

Bald erreichten die Söldner das Flughafengelände. Erstaunlicherweise war die Umzäunung trotz der Zerstörungen noch völlig intakt. Rechts von den Russen befand sich die »schwankende« Einheit der Alliierten. Die Syrer begannen sofort, den Flughafenbereich zu beschießen, und warfen wahllos Granaten auf Hangars und Gebäude. Als Antwort erhielten sie eine Granate aus einem Granatwerfer, die mehrmals herumwirbelte, bevor sie flach aufschlug, ohne das Führungsfahrzeug zu treffen. Die *Sadiqs* zogen sich sofort in sichere Entfernung zurück und setzten dann ihren unkoordinierten Beschuss fort. Sie klebten wie Ungeziefer am Panzer. Es war ihnen nicht in den Sinn gekommen, zu Fuß anzugreifen.

Inostranets und seine Aufklärer lagen am Zaun und lieferten sich Feuergefechte mit den IS-Kämpfern, die hinter einem Schutzwall Zuflucht gesucht hatten. Ratnik hatte keine Eile, den Befehl zum Vorrücken zu geben. Die Lage blieb unübersichtlich. Die Funkmeldungen der Verbündeten und des russischen Kommandos waren erschreckend unpräzise. Auch Nike und Mrak hatten ihre Trupps entlang des Flughafens positioniert. Doch Ratnik ließ sich Zeit und zögerte, auf die Startpisten und zu den Hangars zu stürmen, da er nicht wusste, was zu seiner Linken und hinter ihm vor sich ging.

Wie sich gezeigt hatte, war es riskant gewesen, unsere Nachhut bis zum Flughafen vorrücken zu lassen. Aber ein weiteres Vorrücken ohne ausreichende Munition war ebenso riskant. Die Aufklärer erkundeten weiterhin die Frontlinie, und die *Duchi* setzten alles daran, uns am Überqueren der Umzäunung zu hindern. Plötzlich sah die Truppe von Gorets (»der Bergbewohner«), wie in etwa 50 Metern Entfernung eine ganze Gruppe von Dschihadisten vor ihnen aus dem Boden sprang. Sie entstiegen flink einem tiefen Graben und stürmten einer nach dem anderen auf die rechte Flanke zu, wo Inostranets kämpfte. Gorets wartete, bis der letzte Mann die Deckung verlassen hatte und sich die gesamte Kolonne entlang unserer Aufstellung erstreckte. Dann schrie er: »Feuer!« Ein gewaltiger Kugelhagel, praktisch aus nächster Nähe abgefeuert, schickte die Hälfte der Kämpfer zu Boden. Die anderen rannten kreuz und quer, um sich in kleinen Gebäuden neben den Hangars zu verstecken oder sich in den nächstbesten Graben zu werfen.

Sobald die letzten *Duchi* in ihrem Versteck verschwunden waren, begann unser Unterstützungspanzer, gesteuert von Glyba (»der Block«), mit dem Beschuss. Schwarzer Rauch hüllte das Gebäude ein. Die Dschihadisten zeigten sich jedoch nicht allzu beeindruckt von ihren Verlusten. Im Gegenteil, ihr Hass auf die Russen schwelte nur noch stärker und löste noch heftigere Feuergefechte aus. Plötzlich schien es, als würden sie gleich zum Angriff übergehen. Ein Maschinengewehrschütze sprang auf die Brüstung und eröffnete unter wiederholtem Rufen von »Allahu Akbar« das Feuer in unsere Richtung. Ausgerechnet in dem Moment, als Gaskonets (»der Angeber«), der Maschinengewehrschütze des Inostranets-Zugs, sein Maschinengewehr besser zu positionieren versuchte. Als der wilde Einzelkämpfer auf seiner Brüstung erschien, nahm Gaskonets die Herausforderung an. Der dschihadistische Selbstmordattentäter und der russische Söldner standen sich gegenüber, den Lauf ihrer Waffen aufeinander gerichtet. In einer Sekunde war alles vorbei. Gaskonets, dessen Schläfe von einer Kugel gestreift wurde, kippte zur Seite und hielt sich den Kopf. Der Körper des Feindes, ein schwarzer Fleck auf dem weißen Kalkstein, war nach vorne gesunken. Seine leblosen Hände streckten sich nach seiner Waffe aus, die heruntergefallen war.

Gaskonets war ein weltoffener Mensch. Aber in seinem Innersten war er Russe geblieben. Dem privaten Militärunternehmen war er beigetreten, nachdem er die Fremdenlegion durchlaufen und mehrfach an deren Einsätzen teilgenommen hatte. Mit seiner französischen Aufenthaltserlaubnis hätte er in der Heimat der drei Musketiere gut verdienen können. Als er jedoch davon erfuhr, dass Söldner angeworben werden, fasste er sofort den Entschluss, zu unterschreiben. Sein freundliches Aussehen ließ ihn sympathisch erscheinen. Trotz seines Alters von über 40 Jahren trennte er sich nie von seinem geliebten Maschinengewehr, einer schweren und sperrigen Waffe, und war stets zur rechten Zeit am rechten Ort.

Ratnik entschied, die Söldner in den Schutz der Vegetation rund um den Flughafen zurückzuziehen. Er wollte Madrid die Ausrichtung der Granatwerfer von Bandit und die

Orientierung der Hubschrauber ermöglichen. Zur Freude der Söldner kam die Luftwaffe unterstützend hinzu, um alle Befestigungen der Dschihadisten zu beschießen. Doch sobald Nike versuchte, seine Position zu ändern, wurde er von einem Sperrfeuer aus den gegnerischen Schützengräben gestoppt. Die *Duchi* verteidigten sich hartnäckig.

Der Tag neigte sich dem Ende zu. Eine neue Entscheidung war fällig. Ratnik war enttäuscht und brummte: »Verdammt, hier kommen wir nicht weiter.« Ich kannte ihn schon lange und war nicht überrascht. Er hatte mich eine Regel gelehrt: Beim geringsten Zweifel halte an, atme kurz durch und überlege in Ruhe, wie es weitergehen soll. Ratnik war offensichtlich besorgt. Er besaß keine klaren Informationen darüber, was an den Flanken und im Rücken seines Trupps vor sich ging. Außerdem hatten sich die *Duchi* in ihren Befestigungen gut abgesichert. Und das waren nur die Vorposten des riesigen Flughafengebiets. Beim Vorrücken konnte es sehr leicht passieren, dass wir auf ebenem Gelände und völlig ungeschützt in eine Falle tappten.

Das gesamte Kontingent setzte sich in Bewegung und organisierte sich neu, um ein sicheres Nachtlager im Schutz der Natur zu errichten. Es entstand ein kurzer, aber unvermeidlicher Moment der Unruhe: Einer hatte nicht richtig verstanden, ein zweiter hatte nicht zugehört, ein dritter hatte sich falsch ausgedrückt. Schließlich richteten wir uns auf dem Gelände eines großen, seit Langem verlassenen Bauernhofs mit einem großen Obstgarten und einer Plantage ein. In den verfallenen Gebäuden konnte nur ein Teil der Söldner untergebracht werden. Die anderen blieben draußen, hoben kleine Gräben aus und schütteten Erdwälle auf. Ich richtete mir einen Platz zum Schlafen ein. Mein Kopf, der von den körperlichen Strapazen des langen Tages völlig leer war, funktionierte nur noch sporadisch. Das ist ein äußerst gefährlicher Zustand. Ich war nicht auf eine derartige Belastung vorbereitet. Mein Körper hatte seine Fähigkeit, kilometerlange Märsche oder den Stress des Kampfgeschehens auszuhalten, noch nicht wiedererlangt. Als Kommandant war ich in diesem Moment nichts wert. Ich musste mich dringend ausruhen.

Es war stockfinstere Nacht. Der Himmel war wolkenverhangen und ein lästiger Nieselregen setzte ein. Unsere Wasservorräte gingen zur Neige und wir hatten unsere knappen Essensrationen längst aufgebraucht. Endlose Stunden lagen vor uns, die ohne jeden Komfort umso anstrengender waren. Im ganzen Lager wurde unregelmäßig geschlafen, nicht nur bei den Nachtwachen. Durchfroren warteten wir alle ungeduldig auf die Morgensonne.

Im Morgengrauen bahnte sich ein Fahrzeug mit Wasser, Trockenrationen und dringend benötigter Munition einen Weg zu uns, vorbei an verlassenen Gärten, die zu einem undurchdringlichen Dschungel geworden waren. Von den ersten Sonnenstrahlen gewärmt, bereiteten wir uns auf den Kampf vor.

Der Trupp wartete auf das Signal. Die Mörserschützen beschossen systematisch die Stellungen der *Duchi*, die wir am Vortag ausgemacht hatten. Nach den Mörsern übernahmen die Panzer die Führung und feuerten, dass uns die Ohren klingelten. Sofort begannen die automatischen Granatwerfer zu bellen. Das Munitionslager zwischen den Hangars erhielt einen Volltreffer, ging in Flammen auf und explodierte schließlich. Nikes Soldaten stürmten durch die Öffnungen, die unsere Pioniere in die Umzäunung geschlagen hatten. Die

Panzer rissen zwei weitere Durchgänge für die Aufklärer von Mrak auf. Dann drang die Flut der Söldner in den Flughafen ein. Nichts konnte sie mehr aufhalten. Zur gleichen Zeit geschah in der Stadt etwas Unvorhergesehenes. Unterstützt von russischen Spezialkräften waren die Syrer, die die Offensive von der Straße nach Homs aus anführten, endlich auf die Zitadelle vorgerückt und hatten die Vororte von Tadmor erreicht. Die *Duchi* fürchteten, eingekesselt zu werden und zogen sich schnell zurück, um einem weiteren Kampf aus dem Weg zu gehen. Kurz darauf war das gesamte Gelände um den Flughafen unter der Kontrolle der russischen Söldner.

Wir hatten dieses Gebiet mit unserem Blut und Schweiß erobert. Aus dem Nichts kreuzten ein paar arrogante Muchabarats (Geheimdienstler) in ihren glänzenden amerikanischen Jeeps auf. Sie versuchten, in das Innere der Anlage vorzudringen. Unsere Antwort war kurz und bündig: »Verpisst euch!« Schließlich ließ Ratnik die Arschlöcher rein, die sich am Vortag hinter den Söldnern von einer Flanke zur anderen verdrückt hatten. Aber erst nachdem der russische Oberst, der sie begleitete, mit »rührender Weisheit« für ihr Anliegen plädiert hatte: Sieger müssten Großmut beweisen können.

Die *Duchi* zogen sich unweit hinter den Bergrücken zurück. Im Gegensatz zu den Syrern der regulären Streitkräfte neigten sie nicht dazu, in Panik zu geraten und sich sofort aus dem Staub zu machen. Bald begannen sie, den Flughafen aus ihren seit Langem vorbereiteten Unterständen zu beschießen. Mehrere Geschütze feuerten gleichzeitig. Die erste Granate traf einen großen Eukalyptusbaum, unter dem die Aufklärer Schutz gesucht hatten. Die Beobachtungsposten der Söldner suchten die ganze Ebene nach jedem noch so kleinen Hinweis auf gegnerische Stellungen ab. Auf ihre Anweisungen hin setzten die Jungs von Brity und Bandit ihre Granatwerfer ein. Bald schlossen sich ihnen die Verbündeten an, die über schlagkräftigere Waffen und Raketen verfügten.

Plötzlich rasten Soldaten der russischen Spezialeinheiten auf ihren leichten Panzern durch die Lücken im Zaun und fuhren auf die Piste. Sie waren die einzigen Vertreter der russischen Streitkräfte, die wir an der Front trafen. Ich ertappte mich dabei, wie ich sie mit einem gewissen Wohlwollen betrachtete. Sie waren gut gebaut und energisch, was nicht im Geringsten abwertend gemeint ist (der Glaube, dass man vor einem Söldner als harter Kerl durchgehen kann, ist vergebene Liebesmüh). Die Kommandos der russischen Sondereinsatzkräfte (SSO) waren der beste Beweis dafür, dass Russlands Helden noch nicht ausgestorben waren. Eine halbe Stunde später hatte ihre Panzerabwehrkanone einen Lastwagen abgeschossen, der sich mit hoher Geschwindigkeit zwischen den geschützten Stellungen der *Duchi* hindurchschlängelte. Hubschrauber tauchten auf und kreisten über unseren Köpfen. Sie flogen in Zweierformationen und wechselten sich ständig ab, um ihre Raketensalven präzise auf die von den Kommandos angegebenen Ziele abzufeuern.

Das unaufhörliche Gedröhne der Hubschraubermotoren, unterbrochen von Schusswaffen- und Raketenbeschuss, dauerte ganze drei Stunden an. Schließlich hatten wir die Erklärung für diese Machtdemonstration: Der Tross des Befehlshabers erschien auf der Startbahn. Eskortiert von den Kommandos der Sondereinsatzkräfte, schlenderte der Kommandeur stolz und aufgeblasen durch die Hallen, von denen die meisten mit ausgebrannten Panzern vollgestellt waren. Einige waren noch in Betrieb und dienten bis vor Kurzem den

Duchi, andere wurden wegen ihrer Ersatzteile aufbewahrt. Der General nahm einen kurzen Videobericht auf und entfernte sich. Während der ganzen Zeit, die er in unserer Mitte verbrachte, achtete er peinlich darauf, uns zu ignorieren. Wir waren aufgrund unserer Uniform und des Fehlens von Erkennungsmerkmalen leicht von Soldaten der syrischen oder russischen Armee zu unterscheiden. Der General bestätigte damit, dass er nichts mit uns zu tun haben wollte. Unter keinen Umständen würde er anerkennen, dass wir den Flughafen eingenommen hatten und nicht die edlen Krieger der syrischen Armee, angeführt von hoch qualifizierten russischen Beratern. In seinem Bericht an seine Vorgesetzten beschrieb der russische Kommandeur die Beteiligung der Söldner an der Eroberung von Palmyra als unbedeutend und ohne wirklichen Einfluss auf den Verlauf der Operationen. Seiner Meinung nach war es kaum der Rede wert, dass wir nicht im Hintergrund abgewartet hatten, während andere ihr Leben riskierten.

Nun galt es, so schnell wie möglich den Zug von Bespaly abzulösen. Ratnik hatte ihn am Stadtrand zur rückwärtigen Absicherung positioniert. Die vom Kommando versprochene Einheit von Verbündeten schien es nicht eilig zu haben, sie abzulösen. Ratnik nahm mich mit auf den Weg zum Hauptquartier.

Der Weg führte durch die antike Stadt. Ich ging ein paar Schritte zwischen den Ruinen, Überresten einer vergangenen Epoche, und war überwältigt. Wie hatten es die Baumeister von damals geschafft, ohne Bagger und Kräne diese Bauten zu errichten? Wie hatten die Vorgänger der Araber, die heute in diesem Land lebten, dieses Kunststück vollbracht? Vorgänger, nicht Vorfahren. Ich kann mich nicht dazu durchringen, die heutigen Bewohner, die in der Wüste nur ein paar verfallene und mit Müll übersäte Kleinstädte zustande gebracht haben, als ihre Erben zu betrachten. Darüber hinaus zeigten die Araber im Allgemeinen wenig Respekt vor den Meisterwerken der Antike. Die Vorstellung, dass alle Kultur erst mit dem Islam entstanden war und dass davor nur Unordnung und Unwissenheit herrschten, war unter ihnen weit verbreitet. Der IS war in der Verachtung dieses kulturellen Erbes nur noch einen Schritt weiter gegangen und hatte auch dessen aktive Zerstörung betrieben.

Im Jahr zuvor hatte Ratnik die Gelegenheit gehabt, die antike Stätte zu besuchen. Er erläuterte die Veränderungen, die sich seit der Übernahme durch die Dschihadisten vollzogen hatten. Er zeigte mir die Teile des Amphitheaters, die heute nur noch Ruinen sind, und die Stelle, an der einst der berühmte Triumphbogen, das Wahrzeichen Palmyras, gestanden hatte. Die alten rosafarbenen Steine, die mit Mosaiken verzierten Bodenplatten, die Flachreliefs an den Wänden und die Kolonnaden waren bewundernswert. Nur Wahnsinnige konnten Hand an ein solches Bauwerk legen und es zerstören. Während des Angriffs hatten die Mauern der Zitadelle, in der sich die Dschihadisten verschanzt hatten, großkalibrigen Granaten standgehalten. Als diese Festung errichtet wurde, konnten sich die Erbauer die Zerstörungskraft der modernen Artillerie nicht einmal vorstellen. Dennoch hatten sie sie für die kommenden Jahrhunderte gebaut. Das Ergebnis war ein wahres Meisterwerk der Fortifikation.

Die Kommandozentrale der russischen Militärberater befand sich auf dem riesigen Gelände eines reichen Herrenhauses, das von einem hübschen Zaun umgeben war. Die Berater hatten es sich im Hauptgebäude gemütlich gemacht, dessen

Inneneinrichtung eher an ein Sanatorium als an eine vorübergehende Unterkunft denken ließ. Unser Gespräch mit den Offizieren war kurz, aber informativ. Der kommandierende Oberst gab ohne Weiteres zu, dass er nicht imstande war, die von uns geforderte Ablösung zu organisieren. Er konnte nicht genügend Männer aus den ihm zur Verfügung stehenden Einheiten abstellen. Die Hälfte der Gruppe, die er zuvor zusammengestellt hatte, war desertiert. Was für eine heldenhafte Armee, was für ein Volk mit einem unerschütterlichen Glauben an seinen Präsidenten! Der Oberst bot uns einen Kaffee an und erzählte uns aus seinem Leben. Dabei rutschte ihm heraus, dass er seinen Posten einer Schmiergeldzahlung verdankte, die seinem ersten Monatsgehalt in einem Einsatzgebiet entsprach. Er betrachtete seinen Aufenthalt in Syrien als eine gute Investition in die Zukunft. Mit den Kopfgeldern würde er einen saftigen Gewinn einstreichen. Als Kämpfer würde er eine ganze Reihe von Prämien und Zulagen erhalten. Und nicht nur das: In seinem Lebenslauf als Staatsbeamter war es natürlich ein Pluspunkt, der ihm für seine zukünftige Karriere zum Vorteil gereichen würde. Dieser Oberst wird vielleicht eines Tages General. Aber er wird in seinen Aufzeichnungen die Tatsache verschweigen, dass er seine goldenen Streifen und Orden gekauft hat. Stattdessen wird er erzählen, dass er als guter Soldat dem Ruf des Vaterlandes gefolgt und mutig in die gefährlichsten Gegenden der Welt aufgebrochen sei, um seine Pflicht zu erfüllen.

Die Ablösung traf schließlich am nächsten Tag ein. Auf den Ladeflächen der klapprigen Lastwagen aus russischer Produktion, inmitten von Säcken, Matratzen und allerlei Gerümpel, saßen bewaffnete Männer in Uniform. Auf einem URAL war ein Zelt aufgebaut, aus dem ein rauchender Kamin herausragte! Die Schrottsammler begannen, ihr Chaos auszuladen. Wir erkannten, dass die Alliierten, die zwei Granatwerfer dabeihatten, statt Munition lieber Matratzen, Gasflaschen und Geschirr mitgenommen hatten. Der russische Militärberater und Begleiter dieser *Sadiqs* stieß eine lange Schimpftirade aus. Jeder Syrer, vom untersten Rang bis zum Präsidenten, kriegte sein Fett ab: »Vollidioten, Gesindel!« Der Mann musste seiner schweren Enttäuschung Luft verschaffen. Die Söldner kicherten, als sie in die Fahrzeuge stiegen. Der Ärger und die Sorgen des Beraters verstärkten nur ihre Verachtung für die reguläre syrische Armee. Sie wussten nur zu gut, wie mühsam es war, mit solchen Untergebenen zu arbeiten.

Mit der Einnahme des Flughafens wurde dem Feind der Rückzugsweg über Deir ez-Zor in den Irak abgeschnitten. Es war ein Schlüsselmoment bei der Rückeroberung von Palmyra. Die Söldner waren zu jedem Zeitpunkt aktiv an der Operation beteiligt. In den offiziellen Militärberichten, auf den Titelseiten der Zeitungen und in den Fernsehnachrichten würde jedoch niemand etwas davon erwähnen. Obwohl die Beteiligung russischer Söldner am Krieg in Syrien schon lange ein offenes Geheimnis war, verhielt sich jeder so, als unterliege sie einer strikten militärischen Geheimhaltungspflicht. Und selbstverständlich würden auch diesmal alle Ehren und Anerkennungen anderen zuteilwerden.

31

UND WAS IST MIT MEINEN PRÄMIEN?

Die sterblichen Überreste der beiden Söldner lagen im Heck des URAL. Ich kniete mich hin und hob vorsichtig die Plane an, die Köpfe und Schultern der Leichen bedeckte. Die farblosen Gesichter waren zu einem schmerzverzerrten und erschrockenen Grinsen erstarrt. Es überstieg mein Vorstellungsvermögen, dass ihr Schicksal auf diese Weise besiegelt worden war. Die Jungs waren tot, und nichts konnte sie zurückbringen. Besonders bitter war, dass sie von ihren eigenen Kameraden getötet worden waren.

Alles hatte damit begonnen, dass der Kommandant eines kleinen Trupps von zwei Aufklärern auf dem Weg zu einem Beobachtungsposten sich auf die Angaben eines erfahrenen Scharfschützen verließ. Dieser befand sich mit seinem Partner im »Versteck«[26]. Der Scharfschütze berichtete, dass der Trupp den Posten erreicht hätte. Der Kommandant machte sich nicht die Mühe, dies zu überprüfen, was sich als fataler

---

26 Ein getarnter Beobachtungsposten oder Wachposten vor der Frontlinie.

Fehler erwies. Der Kommandant der Einheit hatte zwei Männer mit einem Maschinengewehr eingesetzt, um die Stelle zu überwachen, von der aus nur die Aufklärer direkt vor ihnen zu sehen waren. Doch als einer von ihnen im Dunst der morgendlichen Dämmerung zwei Gestalten in weniger als 50 Metern Entfernung entdeckte, drückte er aus reinem Überlebensinstinkt ab. Der Rest des Trupps reagierte auf den Lärm und schloss sich dem Beschuss an. Die Triumphschreie über Funk waren schnell verklungen, als sie erkannten, dass sie gerade zwei entgegenkommende patrouillierende Söldner erschossen hatten. Erst jetzt wurde klar, dass der Standort der Aufklärer vom Scharfschützen falsch angegeben worden war.

Ich sprang vom Lastwagen und trat beiseite. Den umstehenden Menschen wandte ich den Rücken zu. Ich starrte geradeaus und versuchte, den Anfall von Verzweiflung, der mich überkam, unter Kontrolle zu bringen. Meine Kehle war wie zugeschnürt, ich hatte Tränen in den Augen. Ich ballte meine Hände zu Fäusten und unterdrückte das Zittern. Was für ein Unding, aus nächster Nähe auf Kameraden zu schießen! Warum hatte der Schütze, der sich hinter den Felsen versteckt hatte, das Feuer eröffnet? Selbst wenn es sich um Feinde gehandelt hätte, hätte er ruhig bleiben müssen, um nicht vorzeitig entdeckt zu werden. Außerdem waren sie nur zu zweit, während hinter dem Maschinengewehrschützen eine ganze schussbereite Gruppe stand. Das war unüberlegt, dumm und unprofessionell! Und jetzt war es zu spät ...

Zu spät für Cherhan, einen Kommandanten der Aufklärer. Stets ruhig und entspannt, höflich und respektvoll gegenüber den Älteren. Ein erfahrener Kämpfer, der die harte Schule der Spezialeinheiten durchlaufen hatte. Zu spät für Colt, der ständig auf der Hut und manchmal etwas ruhelos war. Unter

Ratniks Kommando hatte er an den meisten Missionen teilgenommen. Es gab nie auch nur den geringsten Anlass, an seiner Zuverlässigkeit zu zweifeln. Nun waren nur noch ihre Leichen übrig. Ihre Gesichter waren nicht mehr zu erkennen, sie waren wie fremd, ausgetrocknet und ausgeblutet. Ihre Familien hatten einen Ehemann, einen Vater und einen Ernährer verloren.

Später im Trainingscamp traf ich auf den famosen Scharfschützen, der in jener verhängnisvollen Nacht den Chef gespielt hatte. Ich stellte mir vor, dass er wegen seines Fehlers und des Todes seiner Kameraden am Boden zerstört war. Er tat mir leid und ich wollte ihn trösten. Zu meinem Erstaunen fragte er mich ohne Umschweife, ob er seine Prämien trotz des Vorfalls erhalten würde. Er hatte nicht den Hauch eines schlechten Gewissens. Schockiert zuckte ich mit den Schultern und wandte mich ab. Dieser Mann hatte ein Verbrechen begangen. Wäre dies in der Armee und nicht in der »Kompanie« passiert, wäre er vor ein Kriegsgericht gestellt worden. Aber so weit konnte er anscheinend nicht denken. Die traurige Wahrheit war: Wir hatten zwei kluge und zuverlässige Jungs verloren, und dem Schuldigen ging es nur um sein Geld. Wenn Geld nicht glücklich macht, dann verdirbt es jedenfalls manche bis ins Mark.

32

AM PASS

Gorets gehörte zu jenen Menschen, für die Religion oder Nationalität keine Rolle spielen, ebenso wenig wie die Herkunft. Der Tschetschene zeigte stets ein Lächeln, das seine Goldzähne zum Vorschein brachte, und ließ sich nie entmutigen. Dank seines unkomplizierten Wesens weckte er sofort Vertrauen und verstand sich problemlos mit allen Mitgliedern der internationalen Bruderschaft. Ich hatte ihn bei meinem ersten Einsatz in Syrien kennengelernt. Seit Gorets alt genug dafür war, eine Waffe zu benutzen, hatte er diese nicht mehr aus der Hand gelegt. Er war stets bereit, in den Kampf zu ziehen, ohne nach irgendwelchen Ausflüchten zu suchen. Der erfahrene Kämpfer hatte früher einer Einheit angehört, die inzwischen aufgelöst worden war. Sie war beim tschetschenischen Präsidenten Ramsan Kadyrow in Ungnade gefallen. Er schloss sich daher den Söldnern des privaten Militärunternehmens an. Dort hatte er sich vom einfachen Soldaten zum Gruppenführer in der Ratnik-Einheit hochgearbeitet.

Nachdem er vom KamAZ abgestiegen war, schlich sich Gorets ins Zelt und erzählte wie üblich eine spaßige Geschichte. Der Inhalt war zweitrangig, aber seine Erzählweise war urkomisch. Die durch seinen starken Akzent verzerrten Ausdrücke ernteten unweigerlich schallendes Gelächter.

Nach dieser Einführung setzte er sich ans Feuer und wurde von den Anwesenden herzlich begrüßt. Der rußgeschwärzte Kessel spuckte kochendes Wasser aus dem Ausguss. Es tropfte zischend auf die heißen Steine des Ofens, den wir unter unserem Zelt in einer Felsnische eilig gebastelt hatten. In einem solchen Unterschlupf konnte man sich entspannt zurückziehen. Wir waren geschützt vor dem stechenden Wind der Berge und vor möglichem feindlichen Beschuss. Unser Gesprächsstoff war wie immer sehr vielfältig: Redebedürfnis, Ablenkung vom Krieg, von der eisigen Kälte, den unangenehmen Erlebnissen der vergangenen Tage und der ständigen nervlichen Anspannung. Wir hatten uns vorsichtig bis zum Gipfel des Bergkamms vorgearbeitet und vermieden es, ins Kreuzfeuer der Dschihadisten zu geraten. Allein am Vortag hatten die Minenräumer ein Dutzend Minen entschärft. Kälte und Regen förderten das Bedürfnis nach Entspannung. Am liebsten würde man im Warmen liegen und an etwas anderes denken als an die kahlen Felsen und die Aussicht, durch eine Granate oder eine Mine umzukommen. Genau das taten wir auf dem Gipfel dieser Bergkette, die wir unter unsere Kontrolle gebracht hatten. Wir genossen die Wärme des Feuers und des Kaffees und warteten auf den Sonnenaufgang.

Dikiy (»der Wilde«), ein Mörserschütze, hatte gerade ausführlich von seinen Erfahrungen als Kommandant einer Artilleriebatterie in der nordkaukasischen Republik Dagestan erzählt. Obwohl viele Söldner den regulären Militärdienst aufgegeben hatten, begriffen sie sich immer noch als Soldaten. Die Probleme der offiziellen Armee blieben ein Gesprächsthema. Wir hatten einen unmittelbaren Einblick in die Situation der russischen Armee und kannten die wahren

Zustände. Für das Oberkommando empfanden wir nur Verachtung. Es hatte die Streitkräfte des Landes in einen einzigen Zirkus verwandelt: Panzer-Biathlons, Forumsveranstaltungen, Paradeübungen – nichts als Show. Dikiy erzählte, wie die Dschigiten[27] der Umgebung den Militärdienst in eine Art Schmarotzertum verwandelt hatten. Sie erhielten für die Erfüllung ihrer Aufgaben ein ansehnliches Gehalt, arbeiteten jedoch nur an Zahltagen. Einen Teil ihres Lohns gaben sie offenkundig an ihre Vorgesetzten ab. Die Folgen waren ein schwaches Niveau der Truppen und Befehlshaber ohne Autorität. Diese hatten sich angewöhnt, davor die Augen zu verschließen. Sie standen entweder unter dem Druck ihrer eigenen geldgierigen Vorgesetzten oder akzeptierten die Spielregeln.

»Jeder tut, was er kann«, spottete Bandit.

»Und du, Dikiy, warum hast du dich nicht gegen dieses schändliche System gestellt?«

»Ich wollte nicht allein den verdammten Helden spielen. Würdest du dich gegen das System auflehnen?«

»Gegen das System zu sein, heißt gegen dein Volk zu sein«, antwortete eine Stimme aus dem hinteren Teil des Zelts. »In jedem Fall wirst du als schuldig angesehen. Alle waren mit dieser Regelung zufrieden. Die Offiziere, die ihren Anteil abbekamen, die Einheimischen, die keinen Mist bauten, das Kommando, das seine kleinen Geschenke und einwandfreie Berichte erhielt. Wer sich wehrt, macht sich viele Feinde.«

---

27 Elitereiter aus Zentralasien und dem Kaukasus und im weiteren Sinne eine Bezeichnung für Männer aus diesen Regionen.

»Die Beamten sind allesamt Schurken, nichts ist ihnen heilig. Sie respektieren weder das Vaterland noch die Flagge, sie wollen sich nur die Taschen füllen.«

»Die gleiche Scheiße läuft in ganz Russland, nicht nur im Kaukasus. Alles ist verhandelbar: seinen Namen auf eine Liste zu setzen oder keinen Militärdienst zu leisten. Sie nominieren Leute gegen ein Schmiergeld für Ordensverleihungen und handeln mit Posten. Seit Langem ist die Armee ein großer Basar, auf dem alles käuflich oder verkäuflich ist. Kein Sinn für Ehre, kein Pflichtgefühl, nichts.«

Ich hatte in ruhigem Ton gesprochen und saß auf einem kleinen Klapphocker, den mir Dikiy freundlicherweise überlassen hatte.

»Sie kriegen Wohnungen geschenkt, ihre Gehälter steigen, ihr Prestige wächst«, warf Tatarin (»der Tatare«) mit einer erläuternden Geste ein.

»Wann werden sie anfangen, ehrlich zu dienen? Was muss geschehen, damit sie endlich mal in die Mangel genommen werden?«

»Sie sind genauso krank wie der Rest der Gesellschaft. 2015, vor der ersten Mission, hatte ich ein Training mit der Pistole auf dem Schießstand. Ich traf auf die Spezialeinheiten der Brigade. Während die Soldaten sinnlose Bewegungen übten, hatten die Offiziere Wurst mitgebracht und kauten auf ihren Broten herum. Auf meine Frage ›Habt ihr noch lange zu tun?‹ antworteten sie: ›Leider ja. Wir haben eine Inspektion aus Moskau. Sie haben uns zum Üben hierhergeschickt. Sie werden bald hier sein, um zu filmen.‹ Damit ist alles gesagt. Selbst für einen Offizier der Spezialeinheiten war das Training eine Belastung. ›Leider‹, wiederholte er, während seine Soldaten wie Idioten herumrannten. Was sollte das Ganze?

Reine Zeitverschwendung, verlorene Mühe. So ist sie, die Armee, die Serdjukow[28] absorviert hat, als er sie umkrempeln wollte. Sie werden niemals satt. Sie werden sich immer beschweren. Keiner von ihnen denkt wie ein Profi und versteht, was Kampf bedeutet.«

Ich spuckte auf den Boden und nahm einen Schluck Kaffee …

Der Feind in unmittelbarer Nähe ließ sich vernehmen und unterbrach die Unterhaltung. Eine Granate aus einem Geschütz, das irgendwo im Norden in einer Ecke des Vorgebirges versteckt war, flog über unsere Stellungen hinweg und landete in den Felsvorsprüngen. Schluss mit dem Geplauder, wir wurden unsanft in die Realität zurückgeholt.

Gorets schnappte sich die Ladegeräte der Funkanlagen und sprang ohne zu zögern auf das Trittbrett des KamAZ. Er wies den Fahrer an, das Fahrzeug unterhalb der Mörserstellungen zu positionieren. Die Mannschaften eilten zu ihren Geschützen, und die Späher richteten ihre Zielokulare auf die hügelige Ebene vor ihnen, um die Geschütze der *Duchi* auszumachen. Bald flog ein zweites Geschoss über unseren Köpfen hinweg und explodierte hinter uns. Es dauerte nicht lange, bis unsere Kanonen das Feuer erwiderten und auf den Blitz der Explosion in der Ferne zielten. Das Duell war von kurzer Dauer. Das feindliche Feuer stoppte rasch und hatte auf unserer Seite keinen Schaden verursacht.

---

28 Anatoli Serdjukow, russischer Verteidigungsminister von 2007 bis 2012, der die Armee reformieren sollte, aber nach einem großen Korruptionsskandal entlassen wurde. Serdjukow ist außerdem für die Privatisierung einer Reihe von Abteilungen des Verteidigungsministeriums bekannt.

Die Sonne ging auf und wärmte die Felsen. Der Wind hatte seine Richtung geändert und sich wieder gelegt. Von der Höhe des Bergkamms aus wirkte die Ebene wie ein mysteriöser lebender Organismus, dem man die Haut abgezogen hatte. Dieser Eindruck war besonders stark, solange die Sonne noch nicht über die Berggipfel geklettert war und sich die Felsen noch nicht klar abzeichneten. Die wechselnden Farben der Oberfläche waren das Muskelgewebe und die ausgetrockneten Flüsse, die sie durchzogen, ein Netz aus Arterien und Venen. Die Wüste atmete. Aus der Nähe offenbarten die Berge, die aus der Ferne glatt erschienen, plötzlich zahlreiche verborgene Höhlen, Einbuchtungen und Felsvorsprünge. Alles hier war von bezaubernder Schönheit.

Von unserem Gipfel aus konnte man in der Ferne einen ebenso hohen Bergkamm erkennen. Es war der letzte, den wir einnehmen mussten, bevor wir die weite Wüste von Al-Schaar erreichten. Dort würden wir dem IS die Ölfelder entreißen. Der Feind erwartete unsere Offensive und bereitete sich darauf vor. Die Dschihadisten dachten nicht daran, das eroberte Territorium widerstandslos abzutreten. Die Kämpfe würden hart und blutig werden.

Wir kamen mühsam voran und legten nicht mehr als einen Kilometer pro Tag zurück. Grat für Grat rückten wir vor und erwarteten hinter jedem Felsvorsprung einen Angriff. Der Weg musste immer wieder von Minen befreit werden. Wir rückten gleichzeitig in mehrere Richtungen vor und erreichten nach der Besetzung der Anhöhen die andere Seite des Bergs. Der Feind hatte sich kampflos zurückgezogen. Beim abschließenden Manöver waren Ratniks Männer gerade dabei, die Straße über den Pass abzuschneiden. Dort mussten sie sich jedoch einer Gruppe hartnäckigerer Dschihadisten stellen, die sich weigerten, ihre Bastion zu räumen. Nach einem kurzen Gefecht ließen die Gegner ihre schweren Waffen zurück und nahmen nur ihre Verwundeten und Toten mit. Der Ausgang des Gefechts überraschte zunächst alle: Warum hatten wir den Feind außer Feuerreichweite fliehen lassen? Die Erklärung dafür kam später. Ausschlaggebend war die Unentschlossenheit des Zugführers Ziat (»der Schwiegersohn«). In der bevorstehenden Schlacht würde er seine mangelnden Qualitäten unter Beweis stellen.

Was wir auf der anderen Seite des Bergrückens entdeckten, offenbarte einmal mehr die Unfähigkeit der syrischen Armee. Entlang des gesamten Hochplateaus waren Befestigungen in Richtung des Feindes errichtet worden. Die Stellungen waren für schwere Geschütze ausgerüstet. Hier trafen wir nun auf die Überreste ausgebrannter amerikanischer Pickups, auf denen großkalibrige Maschinengewehre montiert worden waren. Solche Stellungen konnten einer jahrelangen Belagerung standhalten. Doch nach der geringen Anzahl der verschossenen Patronenhülsen zu urteilen, war die Schlacht hier von kurzer Dauer gewesen. Die von Schakalen abgenagten Skelette belegten, dass die Soldaten eilig geflohen waren, ohne die Überreste ihrer Kameraden mitzunehmen. Kein Wunder, dass Israel es geschafft hatte, die Armeen von drei arabischen Staaten in sechs Tagen zu besiegen ...[29]

Wir richteten uns also in den Stellungen ein, die die syrische Armee verlassen hatte. Unten, ganz in der Nähe, wo das Tal von Al-Schaar beginnt, lauerten in Felsspalten und Be-

[29] Im Sechstagekrieg stand Israel vom 5. bis 10. Juni 1967 Ägypten, Jordanien und Syrien gegenüber.

tonunterständen die *Duchi*. Sie waren wütend über das Auftauchen der russischen Söldner. Nachdem Ratnik sich vergewissert hatte, dass alles unter Kontrolle war, beschloss er, ins Lager zurückzukehren. Wir folgten ihm mit Madrid. Der Weg schlängelte sich durch eine enge Schlucht zwischen großen Monolithen aus glattem Fels. An manchen Stellen war sie nicht breiter als unsere Schultern. Manchmal führte der Pfad an einem Spalt vorbei, durch den Wasser von den nahe gelegenen Gipfeln floss. Von hier aus konnte man steinerne Vordächer erkennen. Sie beherbergten Höhlen, in denen ein ganzer Nomadenstamm Platz fand. An manchen Stellen, wo die Schlucht breiter wurde, sah die Felswand mit ihren von der Natur geschaffenen und von Menschenhand verfeinerten Nischen wie ein Bienenstock aus. In diesen Schlupflöchern fühlten sich die *Duchi* völlig sicher. Gefahr lag in der Luft. Aus Reflex entsicherte ich mein automatisches Gewehr.

Nach langem Umherirren in der Schlucht stießen wir auf ein paar Tanks. Sie waren entweder mit Wasser oder mit diesem minderwertigen Treibstoff aus behelfsmäßigen Raffinerien gefüllt. Wir wollten es nicht so genau wissen. Im Krieg darf man nicht zu neugierig sein. Das war Aufgabe der Minenräumer. Bei einem kurzen Halt kamen wir zur gemeinsamen Schlussfolgerung: Raue Schönheit ist noch majestätischer. Später erreichten wir eine Ebene, die ebenfalls einige Überraschungen bereithielt. Bei der Umrundung der niedrigen Hügel bestand jederzeit die Gefahr, in einen Abgrund zu stürzen. Die steilen Wände führten zum Bett eines seit Urzeiten ausgetrockneten Flusses hinab. Wir erreichten das Lager nach Einbruch der Dunkelheit. Dieser friedliche, fast touristische Spaziergang hatte unvergessliche Eindrücke hinterlassen. Inmitten der Kriegsroutine war dies ein besonderes Ereignis.

33

AL-SCHAAR

Im Morgengrauen tauchte ein mit Stahlblech verkleidetes Dschihad-Fahrzeug auf. Es steuerte auf die Stellung der Aufklärer zu. Sie waren am Vortag eingetroffen, um die Autobahn abzusperren. Tschimkent feuerte eine raketengetriebene Granate ab, die jedoch ihr Ziel verfehlte. Tuva versuchte, die Stahlpanzerung um die Fahrerkabine und den Motor zu durchbrechen. Er nahm den mit Sprengstoff beladenen Pick-up unter Beschuss – ohne Erfolg. Das Fahrzeug war bereits in der Nähe und verlangsamte seine Fahrt. Die Aufklärer waren sich der Gefahr bewusst, die vom verminten Fahrzeug ausging, das jetzt praktisch zum Stillstand gekommen war. Sie versuchten, sich so schnell wie möglich zu entfernen. Doch es gab keine geeignete Deckung auf dem gesamten felsigen, fast ebenen Gebiet, in das der Selbstmordattentäter eingedrungen war.

Die gewaltige Explosion, die in einem Umkreis von 200 Metern alles zerstörte, wirbelte eine riesige Staubwolke auf. Bevor sie sich wieder legen konnte, zerrissen die ersten Schüsse aus großkalibrigen Maschinengewehren und Flugabwehrkanonen die Luft. Die ganze Ebene, die bis dahin in Stille gehüllt war, begann zu summen und zu donnern. Am Himmel flimmerten in geringer Höhe die Blitze der SU-23-Geschosse[30]. Die *Duchi* hatten ihre gesamte Artillerie aufgefahren, um die Söldner daran zu hindern, ihren Kameraden zu Hilfe zu eilen.

Im hektischen Treiben mussten die Reihen neu geordnet werden. Das Evakuierungsteam eilte zum Explosionsort. Es wurde schnell klar, dass jeder auf die eine oder andere Weise Hilfe brauchte. Die Leichtverletzten stützten die Schwerverletzten. Die Sanitäter schleppten diejenigen, die sich nicht mehr bewegen konnten. Nachdem wir alle herausgeholt hatten, die sich in der Nähe des Epizentrums der Explosion befanden, zählten wir drei Tote.

Die Schlacht trat jetzt in die heiße Phase. Die mobilen Maschinengewehre der *Duchi* blinkten über die Bergrücken, die sie wie ihre Westentasche kannten. Zur großen Überraschung der Söldner tauchten zwei Panzer aus den Schluchten auf. Sie bewegten sich parallel und manövrierten zwischen den Hügeln. Die beiden Panzer begannen, ihre Geschosse systematisch auf unsere Linien abzufeuern. Dabei wechselten sie schnell ihre Position und wichen den Gegenangriffen unserer Lenkraketen geschickt aus. Hinter den Panzern liefen kleine Gruppen von Infanteristen, die mit Maschinengewehren bewaffnet waren. Die Mörser und Artilleristen hatten kaum Zeit, auf die wechselnden Ziele zu feuern, sie kamen immer zu spät. Es war unmöglich, die schnellen japanischen Pick-ups zu neutralisieren. Die *Duchi* nutzten ihre Beweglichkeit und kamen bedrohlich nahe. Die

---

30 Sowjetische 23-mm-Flugabwehrkanone. Die SU-23-2 wurde 1960 in der sowjetischen Armee in Dienst gestellt und in die ganze Welt exportiert.

Söldner mussten sich zurückziehen, um nicht unter dem Artilleriefeuer begraben zu werden.

Die IS-Kämpfer nutzten die Phase unserer Neuorganisation. Sie kamen noch näher und drohten Nikes Zug von der Seite zu überfallen. Im letzten Moment gelang es den Söldnern, den Durchbruch der Dschihadisten hinauszuzögern. Die Panzer schossen weiter, wagten sich jedoch nicht zu nahe heran. Nikes Zug musste sich schließlich zurückziehen: Seine Stellungen waren jetzt zu exponiert. Außerdem gab es keine Aufklärer mehr zur Unterstützung – die meisten von ihnen waren ins Krankenhaus gebracht worden. Sobald Nike sich zurückgezogen hatte, eilten die *Duchi* herbei, um seine Stellung einzunehmen. Sie wurden aber sofort von Brity unter Beschuss genommen. Er hatte Zeit gehabt, seine Position zu wechseln. Auf der rechten Flanke ertönte ein verzweifelter Hilferuf von Ziat. Unter dem Schutz des schweren Feuers von drei Flugabwehrkanonen hatten sich die Dschihadisten genähert. Ziats Zug war erst wenige Stunden zuvor eingetroffen und nicht auf eine Abwehrschlacht vorbereitet. Unversehens waren die Söldner in die Situation von gejagten Tieren geraten. Die Infanterie der *Duchi* hatte sie an die Felsen gedrängt. Ziat bat wiederholt um die Erlaubnis zum Rückzug. Er unterstrich die Verwundbarkeit seiner Stellungen. Ratnik, der seinen Berichten Glauben schenkte, gab sein Einverständnis. Ebenso wie Beethoven: Für den allgemeinen Operationsplan war diese Position nicht entscheidend und konnte daher geopfert werden. Als die Dschihadisten den Rückzug der Söldner bemerkten, versuchten sie, ihnen den Weg abzuschneiden. Glücklicherweise wurde das Manöver rechtzeitig entdeckt. Angesichts der herankommenden Söldner entschieden sich die *Duchi* gegen einen Nahkampf und rückten ab.

Doch nachdem zwei Verwundete evakuiert worden waren, änderte Ziat seine Taktik. Zu Ratniks Verwunderung zogen sich seine Männer nicht wie vorgesehen geordnet und unter gegenseitiger Deckung zurück. Sie ließen ihren Granatwerfer stehen und stürmten in loser Reihenfolge, angeführt von Ziat, auf die am Vortag besetzten Positionen. Ratnik geriet in Rage. Es bestand keine reale Bedrohung. Die Granaten, die Ziat so abgeschreckt hatten, explodierten schon im Flug. Fazit: Der Befehlshaber des Zugs war in Panik geraten und hatte die Verteidigungslinie als Erster verlassen, ohne den Rückzug seiner Männer zu organisieren.

Ratnik explodierte förmlich, als er durch die Drohne erfuhr, dass die Söldner ihren KamAZ aufgegeben hatten. In seiner Panik hatte Ziat seinen früheren Befehl vergessen, den Lkw näher an den neuen Stellungen in Deckung zu bringen. Der Fahrer war über den Rückzug des Trupps gar nicht informiert. Der Bediener der Drohne, Tschipka, berichtete, dass die *Duchi* bereits um das Fahrzeug herumwimmelten. Wir hatten keine Wahl: Auf keinen Fall konnten wir dem Feind ein mit Munition und Ausrüstung beladenes Fahrzeug überlassen. Es war unwahrscheinlich, dass der Fahrer zu diesem Zeitpunkt noch am Leben war. Tschipka gab den Befehl zum Abschuss. Der KamAZ löste sich unter den hilflosen Blicken der *Duchi* in Rauch auf.

Ratnik kochte vor Wut, was man ihm kaum verdenken konnte. Er hatte eine Mannschaft aus zuverlässigen und selbstständigen Kommandanten zusammengestellt: Nike, Inostranets, Bespaly, Sobol, Kalif und Noir waren für jede Aufgabe bereit. Nur Ziat, der ihm von außen empfohlen worden war, stammte nicht aus seiner Schule. Und Ziat ließ ihn nun sitzen. Ihn, den Mann, der Palmyra eingenommen hatte, den Mann, dessen Autorität nie infrage gestellt worden war. Ziat hatte seine Stellung, seine Munition und seine schweren Waffen unehrenhaft verlassen. Es gab für ihn keinen Platz in Ratniks Einheit – das war allen klar. Zu unserer großen Freude gelang es wenigstens dem Fahrer des KamAZ, am nächsten Morgen zu uns zu stoßen. Er war erschöpft und ausgehungert, aber am Leben.

Ich war im Lager geblieben und hatte den Verlauf des Tages via Funk verfolgt. Niedergeschlagen verließ ich das Hauptquartier und machte mich auf den Weg zum Krankenhaus. Die erste Gruppe von Aufklärern war bereits dort eingetroffen. Sie waren bei der Explosion des Dschihad-Fahrzeugs verletzt worden. Die Stimmung war miserabel, denn es kam äußerst selten vor, dass sich die Söldner zurückzogen. Doch an diesem Tag war vieles schiefgelaufen. Und das nicht nur wegen Ziat.

Unser größtes Problem war der schlechte Zustand der verfügbaren Waffen. Die alten Panzer waren durch den fahrlässigen und inkompetenten Gebrauch seitens der syrischen Armee vor ihrer Zeit verschlissen. Sie waren nicht in der Lage, mit den Panzern der Dschihadisten auf Augenhöhe zu kämpfen. Unsere Artillerie, die mit ihrer knappen Munition haushalten musste, konnte sich keine intensiven Feuergefechte leisten. Sie beschränkte sich darauf, einzelne Ziele ins Visier zu nehmen. Unsere längst veralteten Raketen erreichten den Feind aufgrund ihrer fehlerhaften Verkabelung nicht. Den leichten japanischen Pick-ups der *Duchi* mit ihren großkalibrigen Maschinengewehren und Flugabwehrkanonen hatten wir nur müde URALs entgegenzusetzen.

Die IS-Kämpfer hatten ihre Taktik geändert. Sie versteckten sich nicht mehr. Sie hatten mitbekommen, dass sich die syrische Armee zwar heldenhaft aufführte, wenn die russische Luftwaffe die feindlichen Befestigungen in Schutt und Asche verwandelte. Und sie wussten auch, dass die Söldner jede Festung stürmen konnten. Doch jetzt bewegten sie sich auf einem Gelände, das ihnen bis ins kleinste Detail vertraut war. Wir waren auf eine solche Situation nicht vorbereitet. Mit den richtigen Waffen wäre das Problem zwar kompliziert, aber zu bewältigen gewesen.

Wir hatten drei Männer verloren, unter ihnen Gaskonets. Dieses eine Mal hatte er sein Duell mit dem Tod verloren. Sie alle werden uns in ewiger Erinnerung bleiben. Bald würden die Söldner ihr Ziel dennoch erreichen und die Kontrolle über das Gebiet übernehmen. Den Dschihadisten würde der Zugang zum Erdöl und damit zur Hauptfinanzierungsquelle ihres Kampfs endgültig abgeschnitten.

34

STÜTZPUNKT HMEIMIM

Die Bibliothek war noch geschlossen. Offensichtlich war der Bau schon länger nicht mehr geöffnet worden. Er beherbergte den bescheidenen Bestand an Büchern, die auf dem Stützpunkt verfügbar waren. Ich rüttelte an der Klinke, eher aus Frustration, als um die Tür zu öffnen. Ich blieb stehen und sah mich um. Mit dem Rascheln seiner weiten Soutane trat der Seelsorger des Militärstützpunkts aus einem anderen Modul, einem großen Block ohne Innenwände. Der orthodoxe Priester sah recht jung aus und lächelte jeden, der ihm begegnete, freundlich an. Er ging in Richtung des Besprechungsbereichs. Ich setzte mich in Bewegung und ging in die gleiche Richtung. Da ich keine besondere Lust auf einen Spaziergang hatte, beschloss ich, in mein Baumodul zurückzukehren, in dem ich vorübergehend wohnte.

Seit zwei Wochen lebte ich in Hmeimim, dem Hauptstützpunkt der russischen Luftwaffe in Syrien. Ich hatte die Gelegenheit genutzt, meine Zahnprothesen reparieren zu lassen. Ich habe nie besonders gute Zähne gehabt, und im Einsatz hatte ich meine letzten Schneidezähne ruiniert. Die Situation war nach einem schweren Sturz im Kampf kritisch geworden. Nemets (»der Deutsche«) hatte mich auf die Idee gebracht, als er eines Tages triumphierend sein neues, strahlendes Lächeln zur Schau stellte. Blondin unterzeichnete das Antragsformular auf den für russische Verhältnisse geringen Betrag für die Prothesen. Gleichzeitig erhielt ich die Bewilligung, mich in einem der Module des russischen Stützpunkts einzurichten, die für die Söldner der PMC reserviert waren.

Offen gesagt brauchte ich dringend eine Pause von den Kämpfen. Ich ermüdete schnell. Meine Energie reichte nur für ein paar Stunden Aktivität, dann überkam mich die Erschöpfung, die meine Bewegungen und mein Denken verlangsamte. Mein Verdauungssystem rebellierte – ich musste mich drei- oder viermal am Tag übergeben. Der Arzt der Brigade sprach Klartext: »Nach einer derartigen Verletzung ist eine Rehabilitationsphase von anderthalb bis zwei Jahren erforderlich. Und du bist schon nach weniger als einem Jahr auf das Schlachtfeld zurückgekehrt. Dein Körper hat kapituliert, er wird sich nicht von selbst erholen.« In diesem Moment kam mir die Idee, einen kurzen Urlaub zu nehmen, ohne nach Russland zurückzukehren. Ich hoffte auf ein wenig Komfort und ordentliches Essen, um wieder auf die Beine zu kommen. Der Moment war günstig: An der Front war es ruhig, unsere Einheit pausierte, für die nächsten drei Wochen standen keine Kampfeinsätze in Aussicht.

Nichts von dem, was ich in Hmeimim vorfand, entsprach meinen Erfahrungen im syrischen Krieg. Eine mit dem Spaten ausgegrabene Nische, mit einer Plane vor Wind, Staub und Regen geschützt, dient Söldnern bereits als komfortabler Unterschlupf. Mit einem noch so bescheidenen Ofen zum Warmhalten und Wasserkochen lässt es sich wunderbar aushalten. Hier auf dem Stützpunkt gab es klimatisierte Gebäude,

Sporthallen mit allen möglichen Geräten, Duschen, ein Café und Geschäfte. Annehmlichkeiten für Soldaten, die im Unterschied zu den Söldnern nicht kämpften. Die herausgeputzten, geschniegelten Soldaten hoben sich krass von den bärtigen Männern in ihren schmierigen Anoraks und Tarnanzügen ab, deren Farben durch den Schmutz und den Staub der Wüste verblasst waren. Selbst ordentlich gewaschen und rasiert war ein Söldner in jeder Umgebung leicht zu erkennen. Sein Gang und die Art, wie er seine Waffe trug, waren unverwechselbar.

Der Stützpunkt stand unter vertraglicher Verwaltung des Garnisons- und Wachdiensts. Wie auf Ansichtskarten trugen die Wachposten ihre automatischen Gewehre über der Schulter, den Lauf nach oben gerichtet. Sie standen an einem heiklen Punkt, an dem jederzeit ein Angriff erfolgen konnte. Bis sie die Waffe von der Schulter genommen hatten, waren sie dreimal tot. Auf dem kurzen Weg zur Kantine bewegten sich die Soldaten in Karree-Formation. Disziplin wird bei den russischen Generälen seit jeher vor allem mit der korrekten Anordnung der Truppen gleichgesetzt. Eine weitere Überraschung: Wenn der Alarm ertönte, mussten sich die Offiziere des Kommandos zuerst im Hof des Hauptquartiers versammeln, bevor sie ihre Plätze gemäß dem Verteidigungsplan einnehmen konnten. Ich malte mir die Szene genüsslich aus: Es regnete Bomben und Granaten. Die Stabsoffiziere stellten sich in Verachtung des Feindes auf dem kleinen Platz auf und fielen heldenhaft unter direktem Mörserbeschuss.

Die Söldner hingegen marschierten nicht in Formation, sondern übten ständig das Vorgehen in der Gruppe. Sie mussten lernen, sich im Kampf gegenseitig zu spüren. Ihre Waffen trugen sie stets bei sich. Sie hielten sie auch während des Wachdiensts griffbereit und waren bei Gefahr sofort in der Lage, das Feuer zu eröffnen. Auf dem Stützpunkt jedoch wurden die Waffen unter Verschluss gehalten und den Soldaten nur zu besonderen Anlässen ausgehändigt. Diese Regel war unsinnig. Sie hätten die Waffen zumindest in den Gebäuden lagern können, in denen die Soldaten wohnten. Die Umzäunung des Stützpunkts grenzte an feindliches Gebiet. Die meisten Männer hätten bei einem überraschenden Überfall nicht einmal Zeit, zu den Waffen zu rennen. Anscheinend trauten die Generäle ihren Kämpfern nicht einmal in einem Land, in dem Krieg herrschte. Wenn die Hitze nachließ, gingen die Soldaten in Sportkleidung joggen und trainierten dann an den Fitnessgeräten oder spielten Volleyball. Das alles erinnerte eher an Strandsport als an die körperliche Vorbereitung auf militärische Operationen. Söldner hingegen, die an einem Einsatzort Wache hielten, trainierten weiter, wenn sie nicht kämpften. Sie joggten mit Gepäck und stemmten Gewichte, damit ihre Muskeln nicht erschlafften.

Die Ausrüstung der Konvoi-Eskorten war Standard, sprich unpraktisch und unbequem. Nur Naivlinge konnten glauben, dass unsere Armee das Problem ihrer mangelnden Materialqualität gelöst hatte. Die Soldaten selbst schienen zudem schlecht über den spezifischen Nutzen der einzelnen Waffen informiert zu sein. Ihre Kampfpraxis war nicht der Rede wert. Was sie zur Verfügung hatten, reichte ihnen aus, um Panzerkonvois zu begleiten. Einmal sah ich, wie einige Fallschirmjäger einen Munitionskonvoi in die Kampfzone eskortierten. Alle trugen Fliegerbrillen, wie damals in Afghanistan, als es noch keine leichten, bequemen und taktischen Brillen als guten Augenschutz gab. Den heutigen Luftlandetruppen sind solche Brillen durchaus bekannt, und Gott allein weiß, warum sie im Krieg mit diesem albernen Spielzeug Risiken eingehen.

Dennoch war ich ziemlich beeindruckt von der Fülle an moderner Ausrüstung, die es auf dem Stützpunkt gab. Gepanzerte MTWs, Typhoon, Tigr, URAL und KamAZ verkehrten dort dutzendweise. Die Söldner hatten nichts von alldem. Während uns die Armee im Vorjahr großzügig gepanzerte Truppentransporter mit automatischen Kanonen zur Verfügung gestellt hatte, mussten wir uns dieses Jahr mit alten Panzern und BRDMs[31] begnügen, die uns die Syrer untergeschoben hatten. Dennoch würden die Söldner eine wichtige Rolle bei der Erreichung des strategischen Gesamtziels spielen. Diese Rolle ging über ihre Verpflichtung gegenüber der syrischen Regierung hinaus, die vom IS beschlagnahmten Ölfelder zurückzuerobern. Die Söldner wurden vielmehr zur Hauptstreitmacht der alliierten Streitkräfte in Palmyra und später in Akerbat und Deir ez-Zor. Trotzdem würde sie das Verteidigungsministerium weiterhin mit seinem alten Mist versorgen, und die russische Armee, die nicht an vorderster Front an den Kämpfen beteiligt war, würde weiterhin mit hoch entwickelter Ausrüstung unterwegs sein. Sogar die syrische Armee verfügt über T-90-Panzer, obwohl sie ständig von den *Duchi* auseinandergenommen wird und eigentlich nur zum Rückzug und Aufgeben ihrer Waffen und Ausrüstung fähig ist. Wir hingegen verfügten vor allem über T-72-Panzer. Es waren größtenteils Trophäen, die wir dem IS abgenommen hatten. Eine perfekte Demonstration der Professionalität der Söldner und der Mittelmäßigkeit der Verbündeten: Wir hatten die Kriegsbeute zurückgeholt, die der Feind zuvor den Syrern abgenommen hatte.

---

31 Aufklärungsfahrzeug, das in den Sechzigerjahren von der Sowjetunion in Dienst gestellt wurde und bis heute von Russland eingesetzt wird.

Der Militärstützpunkt hatte längst nichts mehr von einem Außenposten der russischen Militärmacht. Er war allmählich zu einer Art Vergnügungspark geworden. Immer neue Gedenkpfade und Denkmäler wurden eingeweiht, wofür keine Kosten gescheut wurden. In einer Ausstellung wurden auf dem Schlachtfeld ergatterte Waffen, Mörser und Kanonen aus vorwiegend handwerklicher Herstellung gezeigt. Ihr einziger Zweck bestand darin, den Einfallsreichtum und die Geschicklichkeit der gegnerischen Kämpfer zu veranschaulichen. Hingegen fand ich nie einen Stand, an dem die von den *Duchi* verwendeten Systeme und Methoden der Verminung ausgestellt wurden. In der Bibliothek, zu der ich schließlich Zugang erhielt, entdeckte ich keinerlei schriftliche oder filmische Quellen darüber, wie der IS in Syrien kämpft, welche Taktiken er anwendet oder wie er Sprengkörper einsetzt. Plakate malen, Rasen mähen, Denkmäler errichten, Künstler beherbergen und gelegentlich zur Begleitung von Konvois ausrücken – das war der Alltag des Personals des Luftwaffenstützpunkts, das nicht der Luftwaffe oder der Luftverteidigung angehörte.

Bei der Luftwaffe dagegen war nie Feierabend. Pausenlos, 24 Stunden am Tag starteten die Angriffsflugzeuge mit einem ohrenbetäubenden Dröhnen und verschwanden im Himmel, um ihre Ziele anzusteuern. Bei der Landung war der Lärm weniger donnernd, so als ob die Maschinen müde von der erledigten Mission heimkehrten. Meine Kameraden und ich sahen das Ergebnis dieser Einsätze: zerstörte Gebäude, verkohlte Autowracks, aufgerissene Panzer. Wir zogen vor Ort einen unbestreitbaren Nutzen daraus. Manchmal stießen wir jedoch auf riesige Krater inmitten menschenleerer Felder und auf große, mit den Trümmern von Streubomben bedeckte Flächen. Sie waren nicht explodiert und stellten nun eine Gefahr für unsere Truppen dar. Das sind die Unwägbarkeiten des Kriegs.

Alles ging schief: Ich hatte auf meiner Teilnahme an dieser Mission bestanden, doch mein Körper konnte es nicht verkraften. Meine Gereiztheit nahm zu und zermürbte meine Moral. In Hmeimim gab es viele Dinge, die meine Söldnernatur nicht ertragen konnte. Aber ich war zuletzt auch unter meinen eigenen Leuten ziemlich unglücklich gewesen.

Mir waren Dinge bewusst geworden, auf die ich zuvor nicht geachtet hatte. Ich stellte fest, dass mich einige Aspekte des Söldnerberufs störten. Ich stolperte über Fragen, auf die ich keine Antwort fand. Warum hatten wir es so eilig, die Ölfelder zu befreien? Überstürzt zusammengestellte, schlecht koordinierte Einheiten mit armseligen Waffen zogen in den Kampf. Hätte man nicht warten können, bis der Großteil der Truppen mit den geeigneten Waffen eingetroffen war? Die *Duchi* wären weggefegt worden. Ohnehin hätte niemand außer uns sie von den Feldern verjagen und die Ölvorkommen unter Kontrolle bringen können – weder das Korps der iranischen Revolutionsgarden, das unerklärlicherweise als Elitetruppe galt, noch die Hisbollah und schon gar nicht die Armee der Arabischen Republik Syrien. Warum mussten wir ohne brauchbare Munition kämpfen? Was wir zur Verfügung hatten, war alt und ausgemustert. Oft endete ein Beschuss damit, dass die Rakete vorzeitig abstürzte und ihr Ziel weit verfehlte. Die Unzulänglichkeit unserer Feuerkraft führte dazu, dass Kameraden und andere Personen starben. Es gab keine Rechtfertigung für dieses Vorgehen. Es war reine Verachtung. Und alle direkt oder indirekt Verantwortlichen müssen identifiziert und zur Rechenschaft gezogen werden.

Ich war auch angewidert von dem, was innerhalb der »Kompanie« vor sich ging. Die Kommandanten neigten dazu, sich als Bosse aufzuführen, die nicht mehr das Bedürfnis verspürten, ihre Männer in den Kampf zu führen. Es gab nur noch wenige wie Ratnik, der seine Einheiten auf dem Feld begleitete und ständig mit ihnen in Kontakt blieb. Nachdem sie ihren Untergebenen die Befehle erteilt hatten, überwachten die meisten Brigadeführer deren Aktionen nicht mehr. Dieses Verhalten war zum Normalzustand geworden. Beethoven selbst drückte bei diesen Regelverstößen ein Auge zu. Führungspositionen wurden zunehmend auf der Grundlage persönlicher Sympathien vergeben, ohne Rücksicht auf militärische Kompetenz. Die Leitung von Brigaden, Zügen und Einsatzgruppen wurde nach und nach den Offizieren mit Dienstgraden entzogen. Stattdessen wurde sie ungebildeten Schlägertypen und Hitzköpfen anvertraut. Die Nachbesprechung wurde vollständig abgeschafft. Niemand versuchte, die Fehlschläge und Fehlentscheidungen im Kampfeinsatz auch nur oberflächlich zu analysieren.

Es wurde immer lächerlicher. Als ich einmal eine warme Jacke aus dem Kleiderlager erhielt, fragte ich nach Knieschonern. Ich öffnete das Paket, nur um festzustellen, dass es ein banales Paar Schaumstoffpolster mit Gurten enthielt, das offensichtlich für Gartenarbeiten bestimmt war. Und die Regale im Lager waren bis zur Decke mit diesem Zeug gefüllt! Aber das waren Lappalien. Das Schlimmste war die technische Ausrüstung. Jemand war auf die Idee gekommen, die alten BRDMs umzurüsten und im Kampf zur Unterstützung der Infanterie einzusetzen. Diese zu hohen und zu langsamen Aufklärungsfahrzeuge waren nur für Außenposten geeignet. Ihr Leitsystem war ständig gestört, und sie waren in der

Schlacht völlig unbrauchbar. Warum hatte sich keiner unserer Anführer gegen diese idiotische Idee ausgesprochen? Sie versuchten erst gar nicht, hoch entwickelte Fahrzeuge von der Armee einzufordern. Stattdessen verschwendeten sie viel Energie und Geld für selbstgebaute Buggys und andere Fahrzeuge mit Eigenantrieb, deren Schweißnähte bei der kleinsten Erschütterung nachgaben. All diese Basteleien waren Schrott, bevor sie die Front erreichten.

Ich war in trübe Gedanken versunken, geistig völlig erschöpft und auch körperlich schwer angeschlagen. Die zwei Wochen auf dem Stützpunkt Hmeimim hatten meinen Zustand nicht gerade verbessert. Ich musste mir eingestehen, dass es keinen Sinn mehr hatte, zu bleiben. Es war an der Zeit, meine Sachen zu packen. Ich wollte niemandem als schwerfälliger Nörgler zur Last fallen.

35

SYRIEN OHNE MICH

An den erbitterten Kämpfen im Herbst 2017 habe ich nicht teilgenommen. Ich habe diesen Feldzug nur stellvertretend miterlebt, durch die Erzählungen meiner Kameraden. Aber es war, als wäre ich dabei gewesen, an der Seite meiner Brüder.

Nach der Befreiung der Ölfelder um Palmyra wurden die Söldner schon bald wieder eingesetzt. Sie sollten die Verbündeten und das russische Kontingent bei einer Reihe von Operationen gegen den IS in der Nähe von Aqraba und Deir ez-Zor unterstützen.

Im Sommer 2017 verwandelte sich die kleine Provinzstadt Aqraba, die bis dahin von den Kämpfen verschont geblieben war, unversehens in eine mächtige Hochburg des IS. Ihre strategische Lage ermöglichte es den Dschihadisten, sowohl den Westen in Richtung Aleppo als auch den Südosten im Blick zu behalten. Sie hofften, das zurückzugewinnen, was sie in der Nähe von Palmyra verloren hatten. Die Führung der alliierten Streitkräfte hatte beschlossen, die zu stark gewordenen IS-Verbände endgültig auszuschalten. Doch wie üblich hatte sich die syrische Armee als unfähig erwiesen, diese Aufgabe zu bewältigen. Und wieder einmal hatte man sich an die Söldner erinnert.

Da sie aufgrund fehlender Informationen über den Feind nur langsam vorankamen, bahnten sie sich ihren Weg über eine Bergkette bis nach Aqraba. Die Söldner erhielten ihre Hinweise hauptsächlich mithilfe von Drohnen. Damit konnten sie sich zwar ein Bild von der ersten Linie der feindlichen Befestigungen machen. Sie wussten aber nicht, was sich dahinter befand. Niemand hatte eine Ahnung, was die Truppen jenseits der Frontlinie erwartete, also musste man improvisieren. Sie überquerten den Bergrücken und stiegen das Tal hinunter bis zu den zerstörten Vororten von Aqraba. Wie zu erwarten war, gerieten die Angriffstruppen nun aus den gut getarnten Stellungen der Dschihadisten ins Kreuzfeuer. Ein Zugführer, dessen Einheit in einen Flankenangriff geraten war, bat um Unterstützung. Samurai und seine Männer machten sich auf den Weg, um ihm entgegenzukommen. Angesichts einer eher verwirrenden Erklärung über Funk rückten die Angreifer vorsichtig vor. Die Dschihadisten hatten sich in den Ruinen des Dorfes versteckt. Sie warteten, bis die Russen nahe genug waren, und feuerten sechs Raketen auf sie ab. Eine von ihnen explodierte und verletzte Samurai schwer. Er band sich die Wunde an der Hüfte mit einem Druckverband ab und führte seine Männer weiter an. Die Besatzung des automatischen Granatwerfers beschoss den Unterschlupf, in dem die Dschihadisten einen Panzer untergestellt hatten. Die von den Söldnern abgefeuerten Granaten trafen nicht nur den Feind, sondern blockierten auch das Antriebsaggregat des Panzers, da sie in den offenen Deckel des Elektrofachs fielen. Die Dschihadisten rückten ab und ließen den Panzer als willkommene Kriegsbeute zurück. Die Söldner richteten sie sofort gegen ihre früheren Besitzer, nachdem sie die beschädigte Ölleitung repariert hatten.

Altyns Gruppe schloss sich dem Samurai-Zug an. Nachdem er seine Männer in Deckung geschickt hatte, beugte sich Altyn über den verletzten Kommandanten:»Bruder, erzähl mir, was passiert ist.« So kurz wie möglich gab Samurai die nötigen Erklärungen ab und wünschte Altyn, den er beim Namen nannte, viel Glück. Altyn drehte sich abrupt um:»Kennen wir uns?« Das mit Ruß und getrocknetem Blut bedeckte Gesicht seines alten Kameraden, den er seit zehn Jahren nicht mehr gesehen hatte, war nicht zu erkennen. So treffen sich Soldaten immer wieder. Manchmal auf der Straße, manchmal im Kampf. Nachdem Samurai seinem Kameraden die Hand geschüttelt hatte, vergewisserte er sich, dass sich alle Verwundeten im hinteren Teil des URALs befanden, der Richtung Krankenhaus fuhr. Erst dann hievte er sich mithilfe seiner Kameraden in das Fahrzeug.

In der Hitze des Gefechts war der Zug, in dem Hava kämpfte, weit vor den restlichen Einheiten gestartet. Die *Duchi* verloren keine Zeit. Sie erkannten, dass diese vorgerückte Gruppe eine leichte Beute war, organisierten sich neu und starteten einen Gegenangriff. Als der Zugführer schwer verwundet wurde, übernahm Hava das Kommando. Er hatte sich als der Entschlossenste erwiesen und feuerte die Kämpfer lautstark an. Die Dschihadisten kesselten die Söldner in dem kleinen Hof eines heruntergekommenen Hauses ein, griffen von drei Seiten gleichzeitig an und schossen aus nächster Nähe. Die unmittelbare Gefahr einer vollständigen Einkesselung drohte. Auf Befehl von Hava begannen die Jungs, die Verwundeten schnell durch eine Lücke in der Mauer über einen frei gebliebenen Abschnitt zu evakuieren. Ihr Vorrat an Munition und Granaten schmolz zusehends. In der einsetzenden Dunkelheit beantworteten die Söldner die Salven der *Duchi* mit einzelnen unkoordinierten Schüssen, um Munition zu sparen.

Die Dschihadisten schossen weiterhin durch Öffnungen in der Umzäunung und aus den Fenstern der Nachbarhäuser. Sie versuchten, sich bis auf Distanz eines Granatenwurfs anzunähern. Sie übten auch psychologischen Druck aus und stoppten ihr Bombardement kurz, um »Allahu Akbar« zu schreien. Irgendwann kam noch ein »Ergebt euch!« hinzu, das auf Russisch mit hartem kaukasischen Akzent gebellt wurde. Hava schrie mit einer von der Anstrengung brüchigen Stimme: »Ein Russe ergibt sich nicht!« und feuerte eine weitere Granate in Richtung seines Gegenübers ab. Nachdem er in Deckung gegangen war, fügte er in einem Atemzug hinzu: »Und ein Burjate[32] auch nicht!«

Langsam ging ihnen die Munition aus. Auf dem Hof stand ein Lieferwagen, der bei der Eroberung des Bauernhofs zerstört worden war. Er enthielt Kisten voller Munition vom Kaliber 7,62 für die Kalaschnikow. Viele Söldner hatten jedoch Waffen anderen Kalibers und die wenigen, die ein AKM[33] besaßen, mussten sich im gesamten Hofbereich bewegen und die erbeutete Munition verwenden, um den Angriff zu kontern. In dem von der Explosion verwüsteten Gebäude lagen mehrere Leichen von IS-Kämpfern. Ihre automatischen Gewehre waren beschädigt worden. Die Patronen konnten nur in das Magazin eingelegt werden, indem man die Waffe auf den Betonboden legte und den Griff des Bolzenhalters mit dem Fuß nach hinten drückte. Glücklicherweise war der

---

32 Mongolische Volksgruppe, die in großer Zahl in Sibirien
   vertreten ist.
33 Modernisiertes Kalaschnikow-Sturmgewehr.

Lauf intakt, der Verschluss bewegte sich und der Zündmechanismus ebenfalls. Jedes andere Waffenmodell wäre mit einem verbogenen Magazin unbrauchbar geworden. Danke, Michail Timofejewitsch (Kalaschnikow)! Niemand ist je an deine Erfindung herangekommen!

Die von den toten *Duchi* erbeuteten Waffen verschafften den Söldnern eine kurze Verschnaufpause. Doch der Feind machte weiter Druck. Hava suchte angstvoll nach einem Ausweg. Bingo! Er schnappte sich sein Funkgerät und rief den Zugführer an, der verzweifelt versuchte, zur Unterstützung zu ihm aufzuschließen: »Bruder, siehst du das höchstgelegene Haus? Ich hole alle raus, und auf mein Zeichen hin schießt du eine Splittergranate darauf.« Die Idee war simpel: Die Rakete würde das mit Lehm verputzte Haus sprengen. In der daraus resultierenden Staubwolke wäre es in der Abenddämmerung wahrscheinlich möglich, der Falle zu entfliehen. Hava sammelte schnell die Jungs in der Nähe der Öffnung in der Mauer. Er ließ einige Männer zur Deckung auf ihren Positionen zurück und schrie in das Funkgerät: »Los!« Ein kurzer Feuerstoß aus einer Flugabwehrkanone, ein präziser Treffer – das Ziel war weniger als einen Kilometer entfernt –, und das Gebäude wurde in eine mächtige Staubwolke gehüllt. Die Ersten, die durch die Öffnung liefen, waren vier Soldaten, die einen Verwundeten trugen, der noch nicht evakuiert worden war. Alle anderen folgten, und die Deckung bildete das Schlusslicht.

Die *Duchi* begriffen nicht sofort, was passiert war. Aber als sie sahen, dass die Russen entkommen waren, stürmten sie ihnen hinterher und feuerten aus allen Rohren. Die Söldner rannten, was das Zeug hielt, mit den letzten verbliebenen Kräften. Ihre Rettung war in Sicht. Sie mussten nur die nahen Ruinen erreichen, wo ihre Kameraden auf sie warteten. Als sie es endlich geschafft hatten, warfen sie sich mit letzter Kraft über die Mauer und brachen auf dem Boden zusammen. Die *Duchi*, die sie verfolgten, merkten zu spät, dass sie jetzt nicht mehr die Jäger, sondern die Gejagten waren. Sie liefen ins offene Messer. Die Flugabwehrkanone, die Hava und seine Gruppe beim Rückzug deckte, überrollte sie mit einem Kugelhagel, der ihnen keine Chance zur Flucht ließ ... Kaum war er wieder zu Atem gekommen, beeilte sich Hava zu überprüfen, ob auch wirklich alle Jungs da waren. Und tatsächlich, nicht einer von ihnen fehlte! Erst dann brach er erschöpft zusammen und war kurz davor, das Bewusstsein zu verlieren.

Am nächsten Tag gingen die Söldner wieder zum Angriff über und eroberten die Häuser, Block für Block, Straße für Straße. Bald hörte man keine Allahu-Akbar-Rufe oder Aufforderungen zur Kapitulation mehr. Die Söldner marschierten in Aqraba ein. Doch wie immer wurde ihre entscheidende Rolle bei dieser Niederlage des IS mit keinem Wort gewürdigt. Bedrückender noch: Dieses Mal fand eine regelrechte Inszenierung statt. Ein wahrhaft absurdes Schauspiel, um den offiziellen Berichten Glaubwürdigkeit zu verleihen. Die Söldner hatten den Befehl erhalten, sich auf ihre ursprünglichen Positionen zurückzuziehen. Sie schauten ungläubig zu, wie die alliierten Einheiten wagemutig eine völlig leere Stadt stürmten, während die Kameras auf sie gerichtet waren. Nie zuvor hatten sie in diesem Krieg eine derart lächerliche Szene erlebt!

Nach der Einnahme von Aqraba rückten die Söldner in Richtung Deir ez-Zor vor. Die dortige Garnison stand seit drei Jahren unter Blockade und war von IS-Einheiten aus dem Irak umzingelt. Von einer Belagerung zu sprechen, wäre etwas übertrieben: Die Manövrierfähigkeit und Mobilität der Dschihadisten erlaubten ihnen zwar, jede Zufahrtsstraße zur Stadt mit ihren schnellen Pick-ups problemlos abzuschneiden. Und in der Kaserne hätte man niemals genug Munition oder Treibstoff gehabt, um so lange durchzuhalten, egal, wie großzügig die Luftunterstützung gewesen wäre. Aber aufgrund der vielen Lücken war die Blockade nur begrenzt aufrechtzuerhalten.

Ausnahmsweise muss man die Widerstandskraft dieser kleinen Garnison loben. In diesem Krieg waren solche Beispiele von Tapferkeit der syrischen Soldaten und von Geistesgegenwart ihrer Kommandanten eine Seltenheit. Im Gegensatz zu vielen seiner einheimischen Kameraden verstand der syrische General einigermaßen, was Krieg führen heißt und wie man Truppen befehligt. Vielleicht gab es auch ein Abkommen zwischen dem IS und der syrischen Armee – uns waren viele derartige Fälle bekannt. Etwas zu oft landeten beispielsweise Militärtransporte, die für die syrische Armee und ihre Garnisonen bestimmt waren, in den Händen der Dschihadisten ...

Um die belagerte Kaserne zu befreien, versammelten sich die Söldner und marschierten von Palmyra entlang der Autobahn in Richtung Deir ez-Zor. Die Straße zum Euphrat war überwiegend flach. Die Söldner hatten den *Duchi* eine ganze Reihe von Pick-ups abgenommen und waren nun genauso beweglich wie der Feind. Die alten, staubigen T-62-Panzer blieben jedoch ihre Achillesferse. Die Armee hütete sich davor, ihnen die neueren T-72-Panzer zu überlassen.

Trotz ihrer mangelhaften Ausrüstung rückten die Söldner vor und jagten die *Duchi* förmlich vor sich her. Diese waren von der Schnelligkeit der Söldner überrascht und wirkten nahezu hilflos. In Ratniks Team kämpfte Schetovod (»der Buchhalter«) nun auf einem erbeuteten Pick-up. Er hatte ein Jahr zuvor sein Bein bei einer Minenexplosion verloren. Nie und nimmer hätte er sich damit abgefunden, von der Sozialhilfe zu leben. Mit seinen starken Armen, mit denen er die Waffe fest im Griff hielt, und seiner Beinprothese fühlte er sich voll kriegstauglich! Er war so selbstsicher, dass er schließlich auch Ratnik überzeugt hatte. Seine kräftigen Hände umklammerten die Griffe seines DSchK. Er verlagerte die Position seines Körpers mit seinem gesunden Bein und stützte seine Prothese an der Seite des Pick-ups ab. So feuerte Schetovod kurze, präzise Salven auf diejenigen ab, die ihn für immer zum Krüppel gemacht hatten. Er hatte nichts von seinen Fähigkeiten als Angreifer verloren! Zu den Pionieren hatte auch Rodya gehört. Seine von einer Granate zerfetzte Schulter war geheilt. Nun machte er sich wieder an die Arbeit, ohne irgendwelche Ansprüche zu stellen. Auch Mirny hatte sich an seine Prothese gewöhnt und war bereits wieder im Einsatz. All diese Kerle waren echte Helden.

Nachdem sie den Weg zur Stadt freigeräumt hatten, positionierten sich die Söldner am Ufer des Euphrat. Sie bereiteten sich darauf vor, das gegenüberliegende Ufer zu stürmen. Es bestand keinerlei Hoffnung, dass die syrische Armee ihnen den Weg ebnen würde. Sie machten daher Boote für die Überquerung des Flusses startklar. In einer Septembernacht landeten die ersten Sturmtruppen am Ostufer des Euphrat und gingen sofort zum Angriff über. In mehreren Tagen und Nächten ständiger Kämpfe gelang es den Söldnern, die Frontlinie in einige Entfernung vom Ufer zurückzudrängen. Nun betrachteten die Syrer die Überquerung des Flusses als absolut sicher und begannen mit dem Bau einer Pontonbrücke.

Die harten Kämpfe waren sehr schwierig für die Söldner. Sie waren von den allgegenwärtigen Gefahren, dem Schlafmangel und der Unterernährung erschöpft. Die *Duchi* kämpften erbittert und schickten immer wieder Selbstmordattentäter los. Bei einem der Gefechte starb mein Freund Sam. Er war in meinem Alter und hatte mit mir bei den Luftlandetruppen gedient. Er wurde getötet, als eine Mauer hochging. Kurz vor seiner Abreise nach Syrien, am Ende eines Fronturlaubs, hatte Sam mich besucht. Wir hatten Wodka getrunken und über dieses und jenes gesprochen. Er kehrte in einem Zinksarg nach Russland zurück.

Die Leichen von vier weiteren Söldnern, die an diesem Tag im Kampf gefallen waren, konnten nie geborgen werden: Die *Duchi* starteten im richtigen Moment einen Gegenangriff, als sich eine der Einheiten zu weit von der Hauptlinie entfernt hatte. Die Dschihadisten setzten ihre gesamte Feuerkraft ein, um der vorrückenden Gruppe den Weg abzuschneiden und die anderen am Nachrücken zu hindern: Flugabwehrkanonen an den Flanken und Maschinengewehre an der Front. Den Söldnern gelang zwar der Rückzug, doch es war ihnen unmöglich, die Leichen zu bergen. Die *Duchi* hatten sie mitgenommen. Sie kannten die Regel der »Kriegsbruderschaft« nur zu gut, die es Söldnern nicht erlaubt, auch nur die sterblichen Überreste eines Kameraden dem Feind zu überlassen. Sie hatten vor, damit zu spielen.

Am nächsten Tag rückten die Söldner vor und vertrieben den Feind aus Stellungen, die am Vortag noch nicht eingenommen worden waren. Dabei entdeckte Solntse (»die Sonne«) einen reglosen, schrecklich zugerichteten Körper in einem Kleidungsstück einer ihm wohlbekannten Farbe. Er eilte zu ihm und vergaß dabei alle grundlegenden Vorsichtsmaßnahmen.

Der Körper entpuppte sich als Lockvogel, unter dem sich eine Mine verbarg. Solntses Leichnam wurde zusammen mit den gefundenen Überresten seines Kameraden abtransportiert.

Als Ratnik mit seinem Spähtrupp östlich des Bahnübergangs vorrückte, positionierte er die Panzer und MTWs vorne, sodass sie als Schutzschild für die Infanterie dienten. Er brach bis an den Stadtrand durch. Die Söldner erreichten das erste Wohnhaus so schnell, dass die *Duchi* im Tumult und Staub nicht sofort merkten, dass die Russen schon ganz nah waren. Ein Trupp Dschihadisten stürmte aus der Deckung hinter einer Eisenbahnböschung direkt auf die Stellungen der Söldner zu. Sie wurden jedoch kurzerhand erledigt. Die Söldner verschonten niemanden und töteten über hundert *Duchi* auf einen Schlag.

Am Ostufer berichteten die Syrer zwar von täglichen Fortschritten. Sie waren aber von den Positionen, die Ratnik für sie eingenommen hatte, nur etwa 100 Meter weiter nach Süden vorgerückt. Nördlich des Übergangs bewegten sich die Verbündeten ebenfalls keinen Millimeter, bis schließlich die Söldner ins Herz der Kampflinien vordrangen, um frontal vorzustoßen und die IS-Kämpfer zurückzuschlagen. Zusammen mit den Kurden, die von Raqqa aus vorrückten, wurde der Feind in die Zange genommen.

Wie immer stifteten die Alliierten ein großes Durcheinander, mit tragischen Folgen. Eines der Opfer dieses Chaos war Valery Asapov, der russische Kommandeur der gesamten Militäroperation in Deir ez-Zor. Er geriet mit seinen Begleitoffizieren in ein von den alliierten Truppen unkontrolliertes Gebiet und starb im feindlichen Feuer.

Auch die Söldner hatten ihre liebe Not mit den *Sadiqs*. Ihre Haubitzen schienen sich an einem sicheren Ort zu befinden, umgeben von befestigten syrischen Einheiten. Doch die *Duchi* wählten die dunkelsten Stunden kurz vor Sonnenaufgang und schafften es, ungehindert vor die Stellungen der Syrer zu gelangen. Sie sendeten Selbstmordattentäter aus, um die Artilleristen zu attackieren. Die Wachen der Batterie wähnten sich durch die Nähe der Alliierten in Sicherheit und hatten nichts bemerkt. Die Selbstmordattentäter warfen sich schreiend auf die Munitionslager, und sobald die gewaltige Explosion losbrach, griffen die Dschihadisten mit voller Wucht an. Der Angriff wurde zwar zurückgeschlagen, aber der Preis für die mangelnde Wachsamkeit und das übertriebene Vertrauen in die Syrer war wie immer sehr hoch. Er betrug Dutzende von Menschenleben.

Die Unfähigkeit der Verbündeten, rechtzeitig zuverlässige Informationen zu liefern, hatte noch schlimmere Folgen: die Gefangennahme von lebenden Söldnern durch die *Duchi*. IS-Kämpfer griffen auf ihren Pick-ups plötzlich die syrischen Wachen an einem Checkpoint an, übernahmen die Kontrolle über die Autobahn und brachten alle Truppenbewegungen zum Stillstand. Die *Sadiqs* machten sich nicht die Mühe, irgendjemanden darüber zu informieren. Da sie keinen Verdacht geschöpft hatten, tauchten die Söldner an einer der Straßensperren auf, die von Dschihadisten eingenommen worden waren. Fünf von ihnen wurden später als vermisst gemeldet, zwei wurden gefangen genommen. Bald würden sie von den Dschihadisten vor der ganzen Welt als lebender Beweis ihrer Unbesiegbarkeit vorgeführt werden. Einer der Gefangenen, ein bärtiger Zugführer, begann sofort zu verhandeln, um seine Haut zu retten. Er beeilte sich, alles preiszugeben, was er wusste. Der andere schwieg und bereitete sich tapfer auf den Tod vor. Ehre und Ruhm seien ihm gewiss.

Die *Duchi* suchten nach Schwachstellen in der Koordination der alliierten Streitkräfte. Mitten in den Kämpfen um die Stadt tauchte ein japanischer Pick-up am Kontrollpunkt des Flugplatzes auf. Einer der Dschihadisten an Bord sagte einen Satz in gutem Russisch. Die Wachen schöpften keinen Verdacht, und das Fahrzeug rollte ungehindert bis zum Parkplatz der Luftwaffe. Was dann folgte, war einer amerikanischen Actionfilmszene würdig. Die Insassen des Pick-ups teilten sich in zwei Gruppen auf. Die eine begann, die Flugzeuge mit raketengetriebenen Granaten zu zerstören, während die andere auf die Fluglotsen schoss. Die Kämpfer ließen sich Zeit und hatten keineswegs vor, den Angriff zu überleben. Sie verbarrikadierten sich im Inneren des Kontrollturms und sprengten sich in die Luft, als ihnen die Munition ausging. Nach diesem Überfall waren die Alliierten ohne Luftunterstützung: Fünf Kampfflugzeuge waren auf dem Rollfeld ausgebrannt, Wartungspersonal und Fluglotsen waren getötet und die Ausrüstung von Explosionen beschädigt worden.

Mitte Oktober war die Hauptphase der Säuberungsaktion am Ostufer des Euphrat abgeschlossen und die Verbindung zur Frontlinie der kurdischen Verbände hergestellt. Als die IS-Kommandanten erkannten, dass ihre Stunden gezählt waren, beschleunigten sie die Verlegung ihrer Streitkräfte auf das gegenüberliegende Ufer. Dort warteten die Kurden bereits auf die *Duchi*, um sie zu verhören. Die am wenigsten fanatischen unter ihnen wurden später in die eigenen Reihen aufgenommen. Der IS konzentrierte sich schließlich auf die Insel Sakr, die von den beiden Armen des Flusses gebildet wird. Sie ist von dichter Vegetation überwuchert und voller Bauten und Kanäle. Da die Dschihadisten die bestehende Infrastruktur durch das Ausheben von Gräben verstärkt hatten, wurde sie zu einer uneinnehmbaren Festung. Die Beseitigung dieser letzten Dschihadistenbastion in Deir ez-Zor wurde erneut den Söldnern überlassen. Ausgerüstet mit leichten Waffen und Granatwerfern, leistete der Feind verzweifelten Widerstand. Doch die Söldner säuberten nach und nach systematisch alle Durchgänge, Verbindungswege und Unterstände und drängten die *Duchi* an das Ostufer. Die Zahl der Gefangenen stieg von Tag zu Tag. Die Söldner hatten ihre Lektion gelernt und ließen keinen Mann, der sich ergab, an sich heran, ohne sich vorher zu vergewissern, dass er keinen Sprengsatz am Körper trug. Diejenigen, die auf sie zuliefen, wurden ohne Vorwarnung erschossen. Es waren viele. Die meisten wurden von Kugeln durchsiebt und explodierten samt der Ladung, die sie am Körper trugen. Nach wenigen Tagen war alles vorbei.

Während der Kämpfe um Deir ez-Zor eroberten die Söldner eine Ölraffinerie in einem Vorort von Shola zurück. Als sie unter der Kontrolle des IS stand, diente diese kleine Anlage der Versorgung der Brüder Kataradzhi, Vertrauten von Baschar al-Assad, die auch enge Verbindungen zur Führung des IS unterhielten. Die Männer der Kataradzhi, die offenbar den Dschihadisten verpflichtet waren, verteidigten die Raffinerie nicht. Das hinderte sie jedoch nicht daran, nach dem Ende der Schlacht ihre Ansprüche auf die Fabrik bei den Söldnern geltend zu machen. Natürlich wurden sie zum Teufel geschickt.

Aus Wut kampierten sie auf den nahe gelegenen Hügeln und eröffneten nachts das Feuer auf die Raffinerie, angeblich aus Versehen. Glücklicherweise hatte dies keine Folgen. Am nächsten Tag näherten sich die russischen Söldner bei Einbruch der Dunkelheit lautlos dem Lager der falschen

Verbündeten. Sie entwaffneten die schlafenden Kämpfer, die übrigens keine Wachen aufgestellt hatten, und erteilten ihnen eine ordentliche Lektion. Als der Kommandant der »Kataradzhisten« und eine kleine Gruppe der harten Jungs versuchten, ihren Kameraden zu Hilfe zu kommen, verpassten ihnen die Russen die gleiche Abreibung.

Die Kämpfe um Deir ez-Zor neigten sich allmählich dem Ende zu. Der IS war geschlagen und über die Ölfelder hinaus zurückgedrängt worden. Zu diesem Zeitpunkt war sein Anspruch, ein weltweites Kalifat zu errichten, endgültig zunichtegemacht. Die Dschihadisten waren nicht mehr in der Lage, ihre frühere Schlagkraft wiederherzustellen. Statt wie einst vereint in einer starken ideologischen Bewegung, waren sie nun in kleine Terrorgruppen zersplittert.

An allen großen Schlachten gegen den IS, zweimal in Palmyra, in Aqraba und in Deir ez-Zor, waren russische Söldner unmittelbar beteiligt und stellten fast immer die Hauptstreitmacht bei Bodenangriffen. Von offiziellen Medien wurde dies jedoch stets verschwiegen. Ich würde gerne glauben, dass in die Geschichtsbücher irgendwann auch Zeilen über die Vernichtung des IS eingehen werden, die den PMC-Kämpfern gewidmet sind. Sie haben es verdient.

Die »Kompanie« marschiert weiter und erlebt immer neue Schlachten, Siege und Niederlagen. Diese neue Struktur in Russland wird noch viel Zeit brauchen, um zu beweisen, dass sie kein Sammelsurium von Außenseitern und Gesindel ist, sondern eine Organisation, die aus echten Profis besteht – den Arbeitern des Kriegs. Söldner sind echte Soldaten, die sich für den Gang in eine PMC entschieden haben, anstatt sich in den Kasernen der Armee zu vergnügen. Die »Kompanie« muss noch viel tun, um den Status und das Ansehen zu erlangen, die sie in der Gesellschaft und beim Staat verdient. Aber ich bin mir sicher, dass dieser Tag kommen wird.

Ich war Teil der großen, lauten und ruhelosen Söldnerfamilie. Hier fand ich meine Würde wieder, hier verrichtete ich eine gefährliche und notwendige Arbeit für mein Vaterland. Zu guter Letzt ist es mir gelungen, ein zweites Mal im tosenden Fluss des Soldatenlebens zu baden, von dem ich in der Militärschule so sehr geträumt hatte. Ich werde der »Kompanie« immer dankbar dafür sein, dass sie mir diese Chance gegeben hat.

NACHWORT

Paris, April 2022

Dieses Buch, das weitgehend 2016/17 entstand, beschreibt nur zwei meiner vier Einsätze für Wagner. Ich arbeite bereits an einem weiteren Buch, und vieles von dem, was Sie hier lesen, würde ich heute anders formulieren. Den Impuls zu schreiben verspürte ich zum ersten Mal vor sechs Jahren, als ich nach einer längeren Phase geistiger Stagnation wieder mit dem Lesen anfing. Die *Sewastopoler Erzählungen* von Lew Tolstoi habe ich regelrecht verschlungen, und meine Hände griffen von ganz allein zur Tastatur. Der Wunsch, meinen Landsleuten eine grundlegende Idee zu vermitteln – nämlich, dass wir nicht besser sind als alle anderen –, war einfach unwiderstehlich. Diese Idee läuft allerdings der öffentlichen Moral in Russland zuwider und stellt gewissermaßen ein Sakrileg dar. Sie ist schlichtweg unvereinbar mit der Vorstellung, dass Russland sich durch eine einzigartige Geschichte auszeichnet. Dass wir besonders spirituell, romantisch und absolut einmalig wären, ist nur ein Mythos. Am Leben gehalten wird er von denjenigen, die daraus Nutzen ziehen.

Dieses Buch soll heute weniger von den Kriegsabenteuern eines Söldners und seiner Gefährten erzählen als vielmehr beleuchten, auf welche Weise Russland Söldner einsetzt. Bei uns wird häufig behauptet, das Söldnertum sei ein rein westliches Phänomen, das nur im Gefolge der kapitalistischen

Hydra auftrete. Allerdings greift man auch in Russland auf Söldner zurück, um die Interessen unseres Landes durchzusetzen. Unsere Politiker verschweigen beinahe schamhaft die Existenz privater Sicherheits- und Militärunternehmen. Sie weisen jede Andeutung derartiger nichtstaatlicher Strukturen entschieden zurück. Die staatliche Propaganda bearbeitet die russische Bevölkerung unaufhörlich und impft ihr die Vorstellung ein, es gäbe so etwas wie eine spezifische russische Außenpolitik. Der Frage nach dem Einsatz von Söldnern weicht sie dabei tunlichst aus.

Wer profitiert davon? Es sind in erster Linie diejenigen, die auf Kosten des russischen Steuerzahlers leben und versuchen, ebendiese Steuerzahler von der Nützlichkeit ihres Tuns zu überzeugen. In Syrien lancierten die russischen Generäle erfolgreich ein Projekt mit dem Titel »Es gibt sie nicht«. Dieses sollte die Illusion von schnellen Siegen ohne Verluste aufseiten der russischen Armee schaffen. Aber die wirkliche Zahl der Russen, die im Kampf gegen den Islamischen Staat umgekommen sind, stimmt nicht mit den offiziellen Angaben überein. In Syrien wurden weitaus mehr Söldner als Soldaten getötet. Jedoch wird die Beteiligung von PMCs vor den Russen geheim gehalten, damit der Mythos von einem Krieg ohne Blutvergießen keinen Schaden nimmt. Russische Militärangehörige aller Rangstufen sonnen sich im Ruhmesglanz ihres Einsatzes in Syrien und lassen sich öffentlich bewundern. Wer da tatsächlich sein Leben für einen Sieg über die Dschihadisten des IS riskiert hat, wissen die Menschen gar nicht.

Die politische Führung profitiert ebenfalls von diesem Phänomen, das sie in den Medien lautstark als etwas bezeichnet, »das mit unseren hohen moralischen Werten unvereinbar«

wäre. Die Rettung des Regimes von Baschar al-Assad hat es Russland ermöglicht, sich weltweit mit Nachdruck als Beschützer und Retter von Kriminellen aller Art zu empfehlen. Der afrikanische Kontinent muss aber erst noch von russischen Diplomaten und gerissenen Politikern erschlossen werden. Dort haben skrupellose Führer das Sagen, die zu schätzen wissen, was Russland für Damaskus getan hat. Sie haben sich bereit erklärt, Russland Zugang zu den Bodenschätzen ihrer Region zu gewähren, darunter Gold, Diamanten und Öl.

Dass Russland auf die Dienste von Söldnern zurückgreift, ist eine unbestreitbare Tatsache. Dieses Buch erzählt lediglich, was einer der Männer, die an den Ereignissen in Syrien persönlich beteiligt waren, erlebt hat. Um der Gefahr zu begegnen, das Söldnertum in irgendeiner Weise zu verherrlichen, habe ich ein Kapitel eingefügt, das von meiner ersten Mission in Luhansk handelt. Es dient als Kontrast und soll zu mehr Objektivität beitragen. Wir sind nämlich keine Helden, sondern einfach nur Söldner. Wir tun unsere Arbeit, für die wir bezahlt werden – nicht mehr und nicht weniger. Die Schilderung der Ereignisse in Luhansk macht deutlich, dass Söldner durchaus nicht nur im Namen von Fortschritt und Humanismus kämpfen (gegen den IS beispielsweise), sondern häufig auch mit trivialen und eher zweifelhaften Aufgaben betraut werden.

Jeder entscheidet selbst, woran er glaubt und wofür er kämpft. Mein Sinneswandel begann im Februar 2018, als meine Männer und ich die Al-Tabyah-Raffinerie zurückerobern sollten und von den amerikanischen Fliegern in Grund und Boden gebombt wurden. 100 (!) meiner Kameraden sind dabei draufgegangen, und ich selbst habe nur knapp überlebt. Die russische Regierung leugnet unsere Anwesenheit dort bis heute. Interessanterweise nehme ich den Amis den Angriff nicht übel – sie haben einfach nur ihre Pflicht getan –, während ich unsere Oberen für ihr Leugnen verachte. Auch von dieser Geschichte erzählt mein nächstes Buch im Detail. Ich habe jedenfalls beschlossen, dass ich erst dann wieder zu den Waffen greife, wenn es darum geht, dem Krieg ein für alle Mal den Garaus zu machen. Ich bin nicht der Einzige, der so denkt. Wir sind aber deutlich in der Unterzahl. Die meisten werden weiterhin bereit sein, jedem beliebigen Geldgeber zu folgen. Es sind schließlich Söldner.

Am 24. Februar dieses Jahres gab der Präsident der Russischen Föderation den Befehl zu einer »Sonderoperation« gegen das, was er »das Naziregime in der Ukraine« nannte. Innerhalb weniger Tage wurde aus der »Sonderoperation« ein echter Krieg mit zerstörten Städten und toten Zivilisten. Die Diskussion darüber, welche Kriegspartei denn nun verantwortlich für den Tod von Zivilpersonen sei, ergibt eigentlich gar keinen Sinn. Schuld ist letztlich immer der Angreifer. Derjenige, der den Krieg begonnen hat, trägt als Einziger die Verantwortung für jede Gegenreaktion. Die Granate oder Rakete, die ein Wohnhaus trifft, wurde ja nur deshalb abgefeuert, weil ein Krieg im Gange ist. Von wem sie stammt, spielt dabei keine Rolle.

Angesichts der schieren Menge an hoch entwickelten Waffen und präziser Hochleistungsmunition muss man wohl davon ausgehen, dass Russland schon vor längerer Zeit mit den Kriegsvorbereitungen begonnen hat. Für dieses Projekt wurden Milliarden von Dollar aufgebracht. Gleichzeitig müssen ältere Menschen von beschämend niedrigen Renten leben, während die Gesundheitsversorgung von Kindern durch Spendensammlungen im Fernsehen finanziert wird!

Und die Armee? Trotz der völligen Beherrschung des Luftraums und der Überlegenheit ihrer modernen Waffen erleidet sie enorme Verluste. Das Verteidigungsministerium lügt nicht, wenn es die Zahl der Todesfälle verkündet. Es verschweigt allerdings einen Teil der Wahrheit: Das Ministerium erfasst nämlich nur Soldaten, deren Leichen geborgen und identifiziert werden konnten. Ist eine Identifizierung der Überreste nicht möglich oder wurde der Tote auf feindlichem Gebiet zurückgelassen, dann bleibt sein Schicksal auch für die Statistik »ungeklärt«. Weil die russische Nationalgarde Rosgwardia[34] nicht zur Armee gehört, ist das Verteidigungsministerium auch keinerlei Rechenschaft hinsichtlich möglicher Verluste dieser Gruppe schuldig. Für die bewaffneten Formationen der Volksrepubliken Donezk und Lugansk gilt dasselbe. Als die Armee in Syrien kämpfen sollte, schickte sie uns Söldner vor, um das zu tun, was eigentlich ihre Aufgabe gewesen wäre. Heute erhebt sie selbst Anspruch auf die Lorbeeren für diesen Sieg. Der Islamische Staat ist die ideologische Plage des 21. Jahrhunderts. Die russische Armee gab sich nicht allzu viel Mühe, als sie erst vor ein paar Jahren gegen ihn zu Felde zog. Jetzt kämpft sie mit bemerkenswertem Eifer gegen ein Brudervolk und opfert dabei bereitwillig ihre Soldaten.

Auch die Verluste aufseiten der russischen Söldner werden erfasst, allerdings separat, und die Liste ist geheim. Derzeit sind im Rahmen der vorgeblichen Sonderoperation viele von ihnen an den verschiedensten Orten in der Ukra-

34 Regierungseigene militärische Streitmacht, die am 5. April 2016 gegründet wurde. Viktor Zolotow, der ehemalige persönliche Leibwächter von Wladimir Putin, wurde mit ihrer Leitung betraut.

ine aktiv. Die Republiken im Donbass werden lediglich von Russland anerkannt. Seit acht Jahren sind ihre bewaffneten Formationen vollauf mit der Verteidigung beschäftigt. Ohne die Unterstützung von Söldnern könnten sie gar nicht in die Offensive gehen. In der Nähe von Kiew waren bis vor Kurzem mindestens zwei Söldnereinheiten aktiv, die speziell für diese Mission dort stationiert wurden. Darüber hinaus beteiligten sich an den Kämpfen um Mariupol und Charkiw drei Einheiten, die zu Wagner gehören. Bezahlt werden die Söldner neuerdings in Dollar. Dollarzahlungen im Austausch für Patriotismus liegen bei den Invasionsstreitkräften jetzt im Trend. Für Ideologie ist da gar kein Raum. Dahinter steckt ausschließlich der Wunsch, Geld zu verdienen.

Und Russland? Wie üblich billigt die Mehrheit das Vorgehen von Regierung und Partei. Stete Propaganda hat die Gehirne meiner Mitbürger weichgespült. Klaglos akzeptieren sie die Vorstellung einer »Entnazifizierung« und »Entmilitarisierung« der Ukraine. Die reichen Besitzer all dieser Villen in Europa und den Vereinigten Staaten werden üppig bezahlt, gehätschelt und in westliche Markenkleidung gehüllt. Ihnen gelang es im Gegenzug, den Verstand der Russen derart zu vernebeln, dass sie voller Stolz zu den Waffen greifen und darüber ihre miserablen Lebensumstände völlig vergessen.

Am 9. Mai eines jeden Jahres halten meine Mitbürger die Fotos ihrer Angehörigen hoch, die im Großen Vaterländischen Krieg[35] gefallen sind, aber sie wagen es nicht, sich

---

35 So lautet die russische Bezeichnung für den Zweiten Weltkrieg, dessen Ende am 9. Mai gefeiert wird.

der Bedrohung zu stellen, die vom Anführer Tschetscheniens[36] ausgeht. Sie mögen sich den Sieg ihrer Vorfahren zu eigen gemacht haben, aber das reicht längst nicht mehr, um ihren schwachen Geist zufriedenzustellen, der von einstiger Größe träumt. Dieses Mal ist eben das »Naziregime« in der Ukraine mitsamt seinen Gönnern aus dem Westen und aus Amerika an allem schuld. Angeblich war es uns seit jeher feindlich gesinnt. Triumphierend pinselt das russische Volk den Buchstaben »Z« auf Mauern und Autos. Der Sieger in diesem Krieg, den man nicht als Krieg bezeichnen darf, steht bereits fest – vorsorglich wurde jede Form von abweichender Meinung, jeglicher Widerspruch zu der offiziellen Darstellung, die der russischen Bevölkerung präsentiert wird, unter Strafe gestellt. Zu unabhängigen Informationen haben die meisten ohnehin keinen Zugang. Rundfunk und Presse werden kontrolliert. Nicht jeder weiß, wie man die Sperren im Internet umgehen kann, und viele wollen das auch gar nicht. Unter solchen Umständen lässt sich jede beliebige Niederlage in einen Sieg umdeuten.

Die wirtschaftlichen Schwierigkeiten, die mit der internationalen Isolierung Russlands einhergehen, lösen bei der Mehrheit der Bevölkerung keine große Beunruhigung aus. Die Menschen haben schließlich noch nie im Luxus gelebt, oder es fehlte zumindest an Gelegenheit, sich daran zu gewöhnen. Um dem »Diktat« des Westens zu entgehen, ist die freundschaftliche Beziehung zu Entwicklungsländern, die das russische Budget strapaziert, ebenso akzeptabel wie die

---

36 Ramzan Kadyrow, der diktatorische Präsident der im russischen Teil des Nordkaukasus gelegenen Republik Tschetschenien.

nicht eben gleichberechtigte Zusammenarbeit mit China. Unter »Diktat« ist in diesem Zusammenhang die Fähigkeit zu verstehen, Verhandlungen zu führen und sich selbst hohe Standards aufzuerlegen, um wettbewerbsfähig zu bleiben. Bei China und der Zentralafrikanischen Republik ist das einfacher. In ersterem Fall hält man die Klappe, und Peking diktiert die Regeln. In letzterem haben wir die besseren Karten, weil die politische Führung vor Ort vollkommen von den Söldnern abhängig ist.

Die Zukunft meines Landes und meine eigene lassen sich nur schwer vorhersagen. Muss ich befürchten, verhaftet zu werden, oder steht gar mein Leben auf dem Spiel? Ich bin bei Weitem nicht so wichtig wie Alexei Nawalny[37] oder seinerzeit Boris Nemzow[38]. Ich leite keine Oppositionsbewegung, und ich verlange von niemandem, auf die Barrikaden zu gehen. Ich sage nur offen meine Meinung. Ich weiß, wovon ich spreche. Ich war dabei. Wird man mir vorwerfen, ein Feind des Volkes zu sein? Diese Bezeichnung trifft neuerdings jeden, der öffentlich zur Sprache bringt, was die einen gerne verschweigen möchten und die anderen gar nicht erst wissen wollen. Es macht mir nichts aus, mit einem Stigma zu leben, das nur für diejenigen von Bedeutung ist, die solche Etiketten vergeben. Wir werden sehen.

— MARAT GABIDULLIN

37 Der politische Hauptgegner von Wladimir Putin, der seit Januar 2021 in Haft ist, weil er das Regime immer wieder kritisiert hat.
38 Populärer Oppositionsführer, der 2015 in Sichtweite des Kremls ermordet wurde.

Frage einen Fremdenlegionär nie, warum er sich freiwillig gemeldet hat

Die französische Fremdenlegion umgibt ein Mythos. Bewerber aus aller Herren Länder wollen dazugehören – und sie werden streng ausgesiebt. Denn die Ausbildung ist brutal, die Strafen sind drakonisch, der Einsatz des Lebens ist Geschäft. Stefan Müller war fünf Jahre lang dabei. Er war an Operationen an der Elfenbeinküste, im Senegal und in den Vereinigten Arabischen Emiraten beteiligt. Müller zeichnet erstmals ein realistisches und auch kritisches Bild von dieser sagenumwobenen Eliteeinheit.

Stefan Müller

Mythos Fremdenlegion

Mein Einsatz in der härtesten Armee der Welt

Klappenbroschur
Auch als E-Book erhältlich
www.ullstein.de

Econ

»Das beste Buch über den Krieg in Afghanistan aus einer deutschen Feder.«

SÖNKE NEITZEL, Historiker und Autor

Afghanistan, im Herbst 2010. Ein Dorf im Norden des Landes wird Schauplatz heftiger Kämpfe. »Halmazag« – »Blitz«, so nennen die ISAF-Kräfte die Operation, die endlich Frieden und Sicherheit für die Menschen bringen soll. Ein Trupp deutscher Fallschirmjäger kämpft an vorderster Front. Einer von ihnen: Johannes Clair. Freiwillig kam er nach Afghanistan, überzeugt, das Richtige zu tun. Doch die Realität des Krieges gehorcht eigenen Gesetzen. Als sie ihn einholt, gerät Clair mit seinen Idealen in Konflikt.

In der aktualisierten Neuausgabe erzählt Johannes Clair von seinem weiteren Lebensweg und äußert sich zur aktuellen Lage in Afghanistan.

»Das ist ein Kriegsbericht, ein Überlebensbericht, ein Abenteuerroman, und auch so etwas wie eine Heldengeschichte.« Deutschlandradio

Johannes Clair
Vier Tage im November
Mein Kampfeinsatz in Afghanistan

Taschenbuch
Auch als E-Book erhältlich
www.ullstein.de